▎本书为 2020 年度浙江省哲学社会科学规划课题青年项目 "新中国成立前后中共领导的留美学生组织研究"（20NDQN251YB）成果

20世纪50年代归国留美学人：困境、组织与贡献

Returned Scholars from the United States in the 1950s:
Dilemma, Organization and Contribution

陈 丹 著

谨以此书致敬20世纪50年代归国留美学人群体

目　录

绪论　近代以来中国的留美潮 ………………………………………… 1
 （一）近代中国留美教育的开端——留美幼童 ……………… 2
 （二）近代中国留美教育的规范化——庚款留美 …………… 4
 （三）近代留美教育的延续和发展——抗战后期的留美潮 …… 9

第一章　抗战后期的赴美留学潮 …………………………………… 12
 一、抗战后期留美潮兴起的国际国内背景 ………………………… 12
  （一）抗战后期国家重建的急迫与人才紧缺的矛盾状况 ……… 13
  （二）美国接纳中国留学生的战略考虑及具体措施 …………… 15
 二、国民政府留学政策的变化与留美潮的兴起 …………………… 20
  （一）1927—1943年从开放、紧缩到再开放的留学政策 …… 20
  （二）1943—1949年留学政策开放时期与留美潮的形成 …… 26
  （三）国民政府对留学生经济上的支持与政治思想上的
    限制 ……………………………………………………… 32

第二章　冷战格局下留美学人的归国困境 …………………………… 35
 一、美国政策的反复无常与两波归国潮的形成 …………………… 35
  （一）冷战格局下美国对华政策的三个阶段 …………………… 36
  （二）美国对华政策的变化与50年代两波归国潮的形成 …… 41
 二、50年代留美学人归国时所遭遇的困境 ………………………… 47

（一）美国政府阻挠留美学人归国的不同阶段 ………… 47
　　（二）美国政府阻挠留美学人归国的手段 …………… 51
三、新中国争取留美学人归国的举措 ………………………… 63
　　（一）抗战胜利后中国共产党秘密选派党员赴美的预备
　　　　　阶段 …………………………………………………… 64
　　（二）1949 年前后归国动员的第一阶段 ………………… 68
　　（三）1956 年归国动员的第二阶段 ……………………… 77

第三章　留美科协的发展及其影响 ……………………………… 84
一、留美科协的早期筹备 ……………………………………… 84
　　（一）成立留美科协的缘由 ………………………………… 84
　　（二）留美科协早期筹备的机构 …………………………… 87
二、区域性留美科协组织的成立 ……………………………… 89
　　（一）第一个区域性留美科协——美中科协的成立 …… 89
　　（二）区域性留美科协组织的相继成立 ………………… 93
三、全美留美科协的成立及发展 ……………………………… 99
　　（一）全美留美科协的成立 ………………………………… 99
　　（二）留美科协各地区分会的发展 ……………………… 108
四、留美科协的中心任务和主要活动 ……………………… 113
　　（一）学术小组的建立及活动 …………………………… 113
　　（二）为取道回国提供帮助 ……………………………… 117
　　（三）回国准备工作 ……………………………………… 119
五、《留美科协通讯》及其影响 ……………………………… 122
　　（一）登载归国相关问题 ………………………………… 123
　　（二）刊登国内的来信 …………………………………… 127
　　（三）报道会员回国情况 ………………………………… 130

第四章　北美基督教中国学生会的发展及其影响 …………… 133
一、北美基督教中国学生会的发展 ………………………… 134

（一）CSCA 的组织结构 …………………………………………… 134
　　（二）CSCA 的发展 ………………………………………………… 138
　　（三）CSCA 与美国华裔学生群体 ………………………………… 141
二、北美基督教中国学生会政治立场的转向 ………………………… 143
　　（一）CSCA 政治立场的转折点 …………………………………… 144
　　（二）40 年代中后期 CSCA 的政治立场 ………………………… 146
三、北美基督教中国学生会在留美学人中的主要活动 ……………… 152
　　（一）CSCA 的聚会活动 …………………………………………… 152
　　（二）《留美青年》及其影响 ……………………………………… 159

第五章　争取归国的努力及归国后的贡献 ……………………… 162
一、冷战格局下留美学生组织和中国政府协助留学生归国的策略 ………………………………………………………………… 162
　　（一）冷战格局下留美学生组织的命运 …………………………… 163
　　（二）留美学人为争取归国的抗争 ………………………………… 165
　　（三）中美日内瓦谈判与留美学人归国问题的解决 ……………… 171
二、留美学人冲破阻挠回到新中国的途径 …………………………… 177
　　（一）在朝鲜战争爆发前，趁中美通航的机会回国 ……………… 178
　　（二）设法取道香港回国 …………………………………………… 180
　　（三）设法绕道欧洲、苏联等国家回国 …………………………… 182
　　（四）被美国政府驱逐出境得以回国 ……………………………… 185
　　（五）设法将重要科研设备运回国 ………………………………… 185
三、归国留美学人对新中国的贡献 …………………………………… 187
　　（一）参与制定和实施新中国科技发展的"十二年科技规划" ……………………………………………………………… 187
　　（二）参与新中国"大科学"工程"两弹一星"的研制 ………… 194
　　（三）开创新中国科学技术的新学科和研究的新领域 …………… 208
　　（四）人文社会科学领域的贡献 …………………………………… 214

结　语 ……………………………………………………… 221

后　记 ……………………………………………………… 225

参考文献 …………………………………………………… 226
  一、经典著作 ……………………………………………… 226
  二、档案与资料汇编 ……………………………………… 226
  三、口述资料 ……………………………………………… 229
  四、报刊 …………………………………………………… 229
  五、著作 …………………………………………………… 229
  六、传记、回忆录、年谱 ………………………………… 235
  七、论文 …………………………………………………… 237
  八、网络资料 ……………………………………………… 242

绪论　近代以来中国的留美潮

近代以来中国的留学运动都伴随着留学生对国家现代化的探索，而这一探索贯穿着留学生的救国理想。通过对人才的培养以实现中国的发展实际上是从晚清以来一直不断的线路，在这一过程中，留学生就是中国走向世界或世界影响中国的一个重要方面。

中国开始出现严格意义上的留学生的历史并不长。在1840年以前的清王朝是一个古老而封闭的时代，"封闭"不是指与世界上其他国家毫无交流，而是指他以"天朝上国"自居，视别国为"蛮夷"，欢迎别国来"天朝"学习，而并不认为自己有学习其他国家的必要。直到跨入近代以后，这个古老帝国被越来越开放的世界所碾压，到了民族危亡、国将不国的地步，于是才在外力的推动下，终于开始了派遣留学生的尝试。这也就注定了留学生出国留学的一个普遍的目的："面对国家积弱，想成为有用的人，为国家做贡献"①。随后，中国的留学教育缓慢地起步，留学潮随着国家和时代的变化起起伏伏，实现国家现代化的理想伴随着每一代留学生。从最早的官派留美幼童，到专为组建海军而派遣的留欧学生，到甲午战争后中国学子自发形成的人数庞大的留日潮，到寻求真理的留法勤工俭学潮，再到忍辱负重的庚款留美潮，等等，其间穿插着时断时续的小型留学活动。近代中国的留学教育与这个国家寻求出路、消除屈辱的历史齐头并进，留学在一定程度上成为了中国学子救国理想的某种寄托和实现途径。

---

①　张倩仪：《大留学潮》，北京：北京联合出版社2016年版，第17页。

在近代中国的众多留学运动中,具有一定规模和较大历史影响的留美潮有三个,即留美幼童、庚款留美和抗战后期的留美潮。历次留美潮都是留学生对于国家现代化和民族复兴道路的尝试,留学生的救亡思想也在历次留学潮中愈加清晰和强烈。

(一)近代中国留美教育的开端——留美幼童

近代中国成规模的留美教育开始于容闳推动下的"留美幼童",这是中国知识分子寻求留学救国的最初尝试,也是容闳实现自己救国梦的现实途径。容闳代表着当时中国的少数有识之士,他因留美而见识了现代化的美国社会,因此试图通过留学使更多的中国人看到这种先进,认识到中国的落后,使清朝社会觉醒。但留美幼童终被腐朽的社会制度所埋没,容闳通过留学教育救国的尝试最终遭到失败。然而,留美幼童成为中国近代留学史的重要开端,为启蒙国人发挥了重要的作用。

中国近代以来的留美教育,始于容闳,即第一位从美国大学毕业的中国留学生。容闳是由美国传教士带到美国留学的,而容闳比其他同时代跟随传教士赴美的学生幸运的是,他的传教士老师并不限制他仅仅在教会学校学习,并不限制他只能学习和从事传教活动,因此,他有了进入美国高中和大学的机会。而容闳优异的成绩,也使他成为近代以来第一位从美国大学,而且是名校耶鲁大学毕业的中国留学生。他接触到了当时中国人无法想象的西方教育,这样的留学经历使他感到"以西方之学术,灌输于中国,使中国日趋于文明富强之境"[①],"西学可以使中国复兴、开明和强盛",因此,他回国后致力于推动中国学生赴美学习,他认为"我所享受的教育权利,下一代同胞也应该同样地享受"[②]。容闳从耶鲁大学毕业后,虽已拥有美国国籍,却怀揣着救国的信念,毅然回到了祖国,并用毕生精力推动国家的留美教育事业。

---

① 容闳:《西学东渐记》,长沙:湖南人民出版社1981年版,第23页。
② 姚蜀平:《回首百年路遥:伴随中国现代化的十次留学潮》,上海:上海教育出版社2017年版,第17页。

在容闳的积极推动和清廷开明官员李鸿章等人的支持下,清政府终于派出了第一批官费留学生,即具有开创性历史意义的"留美幼童",向现代化迈出了尝试性的一步。清政府于1871年起,开始选拔留美幼童,1872年派出了第一批留美幼童30人赴美,此后每年一批,共派出120人。留美幼童出国时的平均年龄只有12.5岁,最小的10岁,最大的也只有16岁,他们对于爱国和救亡还没有强烈的认识,他们尚不能够体会此事的推动者容闳寄托在他们身上的教育理想。

留美幼童作为第一批官派留学生,为中国人在美赢得了良好的声誉,但他们的命运仍逃不过时代的局限。留美幼童由于年龄小、接受能力强,很快融入了美国的文化和生活,在美国人眼中获得好评,其"文学、品行、技术以及平日与美人往来一切之交际,亦咸能令人满意"[1],甚至消除了美国人对华人的偏见,增进了两国人民的友谊。而正是因为他们的全面发展和过于出色的表现,令清政府的保守官员感到恐惧,他们无法任由留美幼童在美国自由和民主的文化中丧失"本性",这刺痛了清政府的神经,打乱了清政府让他们只学习西方先进技术、拒绝西方政治文化渗透的打算,清政府最终强制终止了这一留美计划。留美幼童在1881年尚未完成既定学业的时候,被清政府召回。而召回的原因,则是因为他们"过度"地融入美国文化,使清政府感到了危机和恐惧。

留美幼童回国后并未受到礼遇。没有微笑来迎接这群失望而归的留学生,他们因着装不合时宜受到人们的嘲笑,他们被关在像监狱一样的求知书院由专人看管[2]。他们回国后得不到重用,逐渐被人遗忘,直到中日甲午战争惨败、八国联军占领北京,"现代化终于被迫到来"[3],清政府才想起这些学习过西方先进技术的留美幼童。正如李鸿章对他们的评价,称他

---

[1] 容闳:《西学东渐记》,长沙:湖南人民出版社1981年版,第108页。

[2] 高宗鲁编译:《中国留美幼童书信集》第4,载《传纪文学》,第36卷第2期。

[3] 姚蜀平:《回首百年路遥:伴随中国现代化的十次留学潮》,上海:上海教育出版社2017年版,第33页。

们在测算、制造、电报、医学等方面具备熟练的技术,"足供任使"①,才使得清政府启用他们。后来从事工矿、铁路、电报者三十人,其中从事工矿者九人,工程师六人,铁路局长三人;从事教育事业者五人,其中大学校长二人;从事外交、行政者二十四人,其中领事、代办以上外交官十二人,外交次长、公使二人,外交总长一人,内阁总理一人;从事商业者七人;从事海军者二十人,其中海军将领十四人②。"留美幼童"在有限的空间中发挥着自己的作用。

"留美幼童"学业的中断,意味着中国通过留学教育尝试现代化的初步探索就此停滞。"留美幼童"回国后,以其所学的西方先进科学技术,为腐朽没落的帝国注入了一丝希望,但他们终究无法根治落后的社会制度带来的毁灭性打击。"留美幼童"回国后所遭受的冷遇,以及国人对他们的误解,使他们的能力和作为受到了极大的限制。虽然他们为国家的现代化做出了一定的贡献,但他们终究被时代所裹挟,正如史黛西·比勒所形容的那样,他们是"落在污水沟里的雨滴"③,并未能真正起到净化"污水"的作用,却不得不融入"污水"之中。

从另一个角度来看,虽然"留美幼童"最终的结果并不理想,救亡的目的也并未达到,但容闳和"留美幼童"是中国留美教育的开端,是中国走向现代化的最初尝试,具有开创性的历史意义,也为启蒙中国政府和民众起到了积极作用。

(二)近代中国留美教育的规范化——庚款留美

庚款留美潮兴起于1909年,此时已距离留美幼童被召回国将近三十年。庚款留美带有强烈的民族屈辱感,这使庚款留美生内心产生出更加强烈

---

① 《中国近代史资料丛刊·洋务运动》第 2 册,上海:上海人民出版社 1961 年版,第 168 页。

② 容尚谦:《中国近代早期留美学生小传》,李喜所译,载《南开史学》,1984 年第 1 期,第 172—188 页。

③ [美]史黛西·比勒:《中国留美学生史》,刘艳译,北京:生活·读书·新知三联书店 2010 年版,第 375 页。

的救国意识。这与"留美幼童"普遍年龄偏小、思想尚不成熟而缺乏自觉的救亡意识形成了鲜明的对比。庚款留美生的救国梦,一方面是建立起摆脱列强侵扰的独立的国家,一方面是推动国家现代化进程,使国家强盛起来。

自"留美幼童"被召回到庚款留美兴起,期间近三十年只有零星的中国学子赴美,其主要原因是美国多年的排华政策。美国1884年颁布《排华法案》,规定所有华人十年内一律不准进入美国;到1894年十年期满后,美国总统又批准该法案延期十年;到1904年期满时,宣布该法案无限期延长①。直至1943年美国政府才废除该法案,废除的原因是"在第二次世界大战时期,出于拉拢中国这个东方盟国的需要"②,并且这一废除仅仅是美国政府迫于战争的形势不得已采取的权宜之计,"它只是一个姿态,并没有实际政策上的大改变"③。持续60年之久的《排华法案》不仅使中国人合法进入美国变得十分困难,而且使在美华侨的处境变得十分艰难。"从1882年到1943年这60年中,美国华人的人口不但没有增加,反而从原来的10万多人减少到7万多人。从1882年开始的一系列排华法案,是造成这一现象的根本原因。"④ 在这样的情况下,留学美国自然难以实现,因此在"留美幼童"被召回国与庚款留美潮兴起之间的近30年间,留美的中国学生只有数量甚微的自费生。直到20世纪初,美国决定退还中国庚子赔款用于中国的留学教育,虽然此时《排华法案》仍然存在,但因庚款留美是"美国政府支持,中国政府响应并支持的留学"⑤,因此庚款留美生

---

① 姚蜀平:《回首百年路遥:伴随中国现代化的十次留学潮》,上海:上海教育出版社2017年版,第81—82页。

② 张庆松:《美国百年排华内幕》,上海:上海人民出版社1998年版,第6页。

③ 张庆松:《美国百年排华内幕》,上海:上海人民出版社1998年版,第432页。

④ 张庆松:《美国百年排华内幕》,上海:上海人民出版社1998年版,第2页。

⑤ 姚蜀平:《回首百年路遥:伴随中国现代化的十次留学潮》,上海:上海教育出版社2017年版,第95页。

在美国并未受到《排华法案》的影响。

庚款留美始于美国退还庚子赔款多余的部分用于中国的留美教育,是在美国国务卿海约翰、美国驻华公使柔克义、中国驻美公使梁诚①以及美国传教士明恩溥等人士的共同推动下开始实施的。此时的中国,刚刚经历过留日高潮,而留学日本所学的西学,并不是真正的西学,而是日本化了的西学,所谓"第二手西学",远不如留学欧美,直接探寻西学真知②。因此,中国学子对赴美留学以寻求救国之方充满了更多期待。而此时的美国,之所以愿意退还赔款的多余部分用于中国留学生的留美教育,也是出于自身长远的战略考虑。

庚款留美是一次比留美幼童规模更大、持续时间更长、选派更加规范成熟、影响更为深远的留美潮,这也是中国的留美教育走向规范化的开始,同时也是留美生有意识地探索国家现代化、实现"救国"抱负的发端。庚款留美生具有以下三个特点:

首先,庚款留学生背负着"赔款学生"之名,也正是因为"赔款学生"这一名号,使这批留美生具有了更深刻的对国家和民族命运的关心,也使他们具有更强的"救国"使命感。与留美幼童和20世纪初留日潮的留学生相比,庚款留美生普遍具有更高的学习能力、学业水平以及更加成熟的学习目的和报国理想。庚款留美持续二十年,选派了1800多名留美生,对中美双方都产生了深远的影响。庚款留美潮从1909年兴起到1929年是较为兴盛的二十年,先后派遣留美生1828人③。随后,由于国内战乱,1930年代庚款留美的人数大大减少,1933年起,清华大学又派出6届庚款留美生,但总数仅200人左右,到1943年美国取消了庚款留美项目。庚款留美潮是中美双方各取所需的一项留美教育事业。对于中国来说,这

---

① 梁诚,第四批留美幼童的一员,1875年赴美,1881年被清政府召回。1902年被任命为驻美公使。

② 李喜所:《近代中国的留美教育》,天津:天津古籍出版社2000年版,第64页。

③ 章开沅、余子侠:《中国人留学史》(上册),北京:社会科学文献出版社2013年版,第284页。

是学习西学的一条良好的途径。留美生虽然顶着"赔款学生"之名，但庚款留美教育确为中国培养了一批优秀人才。而对于美国来说，将庚款用于中国学生的留美教育对美国在华战略利益具有长远的意义。

第二，庚款留美教育具有比留美幼童更加合理和规范的选拔和培养体系，因此产生了更好的留学效果。"庚款留美的实施，开启了官派留学生考选的正规化和制度化。"① 首先，《派遣美国留学生章程草案》中对获取留学生资格所需达到的条件做了规定，包括"中文程度要有作文数百字的能力"，"中国古典文学及历史要有基本知识"，"英文程度要能直入美国大学和专门学校听讲"等。其次，庚款留美生是经过"游美肄业馆"② 严格选拔的学生，他们需要在赴美之前在此学习，达到一定的要求后才能获得赴美资格。选拔考试不仅考察学生的中文和英文，还包括算学（代数、几何等）、历史、地理、法文、德文、格致（化学、动植物学、生理学）等科目③。对学生的要求非常全面。再次，经过考核选拔进入"游美肄业馆"的学生并不是都可派遣出国，他们还要经过进一步的选拔，成绩优秀者才有资格赴美留学。"考试本身就难，能入选的学生已经是佼佼者了。而清华对已录取的学生要求又极为严格。其章程规定：'考取各生入堂后，试学三个月，再行甄别去留。'第一批录取的430名学生入学后，清华又进行了甄别考试，被淘汰者38名，约占9%。为了能让学生更快地适应美国大学的学习和生活，清华学堂从一开始便充分借鉴美国学校的经验和制度，在课程设置、教材选用、教学方式以及校纪校规等方面，均参照美国学校办理。"④ 因此，他们是经过两次选拔并达到严格的留学要求的优秀学

---

① 章开沅、余子侠：《中国人留学史》（上册），北京：社会科学文献出版社2013年版，第117页。

② 1909年设立时名为"游美肄业馆"，1910年更名"清华学堂"，1912年更名为"清华学校"。

③ 《学部札各省提学使考选学生及考选游美学生办法文（附章程）》，载《教育杂志》第2卷，1909年第4期。

④ 章开沅、余子侠：《中国人留学史》（上册），北京：社会科学文献出版社2013年版，第127页。

生。他们在赴美前已做了充分的准备,赴美后很快能够融入美国高校的学习,因此留学成效较为显著。

第三,庚款留美潮中,对留美生所学科目的限定以理工科为主。《派遣美国留学生章程草案》中规定:"此次派出留学生的目的在于获得充实的学习效果。派出的留学生中有百分之八十将专修工业技术、农学、机械工程、采矿、物理及化学、铁路工程、建筑、银行、铁路管理,以及类似学科。另外百分之二十将专修法律及政治学。"① 最初实行庚款留美时,因清政府考虑到国内急缺办实业的人才,从而制定了百分之八十学习理工科,百分之二十学习文科这样明确的分科计划,到民国时期,庚款留美的学科分布也基本延续了这一重理轻文的特点。这也体现出从清政府到民国政府,以及中国留学生普遍的"功利主义倾向"②,期望在短时间内通过掌握的西方先进技术将国家快速地建设起来,从而赶上西方的发达程度。同时,中国留学生普遍受到近代以来"科学救国"思潮的影响,中国科学社和《科学》杂志的创办就反映了这批留美生以实业、以科学技术救国的迫切心情。正如《科学》创刊号中所述:"然使无精密甚远之学,为国人所服习,将社会失其中坚,人心无所附丽,亦岂可久之道。继兹以往,代兴于神州学术之林,而为芸芸众生所托命者,其唯科学乎,其为科学乎!"③ 庚款留美生在学成回国后,成为中国现代科学的重要奠基群体,为中国现代科学的起步和发展起到了举足轻重的作用。

庚款留美生虽然饱受"赔款学生"的诟病,但因他们是经过严格选拔出的国内精英,又怀抱着强烈的民族意识和救国意识,在美留学期间受到了规范的学术训练,因此他们在回国后做出重大贡献,成为成就突出的一代留美生。他们为中国近现代的科技发展做出了开创性的贡献,成为中国

---

① 清华大学校史研究室编:《清华大学史料选编》(第一卷),北京:清华大学出版社1991年版,第106—108页。

② 李喜所:《近代中国的留美教育》,天津:天津古籍出版社2000年版,第107页。

③ 姚蜀平:《回首百年路遥:伴随中国现代化的十次留学潮》,上海:上海教育出版社2017年版,第101页。

现代科学的奠基人。例如自然科学方面：胡刚复1918年创建了中国最早的物理实验室；胡刚复协助丁燮林1928年在上海创办中国第一个物理研究所，即中央研究院物理研究所；姜立夫1920年创办南开大学算学系；竺可桢1920年在南京高等师范学院创办了中国第一个地学系；秉志1921年在南京高等师范学院创办中国第一个生物系；饶毓泰、邱宗岳1922年在南开大学分别创办了物理学和化学系；王琎1922年在东南大学创办化学系；叶企孙、杨光弼、钱崇澍1926年在清华大学分别创建物理系、化学系和生物系；郑之番1927年创办清华算学系；梁思成1928年创办东北大学建筑系。又如人文社科方面：金岳霖1926年创办清华大学哲学系，吴宓、朱彬元、陈达分别创建清华大学国文系、经济学系、社会学系；唐钺1928年创办清华大学心理学系，刘绍禹在成都大学设教育心理学，张耀翔、廖世承分别在北京高等师范学院和南京高师创立了中国较早的心理实验室，吴宓1928年筹办清华大学国学研究所。①

庚款留美生回国后，以实际行动践行了报国理想，为中国实现现代化起到了奠基的关键作用。庚款留美生不仅创建了中国各学科的"第一个"，而且凭借他们深厚的学养，在教学与科研中培养了大批后续人才。他们不仅开拓了中国的现代化之路，而且不断为现代化注入新的力量。50年代归国留美学人中有众多学人，都是庚款留美学者的学生，这也充分体现了中国留美教育的继承性和爱国学者救国理想的延续。

（三）近代留美教育的延续和发展——抗战后期的留美潮

抗战后期的留美潮，是在国家经历了多年战乱，亟待重建和复兴的背景下兴起的。此时的中国，基本已赶走了外辱，国民政府开始筹划为战后重建储备人才。而此时中国的知识分子，厌倦了多年的战乱，也急切地想为国家复兴做贡献，希望通过学习美国先进的科学技术以及了解美国的社会文化，吸取有益的因素来强盛祖国。

---

① 章开沅、余子侠：《中国人留学史》（上册），北京：社会科学文献出版社2013年版，第298页。

抗战后期，由于国民政府积极鼓励留学政策的颁布和实施，近代中国的留美教育掀起了前所未有的高潮。多年的战乱，不仅对中国经济社会造成巨大创伤，更对中国教育事业的发展造成了不可弥补的损失，使中国的教育事业发展遭遇延缓，而留学教育更是因战乱受到极大的限制。自"留美幼童"后，由于美国排华法案的实施，留美的中国学生数量十分有限，庚款留美实施以后，留美教育才步入相对稳定的常态化，但抗战期间，由于国家危急的局势，留美再次陷入低潮。抗战后期再次兴起的留美潮，是多年留学教育限制之后的一股井喷，是对近代留美教育的延续和发展，也是中国知识分子通过留学寻求国家现代化的继承和延续，但又有所不同。

从留美学子的基本情况来看，抗战后期兴起的留美潮中的留美学人更加成熟。第一批公派留美幼童，年龄从10岁到16岁不等，世界观和价值观正处于形成的过程之中，爱国情怀、"救国"动机还并不强烈。此后，庚款留美潮中的留美生，则基本是成年人，在年龄、学识、底蕴和学习生活能力等方面，都相对成熟。抗战后期留美潮中的留美生，则由更复杂的人员层次构成，他们不仅有大学生，还有众多的研究生、研究机构的研究员、各单位的实习人员等，他们普遍已具备较高的独立能力，对世界的认知、对是非的判断、世界观和价值观都已确立。他们对出国的目的具有更直接、清晰和明确的理解，甚至他们所学习的科目，都是在考虑国家需要以后做出的选择，他们的救国理想及其实现途径都清晰而明确。

从留美学子的层级来看，抗战后期留美潮中的留美学人都是当时国家的精英。他们中不管是公费留美还是自费留美的学生，都是经过国民政府严格选拔并受过行前培训的，可以说他们是当时社会上处于精英层次的学生和学者。这与庚款留美生相似，庚款留美生也是经过严格选拔的，多数来自留美预备学校清华学校（最初名为"游美肄业馆"，后更名"清华学堂"，1912年更名为"清华学校"），专门为留美做准备。而留美幼童虽然在行前也接受了一定的准备性质的留学教育，但因经验不足等原因，赴美后，多数仍不能直接进入美国学校学习，而要先过语言关，影响了留学成效，延长了留学时间。因此，抗战后期的留美潮与庚款留美都可以说是有备而去的中国优秀的学生和学者，回国后也成为了各行各业的优秀人才，为国家走向现代化做出贡献。

从留学生规模来看，抗战后期兴起的留美潮中赴美的人数最多。留美幼童四批共120人；庚款留美生1909—1929年共1800多人；抗战后期留美潮赴美的人数则达到5000人以上，成为中国近代留学史上的最高峰。

抗战后期兴起的留美潮带有更强的内部自发性和目的性，是由国家主动培养、主动派遣的。而留美幼童是在有识之士的艰难推动下，清政府在不得已之时才同意派遣的；庚款留美则是在美国和中国共同的推动之下形成的，其资金来源还是美国退还给中国多余的庚子赔款，这使庚款留美生背负了"赔款学生"的恶名；而抗战后期的留美教育是国家政府层面的主动行为，其资金来源基本是出自中央和地方政府资助以及学生自费，是中国政府和留学生的自发的、内生性的留学潮，具有更强的主动性和目的性。

第一章 抗战后期的赴美留学潮

抗日战争后期,中国逐渐看到了战胜日本侵略者的曙光,抗战胜利后如何进行国家重建,成为摆在国民政府面前的紧要问题。历经多年战乱的国家百废待兴,而国家重建又以人才为关键。国民政府开始筹划为战后重建储备人才,其中之一即是以欧美之先进的科学技术培养我之人才。因此,自1943年起,国民政府改变了战时紧缩的留学政策,转而加紧欧美国家留学生的派遣工作,积极促进留学教育事业的发展。这样的政策也恰好适应了众多知识分子渴望出洋学习的热情。他们厌倦了多年的战乱,急切地想为国家和民族的复兴做贡献,而通过留学欧美学习先进的科学技术被视为较快的途径之一。由此,近代中国的留美教育掀起了前所未有的高潮,在美的中国留学生人数也迎来了史无前例的增长。而本书着重研究的留美学生组织也正是在这一留学大潮中逐渐生长起来的。

一、抗战后期留美潮兴起的国际国内背景

抗战后期,国民政府出于战后重建国家亟需人才的考虑,计划通过派遣留学生赴欧美留学的方式,以较快的速度培养一批能够投入国家建设、解决人才紧缺问题的人才队伍。在这一目的的推动下,国民政府出台了一系列政策刺激留学教育的发展。而此时,世界各国中,美国较之其他国家具有更强的优势,成为当时学子出国留学的首选。

（一）抗战后期国家重建的急迫与人才紧缺的矛盾状况

抗战后期，国家重建的急迫与人才急缺的矛盾尤为突出。抗战期间，中国的社会经济受到重创，教育文化事业也遭到严重破坏，不仅导致经济损失惨重，而且教育人才严重缺乏。国家迫切需要重建，而重建需要的不仅仅是财力上的支撑，更重要的是人才的依托。抗战后期，国民政府为了尽快弥补战后重建对人才的需求，实行宽松的留学政策，大力支持学生出国留学，但以学习理工农医等实用学科为主，以补国家建设急需人才的缺口。"1943 年 1 月，蒋介石撰成《中国之命运》，认定抗战结束后十年内，急需各级各类干部人才达 50 万之众，其中技术人才非国内高等教育机构短期所能养成，故而着眼于战后建国，派遣留学应为当务之急。"①

抗日战争对中国社会经济造成了重大的损失。台湾学者黄大受认为，抗战的损失为 1500 亿美元以上②；孟国祥认为，抗战财产损失与战争消耗折合约 1000 多亿美元，这一数字只会低计而不会高估③。中国社会的经济处于破败凋零的状态，人民生活困苦不堪，迫切需要重振经济，发展政治、经济、文化、教育等各项事业，恢复民生，重振国力。

战争带来的不仅仅是经济上的损失，文化、教育上的损失更为深重。其一，从日本发动全面侵华战争起，就对北平、天津、上海等地的高校进行了严重的破坏。日军的"大部分空袭……有意识地以大学等文化教育设施为破坏目标"④。"1937 年 7 月前，中国计有专科以上学校 108 所，计大学 42 所，独立学院 34 所，专科学校 32 所"，"截至 1937 年 10 月，除北平的 14 所大学被敌盘踞而未被轰炸外，三个月来全国计有 23 所高校被炸。

---

① 章开沅、余子侠主编：《中国人留学史》（上册），北京：社会科学文献出版社 2013 年版，第 335 页。

② 黄大受：《日本侵华损害估计》，载《文史学报》，1978 年第 6 期。

③ 孟国祥：《中国抗战损失研究的回顾与思考》，载《抗日战争研究》，2006 年第 4 期，第 178 页。

④ ［澳］哈罗德·约翰·廷伯利：《侵华日军暴行录》，马庆平等译，北京：新华出版社 1986 年版，第 111 页。

到 1938 年 8 月底，108 所高校中有 91 所遭受敌人破坏，其中 25 所被迫停办。"① 日军对学校的轰炸和占领致使广大中国学子失去了最基本的学习条件，中国的高等教育因此受到了严重的影响。

其二，在日军对学校的严重破坏之下，各高校被迫内迁，花费了大量人力物力财力。"战后调查统计，1937 年全国专科以上学校计有 108 校，七七事变后应战时停顿及先后迁移后方者达 2/3 以上，其后陆续增设至 1945 年 8 月，共有专科以上学校 142 校，其中受战事损失者共 115 校，占总校数 80% 以上，其未受损失者仅后方新设之少数学校。""1946 年统计，专科以上学校间接损失中，迁移费为 503120695 元"②。高校内迁不仅需要建设新的学校，在校师生也需要长途跋涉去往新的校址。在战争结束后，大部分高校又迁回原址。整个过程对学校以及师生都产生了从物质到精神层面的一系列负面影响。

其三，日军的侵略，对师生的日常教学和生活带来了极大的影响，不仅是校舍环境等物质生活的影响，更是思想和精神上的摧残，而思想和精神上的摧残是无法计量的。1946 年 11 月中国代表团在法国巴黎召开的联合国教科文组织第一次大会上指出："抗战八年间，我国教育文化，曾受敌人之重大摧残，日人认为各级学校均为反日集团，所有智识青年，均系危险分子。为欲达到长期统治中国之目的，故极力奴化我青年之思想，摧残我教育及文化机关，欲以消灭我固有之文化。因此之故，战时我国教育文化之损失，乃至是惊人。"③ 留美学人李敏华和吴仲华夫妇当时在西南联大任教，他们印象深刻的是"跑警报"，西南联大虽搬迁至大后方，但依然受着日军空袭的威胁，师生们经常要在空袭警报中躲避日军轰炸。④

---

① 孟国祥：《大劫难：日本侵华对中国文化的破坏》，北京：中国社会科学出版社 2005 年版，第 121—122 页。

② 孟国祥：《大劫难：日本侵华对中国文化的破坏》，北京：中国社会科学出版社 2005 年版，第 143 页。

③ 《1937 年以来之中国教育》，中国第二历史档案馆档案，全 5，卷 1695。

④ 毛天祥、王柏懿：《李敏华传》，北京：中国科学技术出版社 2015 年版，第 33 页。

除此之外，众多青年学子放弃学业，投身抗战，也造成了抗战期间人才的流失。他们本可以接受到良好的教育，生活在安宁的校园中，但国家遭到侵略，家园遭到破坏，他们无法继续学习，弃笔从戎，将青春献给国家和民族。这样放弃学习机会的青年不计其数，对中国的教育文化事业构成重大的损失。

由此可见，日本侵华战争破坏了中国正常的教育活动，导致教师、学生、学校数量的大幅减少，处在受教育年龄段的学生，包括中小学生和高校学生，都失去了正常在校学习的条件，导致中国教育体系的严重损坏，人才培养的严重迟滞，全民教育水平严重退步。而当时的留学教育，更因抗战时期国内的混乱、财力的限制、复杂的国际关系等种种因素，受到了极大的制约。因此，战后国家重建的急迫与国内人才的急缺之间的矛盾状况显得突出而迫切，这也是国民政府在抗战后期出台政策刺激留学的直接动机。

(二) 美国接纳中国留学生的战略考虑及具体措施

美国在二战后大量接纳中国留学生是出于美国自身的战略考虑。首先，二战后期中美同盟的战略格局。当时的国民政府与美国交好，为中国留学生赴美提供了一定的便利。随着太平洋战争的爆发，中国成为同盟国中的重要成员，由于中国为同盟国赢得战争做出了重要的贡献，美国将中国视为重要的战争盟友，中美关系因此日益密切。当时两国交好的外交关系，为中国留学生赴美留学提供了便利。其二，美国为谋求自身长远的在华利益而乐于培养中国留学生。在国民政府时期，美国政府将留美中国学生看成"未来的民主力量"，认为中国留学生完成学业回国为中国的现代化做贡献，不仅有利于美国的利益，而且能够促进两国友好和稳定关系的形成。因此，社会主义中国的建立和"冷战"的爆发，使美国对留美中国学生的态度发生了从友到敌的转变。[①] 其三，美国是二战后世界上为数不

---

① Yelong Han, "An Untold Story: American Policy toward Chinese Students in the United States, 1949 – 1955", *The Journal of American-East Asian Relations*, Vol. 1, Spring 1993, pp. 77 – 99.

多的有实力接纳中国留学生的国家。美国虽然参战,但其本土并未受到战争的破坏,战后经济发展迅猛,国力较为强盛,掌握世界上较先进的科学技术,其教育资源也相对较好,有利于留学生的培养。与之相比,英国、法国等欧洲国家虽然是战胜国,但在战争中损失惨重,德国、日本作为战败国更是一片废墟,皆无力为大量的留学生提供充足的教育资源。

持续多年的庚款留美也在1943年予以取消。庚子赔款源自1901年清政府与11国签署的《辛丑条约》,因1900年为庚子年,称赔款为庚子赔款。条约规定,中国从海关银等关税中拿出四亿五千万两白银赔偿各国,并以各国货币汇率结算,按4%的年息,分39年还清。而退还庚款始自美国,1907年开始美国将部分庚款退还中国用于兴办中国的高等教育,招收中国学生留美。此后,英、日、法等国都效法美国,退回部分庚款,用于兴办中国高等教育和培养留学生。而这种以中国所赔款项用于中国留学教育的做法,事实上是美、英、日、法等国自身谋求文化渗透的手段。《国民参议员胡秋原等提议取消庚子赔款办理教育办法案及外交与教育等部商办往来函件》(1943年1—3月)中,"查关于各国庚子赔款一案,英美两部分庚子赔款均经先后退还我国,作为发展教育文化事业之用,并设立专管机关管理其事;此外,法、比、荷等国部分庚子赔款亦经分别退还,作为教育、文化、慈善或其他事业之用。"① 因此,抗战后期留美潮的资金支持主要来自于国民政府的官费、留学生自费以及美国机构对中国留学生的民间支持,而不再是带有屈辱意味的庚款。

美国政府和民间为应对中国留学生的到来制定并实施了一系列举措,以保障中国留学生赴美后能进行正常的生活和学习,美方还为中国留学生在美国留学期间所遇到的困难提供援助。

美国政府及民间对中国留学生的援助,在留美高潮到来之前,就已逐渐展开。随着1943年以后中国学生申请赴美留学高潮的到来,美国政府、高校及民间机构采取了一些应对措施。国内学界对此研究涉及较少,美国

---

① 中国第二历史档案馆编:《中华民国史档案资料汇编》(第五辑第二编·教育(一)),南京:江苏古籍出版社1997年版,第149页。

学界对此有一定的研究，主要包括：美国政府推行的中美文化交流项目，美国高校为迎接二战后中国学生留美高潮制定的应对方案，以及美国政府对中国学生的经济援助等。

第一，美国政府在1940年代针对中国教育及留美教育推行了专门的中美文化交流项目，为中国留学生提供了较大帮助。费慰梅对这一项目做了专门的研究，她指出，珍珠港事件使中美关系更加亲密，美国将中国看作二战中的忠实盟友，因此中美文化交流项目在1940年代初期即引起美国官方和民间机构的重视，在一些美国有识之士的推动下，最终成行。1942年到1949年美国政府推行的援助中国的文化项目中，对在美的中国留学生的援助包括：国务院拨付专门资金用于援助经济困难的中国学生；帮助毕业后滞留美国的中国留学生找到实习或工作岗位，以维持生计；帮助中国留学生解决急需解决的实际困难，如支付房租、旅费、学费等；美国高校和教育机构也通过增设奖学金，增加工作岗位，提高信用额度等方式，给予中国留学生经济上的帮助等。① 除此之外，中美文化交流项目还包括：中美两国文化和技术领域的专家交换交流；在中国播放教育广播节目；运送介绍美国的影片及放映设备；捐赠中国大学急需的教科书、显微镜和其他科学仪器等②。

第二，美国政府对留美高潮中赴美的中国学生提供了一定的经济援助。虞福春回忆，"1946年4月，我到美国俄亥俄州立大学自费留学。去美国之前，我没有旅费，我的老师跟费正清教授联系，因为费正清的夫人费慰梅（Wilma Canon Fairbanks）是美国驻华大使馆的文化参赞。在费正清夫人的帮助下，我向美国国务院申请了资助。我就是靠着资助去美国留学的。"③ 1949年初，随国共内战形势的发展，南京国民政府停止向国外留学生提供"官

---

① Wilma Fairbank, *America's Cultural Experiment in China*, 1942 – 1949, Washington, D. C.：Department of State Publication, 1976, pp. 116 – 119.

② Wilma Fairbank, *America's Cultural Experiment in China*, 1942 – 1949, Washington, D. C.：Department of State Publication, 1976, pp. 16 – 17.

③ 虞福春、田日灵口述：《留学俄亥俄州立大学的夫妻》，见王德禄等：《1950年代归国留美科学家访谈录》，长沙：湖南教育出版社2013年版，第119页。

价外汇",留美学人国内的经济来源被切断,经济状况普遍出现危机。此时,美国国务院制订了"紧急援华款项"(ECA),以"庚子赔款"继续资助留美中国学生完成学业,包括提供回国路费。① ECA 是美国国务院给中国学生颁发的紧急补助金。汪闻韶回忆,1950 年秋季以后,他"不再半工半读,学习费用通过学校申请美国国务院所发中国学生紧急补助金(简称 ECA)支给;当时领取该项补助金时曾规定在学程完毕后必须回中国,并可申请回国旅费补助,不允许在美找工作。"② Yelong Han 指出,到 1948 年下半年,在美的中国留学生大部分的经济来源被切断,包括中国政府的官方资助和自费的经济来源,约 4000 中国留学生滞留美国。为应对这一困局,美国国会通过了几项法案,在 1948 年和 1949 年,美国国务院从中国援助基金中拨出 4508000 美元用于对 3600 名中国学生学费和生活费的资助。国会将对中国留学生的资助看作一种投资,以加强中美关系,并期望归国留美生在中国未来发展道路上产生深远的影响。1950 年后,中国留学生面临着经济紧张、身体和心理健康及其他各种困难,在完成或终止学业后,无法再从美国政府的紧急援助计划中获得资助。在美国政府对中国留学生颁布禁止离境的命令后,中国留学生面临着居留美国的合法性,日常生活难以为继等问题。针对这一现象,美国国会 1950 年 6 月通过法案,拨付六百万美元作为紧急援助……③

  第三,美国高校为迎接二战后中国学生留美高潮制定了相应的应对方案。费慰梅指出,1943 年起,美国高校收到大量来自中国学生的入学申请,预示着中国学生留美高潮的到来,为应对这一留学潮的到来,美国各高校的负责人举办了一个讨论会,商讨应对这一新情况的办法。他们集中

---

  ① 全国政协暨北京、上海、天津、福建政协文史资料委员会编:《建国初留学生归国纪事》,北京:中国文史出版社 1999 年版,第 25 页。

  ② 全国政协暨北京、上海、天津、福建政协文史资料委员会编:《建国初留学生归国纪事》,北京:中国文史出版社 1999 年版,第 209 页。

  ③ Yelong Han, "An Untold Story: American Policy toward Chinese Students in the United States, 1949 – 1955", *The Journal of American-East Asian Relations*, Vol. 1, Spring 1993, pp. 77 – 99.

讨论了以下问题：美国高校如何获取中国申请者详细的教育背景信息，以衡量其入学资格；如何判断中国各高校当时的教育水平；如何应对新生英语基础较差不足以应对学业的问题；如何引导新生融入美国的新生活；如何保障留学生的健康、经济支持，以及其经济能力足以应对可能出现的医疗花销等。对于这些问题，与会者达成了如下解决方案：为中国申请者制作入学申请表样表，附带美国各大学简介以备申请者参考选择学校，通过美国大使馆和领事馆发放给中国申请者；美国教育部为各美国高校提供关于中国教育状况的小册子，为美国高校了解中国教育现状提供参考；美国国务院为留学生派遣国任命教育或文化专员，为申请者提供咨询；由各美国高校为初到美国的留学生提供英语培训，但此项花费须由派遣国政府或派遣留学生的机构承担；接收留学生的美国高校须为留学生提供留学生指南；美国领事馆签证处要求申请签证的中国留学生能够提供健康证明和资金支持证明，但实际情况是，当时中国的医疗设备紧缺，一心想要拿到美国签证的中国申请者，诉诸造假来提供自己的健康和经济证明等。①

第四，美国政府放开了对中国留学生毕业后找工作的限制。通常情况下，留美生在美完成学业后，必须返回自己的祖国，没有特殊情况不得滞留美国。而实际情况是，美国政府放开了限制，允许中国留学生在美找工作。据梅祖彦回忆，"为了解决这一大批中国留学生的生计问题，以前禁止留学生谋求职业的禁令也就放松了，对于寻找工作的人就不再过问。在这种形势下，我在攻读硕士学位的同时，在一家机械制造厂找到了个职位，由1950年8月起工作了三年半。"②

美国政府和高校的这些具体措施，使得大量中国学生赴美留学成为可能，并使他们在留学期间若遇到经济等困难，仍能够继续留在美

---

① Wilma Fairbank, *America's Cultural Experiment in China*, 1942–1949, Washington, D. C.: Department of State Publication, 1976, pp. 120–121.

② 全国政协暨北京、上海、天津、福建政协文史资料委员会编：《建国初期留学生归国纪事》，北京：中国文史出版社1999年版，第193页。

国完成学业。

二、国民政府留学政策的变化与留美潮的兴起

在抗战胜利之前,由于国内持续多年的战乱,一切皆以战时需求为首要保障,国民政府对于留学教育的支持和资助力度并不大,导致留学教育发展缓慢,在抗战期间留学美国的中国学生数量有限,直到抗战胜利在即,为国家重建储备人才之需,留美教育才迎来高潮。

(一) 1927—1943 年从开放、紧缩到再开放的留学政策

抗战期间国民政府的留学紧缩政策,是导致战后国家重建之际面临人才紧缺矛盾的重要原因之一。国民政府的留学政策在 20 年代至 40 年代经历了三个时期,从较为开放到限制紧缩再到恢复开放,即:1927 年—1937年为较开放的时期;1937 年全民族抗战爆发后,国民政府对留学采取了限制政策,留学热潮减退;从 1943 年起留学政策又逐渐放宽。从这一变化也可以看出,抗战全面爆发导致了中国留美教育的停滞,对于中国留学教育事业产生了严重的负面影响,直至抗战胜利在望,留学教育才再次兴起。抗战后期国民政府留学政策的变化,是留美潮兴起的关键。

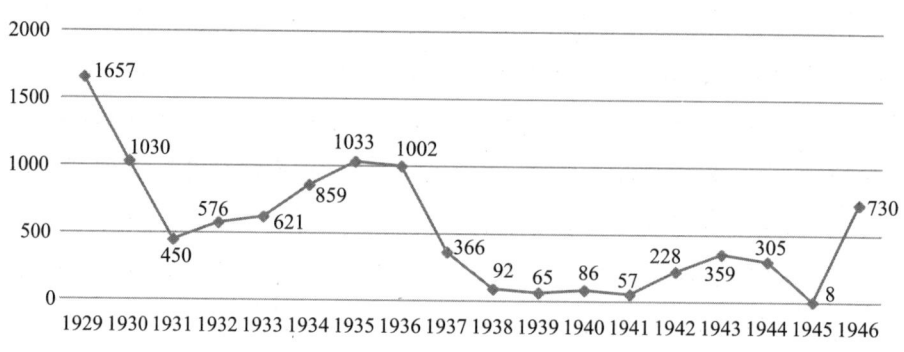

图 1.1　抗战前后历年出国留学生人数统计走势图

数据来源:中国第二历史档案馆编:《中华民国史档案资料汇编》(第五辑第二编·教育 (一)),南京:江苏古籍出版社 1997 年版,第 890—891 页。

第一章 抗战后期的赴美留学潮

从抗战前后历年出国留学生人数统计中可以看出,从 1929 年到 1937 年间,留学人数虽每年不等,时起时落,但总体人数保持在每年 300 到 1700 人之间,平均每年有约 800 人出国留学。而 1937 年全民族抗战爆发后,自 1938 年到 1941 年间,每年出国留学的人数不足百人,到 1942 年后才稍有回升,1942 年也仅 228 人出国留学,1943 年和 1944 年达到 300 多人。直到 1946 年后,留学人数才逐渐迎来回升。

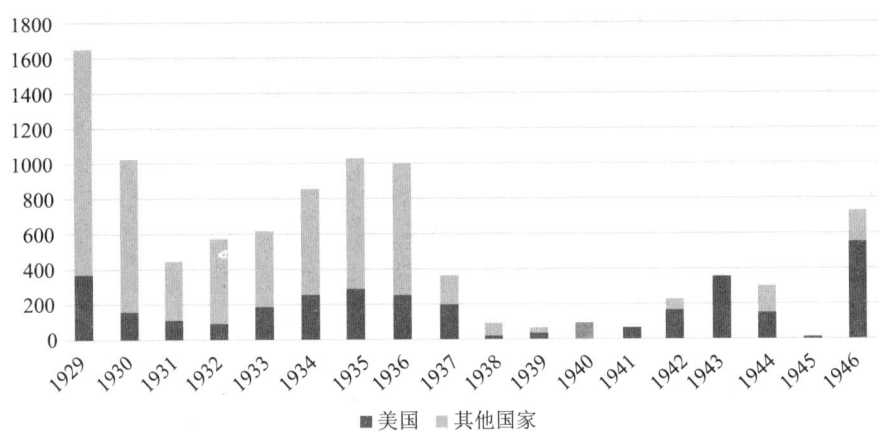

图 1.2 抗战前后历年赴美留学生在留学生总数中的占比

数据来源:中国第二历史档案馆编:《中华民国史档案资料汇编》(第五辑第二编·教育(一)),南京:江苏古籍出版社 1997 年版,第 892—893 页。

1929 年到 1946 年之间,留学美国的学生人数在总的留学生人数中并不突出。1929 年到 1938 年间,虽然出国留学的学生总数并不少,但留美的学生比例在总留学生比例中只占相对较少的比重。而 1939 年到 1943 年,留学美国的留学生比重虽然高,但总的出国留学人数可谓寥寥无几,留美人数比前一阶段更少。自 1943 年起,留学教育回暖,留美人数也逐渐上升,1946 年后,不仅留美人数在总留学生人数中的比重占到多数,而且绝对留学生人数也大幅上升。

从上图数据也可以看出,1945 年是一个特别的年份,1945 年出国的只有 8 人,其中 2 人赴美。1945 年出国人数相对较少的原因,一是因 1943 年和 1944 年所有的自费留学生均已出国;二是因为人们沉浸在抗战胜利的巨大喜悦中,这一年较少有出国的念头;三是 1945 年有赴美、英的研究生和实习生,但都是获得国外奖学金的,不需要领取留学证书,因此未登记在 8 人之中。① 该数据仅记录了 1945 年领取国民政府留学证书的、经过国民政府考试选派出国的人数,通过其他渠道和资助赴美的未计入其中,因此仅有 8 人。

南京国民政府时期由于战争等原因造成的对留学教育的限制,抑制了中国知识分子出国学习的机会,限制了中国留学生通过学习西方探索中国现代化的路径,因此也导致了抗战后期留学政策放开后井喷式的留学潮。

在全民族抗战爆发之前,国民政府的留学政策相对宽松,对留学生派遣的限制并不严格。1933 年教育部颁布的《国外留学规程》第二章第五条将公费留学的选派权力下放到各省:"各省市考送派赴国外研究专门学术者,应注重理农工医等专科。研究科目之种类、公费名额、留学国别、年限及经费状况等,经由各省市依其地方情况之需要及所研究科目之性质,于每届招生前详为规定,呈部核准施行。"② 将公派留学的选派权力下放到各省市,是鼓励留学的一项举措。各省市掌握留学生的选派权力,对提高选派效率、增加选派人数等方面都有积极的作用。对于自费留学,则更无限制,只要达到大学毕业,提交相关证件,即可获得出国留学资格。因此,在这一时期较为宽松的留学政策之下,出国留学的总人数还保持着较高的水平。而这一时期,留学美国的人数所占比重并不突出,这与美国多年实行《排华法案》以及对庚款留美生选派的严格把控有密切关系。

1937 年后,全民族抗战爆发,国家处于危难时期,战争导致政府经费紧张,外汇更加紧缺,难以提供大量留学生出国留学的经费。经费紧张是导致国民政府限制留学教育的主要原因。抗战时期的留学教育的基本情况,国民政府在《抗战时期的中国教育》(原题《一九三七年以来的中国教育》,是教育部为 1946 年 11 月联合国教科文组织举行的第一届大会撰写的报告书)

---

① 李喜所:《近代中国的留美教育》,天津:天津古籍出版社 2000 年版,第 124 页。

② 王焕琛:《留学教育——中国留学教育史料》,台北:台湾编译馆 1980 年版,第 1830 页。

第一章 抗战后期的赴美留学潮

中做了总结，战事初起，中国一度限制留学生出国。"唯获特准得有外汇奖学金或补助费者，仍得出国，但以改习军、工、理、医等科目为限，所以一面节约外汇，一面提高留学生素质，俾学有所长，且配合国防需要。"①

1937年8月11日行政院核发《总动员时督导教育工作办法纲领》（1937年8月11日）的指令，这份《纲领》标志着战时教育政策的开始，对抗战期间全国的教育工作奠定了一个总的基调，以尽可能保障学校教育为原则，不得已之时将动用教育经费以资战事。②《教育部订定之战时各级教育实施方案》（1938年）提出，"派遣学生出国学习各种学术，我国行之已久。然今日国内学术水准之高，远非二、三十年前可比。留学生之派遣，自应由泛而严。"③ 随后1938年、1939年连续出台了《限制留学暂行办法》《修正限制留学暂行办法》，对出国留学采取明确限制的政策。为了节约外汇，将有限的留学经费用在国家急需的学科上，规定所学科目应为国防、为当时的战事所必须，才能出国留学。1937年—1942年间，因国民政府的政策限制等原因，自费出国的留学生数量极少，"一九三七至一九四二年数年间之出国者，除上述公费生外，留学生自费出国人数，因限制之故，较战锐减。"④

1938年4月，国民党临时全国代表大会通过的《战时各级教育实施方案纲要》提出，要"改订留学制度，务使今后留学生之派遣，成为国家整个教育计划之一部分，对私费留学亦应加以相当之统制，革除过去分歧放任之积弊"⑤。在《方案纲要》的指导下，随后《教育部订定之战时各级

---

① 孔繁岭：《抗战时期的中国留学教育》，载《抗日战争研究》，2005年第3期，第97页。

② 中国第二历史档案馆编：《中华民国史档案资料汇编》（第五辑第二编·教育（一）），南京：江苏古籍出版社1997年版，第1页。

③ 中国第二历史档案馆编：《中华民国史档案资料汇编》（第五辑第二编·教育（一）），南京：江苏古籍出版社1997年版，第34页。

④ 中国第二历史档案馆编：《中华民国史档案资料汇编》（第五辑第二编·教育（一）），南京：江苏古籍出版社1997年版，第340页。

⑤ 中国第二历史档案馆编：《中华民国史档案资料汇编》（第五辑第二编·教育（一）），南京：江苏古籍出版社1997年版，第15页。

教育实施方案》(1938年)对出国留学制定了严格的条件,反映了当时国民政府逐渐向不鼓励出国留学的政策倾斜,主要表现在:

第一,限制留学生所学科目。"以在国内不能得到适当之指导及设备而为国家所需要者为限。"① 另外,"在国内不能得到适当指导与设备之科目及专题,如国家所需较广,得由教育部从国外聘请适当之学者入国讲授,并充实其设备,不必派遣学生出国留学。"② 从这两条对出国人员所学科目的限制来看,国民政府希望派出的留学生能解国家当务之急,以国家所需、能为国家所用为标准,以应对国家当时所面临的战事之需。因此,理科、工科等的留学生在留学生总数中占多数,而文科、法科、医科等留学生数量非常有限。

第二,缩小可出国留学的学生范围。从对留学人员的要求上看,要求派出的留学生"在国内对于所学科目及专题,已有适当之准备"③。大学毕业生通过官费渠道出国的,可以是参加留学考试及格的,或是在研究院研究两年以上成绩优良的,或是毕业成绩优良留校任助教或讲师两年以上的,但前提都是能够"继续研究其原定科目及专题"④。"国内大学教授继续服务五年以上而有特殊成绩者,应由该校资助出国研究",如果学校没有资助条件,则由教育部资助。⑤ 由此可见,出国留学人员必须达到一定的要求才能获得出国资格,这就从客观上减少了具有出国资格的人员数量,自然导致出国人数的下降。

---

① 中国第二历史档案馆编:《中华民国史档案资料汇编》(第五辑第二编·教育(一)),南京:江苏古籍出版社1997年版,第34页。
② 中国第二历史档案馆编:《中华民国史档案资料汇编》(第五辑第二编·教育(一)),南京:江苏古籍出版社1997年版,第35页。
③ 中国第二历史档案馆编:《中华民国史档案资料汇编》(第五辑第二编·教育(一)),南京:江苏古籍出版社1997年版,第34页。
④ 中国第二历史档案馆编:《中华民国史档案资料汇编》(第五辑第二编·教育(一)),南京:江苏古籍出版社1997年版,第34页。
⑤ 中国第二历史档案馆编:《中华民国史档案资料汇编》(第五辑第二编·教育(一)),南京:江苏古籍出版社1997年版,第35页。

第三，对留学生的学习情况考核甚严。要求留学监督制度"除管理留学生之经费以外，应有指导留学生选择学校及考核留学生研究题目及成绩之责任"，修完学业回国还要对其成绩和资格证明文件进行审定。①《方案》中对审核机构也做了说明，教育部应设立全国最高学术审议机关，以"审核出国回国留学生法定资格与学术成绩"②。这就要求留学生具有相当的学习能力并能够按要求取得一定的学习成绩。

到1939年，国民政府对留学的限制政策更加明确。教育部公布的《修正限制留学暂行办法》中明确规定，"在抗战期内公费留学生，非经特准派遣者，一律暂缓派遣；自费留学生，除得有国外奖学金或其他外汇补助费，足供留学期间全部费用无须请购外汇者外，一律暂缓出国。"另外，对派遣资格做了更清晰的限制：首先，可出国留学的仅限于两种人，一是"公立大学或已立案之私立大学毕业生，曾继续研究或服务两年以上，经服务机关证明确实著有成绩者"；二是"公立大学或已立案之私立专科学校毕业生，曾继续研究或服务四年以上，经服务机关证明确实著有成绩者"。③ 其次，对留学学习的科目有严格规定，要求学习当前国家迫切需要的军、工、理、医有关军事国防的学科④。再次，留学资格必须由中央政府高层官员进行审核批准。学习军事的要"呈请军事委员会委员长核准派遣之"；学习其他科目则"由教育部呈请行政院院长核准派遣之"⑤，与1933年省市即可派遣留学生的情况形成鲜明对比。再次，诏令已在国外的

---

① 中国第二历史档案馆编：《中华民国史档案资料汇编》（第五辑第二编·教育（一）），南京：江苏古籍出版社1997年版，第35页。

② 中国第二历史档案馆编：《中华民国史档案资料汇编》（第五辑第二编·教育（一）），南京：江苏古籍出版社1997年版，第34页。

③ 中国第二历史档案馆编：《中华民国史档案资料汇编》（第五辑第二编·教育（一）），南京：江苏古籍出版社1997年版，第865页。

④ 中国第二历史档案馆编：《中华民国史档案资料汇编》（第五辑第二编·教育（一）），南京：江苏古籍出版社1997年版，第865页。

⑤ 中国第二历史档案馆编：《中华民国史档案资料汇编》（第五辑第二编·教育（一）），南京：江苏古籍出版社1997年版，第866页。

留学生尽快回国。已毕业者令其立即回国；成绩不佳者令其提前回国；若毕业后有必要实习者，令其实习结束立即回国；出国已满三年的非军、工、理、医等专业的留学生令其立即回国；自费生中家庭无法负担其留学费用的，政府仅继续资助成绩优异者，其他自费生则只资助其回国旅费①。可见国家召回留学生共赴国难之急切，也从侧面反映了抗战时期国家对人才有大量的需求。

综上所述，抗战期间由于特殊时期的种种特殊原因所造成的留学政策紧缩，导致了国家留学生的大幅度减少，也正因此，国家在此期间培养的留学人才急剧减少，导致在战后重建急需人才之时，人才缺乏状况显得尤为突出。

（二）1943—1949 年留学政策开放时期与留美潮的形成

由于抗战给中国社会造成了极大的损耗，在抗战即将结束之际，国民政府为了战后重建国家的考虑，从 1943 年起开始鼓励出国留学以达到快速培养人才的目的。由此掀起 1944 年到 1949 年的留美潮，留美人数在短时间内迅速达到高峰。

抗日战争后期留美潮兴起的根本原因是国民政府留学政策的鼓励和支持。自 1943 年起，抗战胜利在望，战后国家重建急需人才；又鉴于中美新约、中英新约的签订，国际环境为中国的留学教育提供了相对有利的条件。因此，国民政府对留学政策做出调整，决定突破战时对留学的限制政策，开始鼓励和支持留学教育的发展，并为大量选拔派遣留学生做准备。蒋介石 1943 年 4 月 28 日第 7628 号手示拟定："以后对于留学生之派遣应照十年计划，估计理工各部门高中低各级干部所需之数目，拟具整个方案呈报为要。"②

---

① 中国第二历史档案馆编：《中华民国史档案资料汇编》（第五辑第二编·教育（一）），南京：江苏古籍出版社 1997 年版，第 866 页。

② 王焕琛：《留学教育——中国留学教育史料》，台北：台湾编译馆 1980 年版，第 2082 页。

第一章　抗战后期的赴美留学潮

自 1943 年起，国民政府开始制定未来的留学教育计划，并计划大批派遣留学生出国留学。1943 年国民政府颁布《留学教育方案》，制定了以五年为期的留学教育计划，1943 年到 1947 年，每年由教育部选派公费留学生和自费留学生分别 1000 名。五年下来则公费留学生和自费留学生分别 5000 名，共一万名。① 虽然在其后的实施过程中，实际出国人数并未达到这一数目，但这一计划说明了国民政府对于人才的急需，对于培养人才的重视程度较战时大大提高。

在抗战后期的留学教育中，国民政府较为重视英国、美国等科技较为先进的西方国家，而其中以美国为最重。1943 年国民政府出台公费留学派遣方案《三十二年教育部派遣公费留学英、美学生计划大纲》，计划当年共派遣 1000 名留学生，包括留美 700 名，留英 300 名。1000 名留学生中，通过教育部组织考试选拔 500 名留学生（包括理工医农等科 400 名，文法师范高商科 100 名），教育部遴选优秀的教授、副教授、讲师、助教及大学研究院所研究员等 200 名，经济建设有关的各部门选调优秀技术人员和行政人员共 300 名。② 国民政府计划选派留学美国的人数最多，一方面，美国是二战后仍较有经济实力接纳留学生的国家；另一方面，当时的美国与国民政府交好。此外，美国也是当时世界上科学技术最发达的国家，赴美留学是中国学子较好的选择。李恒德回忆："当时美国和英国都提供了一些名额，允许通过考试的中国学生到他们国家的大学做助教，并提供奖学金，即'英美奖学金'。""考上以后，我们走不了。英国和美国新的学期即将开学，我们没能按时到达。……国民党政府就把'英美奖学金'改名为'第一届公费留学'，由教育部提供经费，每人每月资助 150 美元。"③

抗战后期，国民政府对自费留学的政策明显放宽，积极鼓励自费出国

---

① 王焕琛：《留学教育——中国留学教育史料》，台北：台湾编译馆 1980 年版，第 2085—2087 页。

② 王焕琛：《留学教育——中国留学教育史料》，台北：台湾编译馆 1980 年版，第 2088 页。

③ 李恒德口述：《负责编辑〈留美科协通讯〉》，见王德禄等：《1950 年代归国留美科学家访谈录》，长沙：湖南教育出版社 2013 年版，第 196 页。

留学，自费留学生的数量因此大幅增加。1943年10月，《教育部国外留学自费生派遣办法》出台。《办法》拟定，首先，自费留学生每年派遣人数"暂以六百名为最高额"，相对于之前每年派遣总数不到100人有了很大突破。"学科暂定习实科（包括理工医农等科）占十分之六，文科（包括文法商教育等科）占十分之四，必要时得视国内实际需要，酌情增减。"[①] 学习文科的比例较之此前也有明显的提高。第二，派遣资格为"曾在国内公立或已立案之专科以上学校毕业，并须经过本部考试，考试及格后，由部发给留学证书"；第三，报名应试时除提供必要证件外，还要提交"留学费用证明书（是项证明书须由银行商号或担保该生费用之机关或公私法人出具正式证件，无论国币或现存外汇须详细注明数字，并应估计留学期间应需各项费用及往返旅费，填明确实数字，以凭审核）"[②]。以上规定，除须考试一项外，在人数、科目等方面较之过去皆有所放宽。

自费留学生的报考资格也有所放宽。1943年10月《教育部第一届国外自费留学生考试章程》规定，自费留学生的报考人员应满足的学历条件为"曾在国内公立或已立案之私立大学独立学院或专科学校毕业者"，该条件也相比之前有所放宽。考试的具体科目分为普通科目和专门科目，普通科目为三民主义及国史地、国文、外国文三种，为考生必考科目；另"依考生出国留学拟习学门决定"所考的专门科目一种。[③] 从"应考学门及考试科目表"可以看出，实科类共36种专业，文科类共24种专业。[④] 虽然留学派遣仍以理工科为主，但文科的数量较之以前有明显的上升。除

---

① 中国第二历史档案馆编：《中华民国史档案资料汇编》（第五辑第二编·教育（一）），南京：江苏古籍出版社1997年版，第872页；王焕琛：《留学教育——中国留学教育史料》，台北：台湾编译馆1980年版，第2116页。

② 中国第二历史档案馆编：《中华民国史档案资料汇编》（第五辑第二编·教育（一）），南京：江苏古籍出版社1997年版，第872页。

③ 中国第二历史档案馆编：《中华民国史档案资料汇编》（第五辑第二编·教育（一）），南京：江苏古籍出版社1997年版，第869页。

④ 中国第二历史档案馆编：《中华民国史档案资料汇编》（第五辑第二编·教育（一）），南京：江苏古籍出版社1997年版，第870—872页。

了科目的放宽之外，获取自费留学资格的条件也放宽了，凡有外国学校入学证者可请求留学护照，并且政府为留学生提供极为优待的外汇汇率①。

除了学生以外，国民政府还为大学教授等学者制定了专门的留学方案，鼓励其出国进修。1944年4月1日，教育部颁发《大学教授、副教授自费出国进修办法》(1944年4月1日)，规定"现任各大学教授、副教授，其资格曾经本部审查认可，并任职满五年以上，所教授或研究之学科确有出国进修之必要，而自行筹足经费者，准予出国进修"，并须呈缴国内外大学毕业证书、出国进修费用证明、出国进修计划等；进修时间"以两年为限，并应如期返国服务"。但特别说明"本条在抗战期内研究社会学科之教授、副教授暂缓适用"。② 可见国民政府对学者的派遣目的十分明确，即以直接有利于战后重建国家为导向，故以实科为重，人文社科类专业少量派遣或暂缓派遣。

据1944年8月12日"行政院核发1943年度派遣国外学习人员计划及经费表的训令"可以看出，1943年共派遣研究、考察、实习等人员共600名，分别为"研究员九十五名，考察员六十名，实习员四百四十五名，其一切经费计共美金五百四十九万九千一百元，国币一千万元以上"③。"三十二年度派遣国外学习人员总数原定一千二百名，兹遵令剔除留学生六百名，其余应派遣之考察、研究、实习人员仍共为六百名，分配如次：1. 教育部研究员八五名；2. 中央研究院研究员一〇名；3. 经济部考察员二〇名，实习员一七〇名；4. 交通部考察员六〇名，实习员二二五名；5. 军政部考察员一〇名，实习员二〇名。"④ 比计划的考察员多派了30名，实习员少派了30名，总人数不变。

---

① 毛天祥、王柏懿：《李敏华传》，北京：中国科学技术出版社2015年版，第33页。

② 中国第二历史档案馆编：《中华民国史档案资料汇编》(第五辑第二编·教育(一))，南京：江苏古籍出版社1997年版，第875页。

③ 中国第二历史档案馆编：《中华民国史档案资料汇编》(第五辑第二编·教育(一))，南京：江苏古籍出版社1997年版，第886页。

④ 中国第二历史档案馆编：《中华民国史档案资料汇编》(第五辑第二编·教育(一))，南京：江苏古籍出版社1997年版，第887页。

直至1948年1月,国民政府以外汇支绌为由,宣布暂停留学考试。1948年和1949年,虽然赴美留学的人数依然较多,但以自费留学为主,有些考上公费留学资格的学生,也因政府不发给留学经费,而不得不自筹资金留学。

截止到1949年新中国成立之际,有大量中国学生学者仍在美国学习、实习或工作,总数约5000人,其中包括各个时期赴美未归的中国学生学者,以抗战后期赴美留学的为最多。根据梅贻琦1955年的统计数据来看,1944年到1949年美国高校在校中国学生人数分别为:1944年270人,1945年543人,1946年648人,1947年1194人,1948年1274人,1949年1016人。[1] 这一数据是通过向美国各高校发放和收回的调查问卷取得的,必然会有所遗漏,此时的中国留学生数量应比该统计数据显示的更多。因每年在校人数中必定有重合的部分,而且可能会有部分学生未收录进来,因此该数据简单相加无法得出1944年到1949年美国在校中国学生总人数,但可作为分析总人数的参考依据。

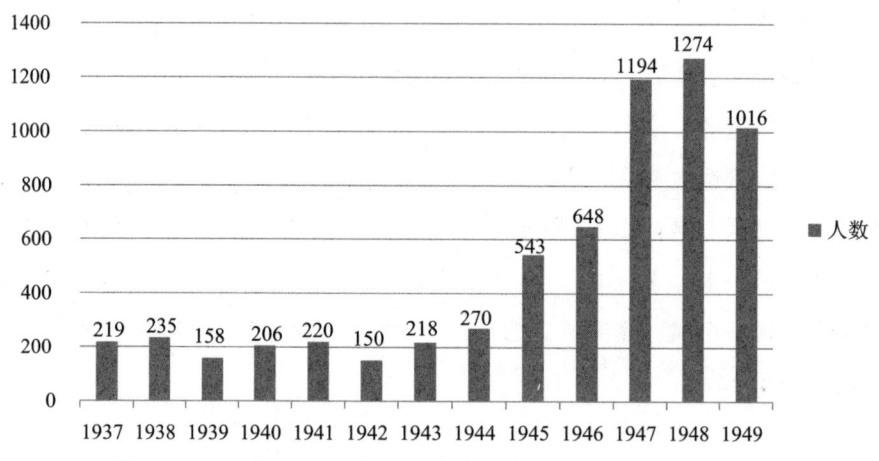

图1.3 1937年至1949年美国高校在校中国留学生人数统计表

数据来源:Yi-Chi Mei, *A Survey of Chinese Students in American Universities and Colleges in the Past One Hundred Years*, New York: Office of the Committee: China Institute in America, 1954, p.27.

---

[1] Yi-Chi Mei, *A Survey of Chinese Students in American Universities and Colleges in the Past One Hundred Years*, New York: Office of the Committee: China Institute in America, 1954, p.27.

从该图可以看出，在抗战后期积极留学政策的鼓励下，留学美国的中国学生人数呈现明显的上升。1944 年起，留学美国的中国学生人数开始有所上升，到 1945 年以后，留美学生人数呈现大幅上升的趋势，由每年 200 人上下，上升到 1200 人以上。有一个现象值得关注，国民政府教育部自 1943 年开始举办留学选拔考试，同时 1943 年美国高校也迎来了中国留学生申请入学的高潮，但留学生真正赴美高潮在 1945 年以后才开始。美国学者费慰梅注意到了这一现象：1943 年美国高校虽迎来了中国留学生申请入学的大潮，但 1944 年美国未出现预期的中国留学生大潮。她对这一现象做了分析，她认为，1944 年中国抗日战争尚未结束，部分内迁高校虽从西部地区迁回东部地区，但学生参加并通过教育部留学考试，达到教育部规定的各项出国要求之后，却很难订到赴美的船票。另外一些内迁高校，由于交通运输困难，尚未迁回东部地区，其学生也就更难出国。因此，1943 年虽然有很多中国学生申请美国高校，但 1944 年并未出现美方预期的中国留学生赴美大潮。①

李喜所指出："1946 年共有 730 人出国留学，其中 554 人前往美国，占总数的 76%。""从 1947—1949 年，每年留美入学人数都在 1000 人以上，达到近代百年留美教育的最高峰。"②《中国留学史萃》认为，"1946 年至 1949 年四年间赴美者即达到 5000 人左右，占百年留美学生总数的四分之一以上。"③"据当时政务院办理留学生回国事务委员会 1951 年的一份《关于争取在资本主义国家留学生回国参加工作的总结》记载：1949 年中央教育部初步调查，我国在资本主义各国的留学生 5000 人，三年来陆续回国的约 2000 人。但同时从印尼、马来西亚等地又有一部分中国学生到英、法、美、日等国去留学，因此估计我国现在资本主义各国的留学生约有

---

① Wilma Fairbank, *America's Cultural Experiment in China*, 1942–1949, Washington, D.C.: Department of State Publication, 1976, p. 137.

② 李喜所：《近代中国的留美教育》，天津：天津古籍出版社 2000 年版，第 127 页。

③ 留学生丛书编委会：《中国留学史萃》，北京：中国友谊出版公司 1992 年版，第 95 页。

4000人。其中以美国最多,约3000人,其次是日本、英、法、荷兰等国。按统计所学科系,理工医农约占70%,文教政法财经等约占30%。《总结》提出了进一步打破西方国家阻挠破坏、继续贯彻争取留学生回国为人民服务的方针所应采取的各项政策与措施。"① Yelong Han 根据美国国务院的统计数据指出,截至1949年,仍在美国的中国学生有5600人,其中4900人在美国高校中注册成为全日制在校生。1948—1949年美国高校注册的在校中国留学生就有3914人,仅次于加拿大的4166人,成为当时美国第二大留学生生源国。② 综合来看,1944年到1949年赴美留学的中国学生总数超过5000人。

(三)国民政府对留学生经济上的支持与政治思想上的限制

除了留学政策上的支持,国民政府还为通过选拔考试获得留学资格的留学生提供官价外汇,给予留美学生经济上的支持。据一些当事人回忆,当时通货膨胀严重,美元的官价是黑市的10倍,许多留美学生通过兑换官价外汇筹措出国费用,利用官方与黑市的差价,以较少的人民币兑换官价美元,以此筹措留学的费用。侯祥麟回忆:"借别人的钱从官方拿了外汇,到美国后寄回十分之一美元用于还债,剩下十分之九美元作为留学费用。用这种方法,我们没有钱也能出国了,名义上是自费,实际上等于是官费。"③ 余国琮回忆:"1944年底,凡通过考试的人可以购买当时很便宜的官价外汇,我以很少的钱买了一些美元"④。师昌绪回忆,"1948年,利用

---

① 留学生丛书编委会:《中国留学史萃》,北京:中国友谊出版公司1992年版,第106页。

② Yelong Han, "An Untold Story: American Policy toward Chinese Students in the United States, 1949 – 1955", *The Journal of American-East Asian Relations*, Vol. 1, Spring 1993, pp. 77 – 99.

③ 侯祥麟口述:《受党派遣赴美留学》,见王德禄等:《1950年代归国留美科学家访谈录》,长沙:湖南教育出版社2013年版,第3页。

④ 余国琮口述:《从中央工业试验所到匹兹堡大学》,见王德禄等:《1950年代归国留美科学家访谈录》,长沙:湖南教育出版社2013年版,第48页。

通货膨胀的机会，我借了100多美元，带了一些美元支票，换完钱留给家里一些"①。谢毓章回忆："当时，通货膨胀很厉害，我们没有钱，通过换官价外汇，可以出国了"，他买了半年官价外汇。② 傅统先申请了自费留美，他找到当时的教育部长朱家骅，获批了一笔配额外汇，即比黑市便宜很多的官价外汇，得以赴美留学。③ 邓稼先考取了自费生，获取兑换外汇的资格，用国民政府的官价兑换了外汇，用外汇再到黑市换钱。对于自费留学生，国民政府相当于是变相支持了自费留学。④ 国民政府为获得留学资格的学子提供的官价外汇解决了大多数留学生的经济问题，为留学提供了经济基础。

但并不是获得留学资格换到官价外汇就能够顺利出国，当时国民政府对出国留学人员在政治思想上是有严格要求的。至少在形式上，留学生出国行前必须经过思想政治培训学习，未入国民党、三青团的，要先入党、入团，并明确表示忠于国民党和国民党政府才能出国。1943年制定的《留学教育方案》中规定，"公费自费留学生出国以前，应调赴中央训练团受训；其已在国外未经受训者，应于回国后入团受训；公费留学生未入党入团者，分别介绍加入党或团"，"如有违背三民主义之言论及越轨行为，经查明属实，即取消留学资格"⑤。

国民党政府针对预备出国的留学生的行前培训教育，主要的学习内容是三民主义等国民党奉行的政治思想，目的是统一留学生的政治立场，避

---

① 师昌绪口述：《干了30多年高温合金》，见王德禄等：《1950年代归国留美科学家访谈录》，长沙：湖南教育出版社2013年版，第259页。

② 谢毓章口述：《教学大纲束缚人》，见王德禄等：《1950年代归国留美科学家访谈录》，长沙：湖南教育出版社2013年版，第361—362页。

③ 陆有铨口述：《傅统先教授的学术人生》，载《教育学报》，2010年第5期，第7页。

④ 刘志光、姚蜀平、王德禄、陈丹、程宏：《剑桥中国近现代留学史研究论文集》，波士顿：美亚出版社2018年版，第193页。

⑤ 王奇生：《中国留学生的历史轨迹：1872—1949》，长沙：湖北教育出版社1992年版，第161页。

免他们出国后做反对国民党统治的事,或传播对国民党不利的言论。当时无论是公费还是自费留学生,出国前都必须接受政治培训。侯祥麟回忆,参加完自费留学考试并被录取后,迟迟得不到可以出国的通知,他说:"原来,事情并不简单,国民党政府要求留学人员必须进中央培训团学习,当然是进行思想整训,灌输报效国民党的思想"。"凡是留美的人员都要到中央训练团学习。中央训练团本是训练特务和高级军政官员的场所,讲课的人士均为国民党党政部门的高级官员。当时出国人员办了两个班(大队),一班全部是学生,另一班是其他出国人员。课程内容以宣传国民党业绩、批判共产党'罪恶'为主,经常有国民党高官来训话。除上课外,各班还配有训导员,负责了解学员的思想状况,加以驯化,并发展加入国民党"①。只有完成政治培训的学生才允许启程出国。

国民党的这一规定,在留学生中引起了普遍的反感,但为了达到出国的目的,很多留学生不得不加入国民党,1948年,一些留美学人在《美洲华侨日报》上明确发表声明,"溯自离开祖国时,在蒋独裁统治下,硬派为国民党党员,方允给予护照,放行出国。当时承化等为达到离开蒋府残暴统治下之地狱,故未与之计较,但对此派拉夫式之党籍,并未负有任何精神上实质上之义务。"② 留美学人在这一声明中表示,自己非国民党党员,只是为了出国而迫不得已加入国民党,在精神上并不服从于国民党,并且对国民党强迫入党一事深表谴责。

当时选择出国留学的中国学子中,有一部分人对当时的国民党不抱希望,抱着逃离国民党腐败统治的想法,因此在中国共产党夺得政权后,他们对新中国抱有很大的希望,认为中国有了新的出路,他们的报国理想有了施展的舞台,这也是很多留美学人选择回到新中国的重要原因。

---

① 侯祥麟:《侯祥麟自述:我与石油有缘》,北京:石油工业出版社2012年版,第30页。

② 《旅美各界七十八人士反对国民党并否认其党籍》,载《美洲华侨日报》,1948年12月27日,第7版。

第二章　冷战格局下留美学人的归国困境

新中国成立前后是一个复杂特殊的历史时期，由于国共冲突、政权交替、冷战格局和中美关系等错综复杂的因素，造成了1949年新中国成立前赴美留学的中国学人，在新中国成立之际，无论在主观还是客观上，都面临着去与留的复杂归国困境。1949年到1957年间，留美学人形成了两波归国潮，在此期间回国的留美学人构成了50年代归国留美学人群体的主体，1957年以后则极少再有留美学人归国。而美国政府对中国留学生政策的反复无常是直接导致归国潮割裂为二的重要原因。在1949年至1950年新中国刚成立之时，留美学人形成第一波归国潮，而这一大潮却因美国政府的强制阻拦造成断裂，有回国意愿的留美学人也因此遭遇了诸多困境。而当美国政府再次允许留美学人归国时，复杂的现实因素使留美学人有了许多牵绊，也产生了更多的顾虑。因此两波归国潮中，第一波归国的人数明显多于第二波。

一、美国政策的反复无常与两波归国潮的形成

二战后，美苏两大阵营对立造成的世界冷战格局形成，以及1949年中国的执政党从国民党转换为中国共产党，导致了美国的对华政策从二战后期到新中国成立初期经历了三个阶段，而这三个阶段又成为了新中国成立后留美学人两波归国潮形成的重要原因，同时也导致了留美学人在回国过程中遭遇的困境。

(一) 冷战格局下美国对华政策的三个阶段

从二战后期到新中国成立前后,由于国民党败退台湾、中国共产党领导的新中国成立以及朝鲜战争爆发等因素,美国对中国的态度经历了两次大的转变,形成了美国对华政策的三个不同阶段:第一个阶段,是二战后期美国与国民政府治下的中国处于相对"友好"的阶段;第二个阶段是新中国刚成立前后,美国对华政策处于"徘徊过渡期";第三个阶段是朝鲜战争爆发后,美国对华政策逐渐进入"敌对"和"遏制"时期。这三个时期美国不同的对华政策,也直接影响了在美中国留学生回国的进程,成为50年代两波留美归国潮形成的重要原因。

第一个阶段,二战后期到新中国成立前,美国对华政策处于相对的"友好"期。二战后中国兴起的留美高潮,与美国乐于接纳中国留学生是分不开的,而美国之所以鼓励和支持大批中国留学生赴美留学,主要原因与美国长期的文化渗透和扩张战略密切相关。国民政府统治时期的中国,在二战中发挥了至关重要的作用,中美两国也因此成为亲密的盟友,中国自然也成为了美国文化渗透和扩张的目标。美国的目的是通过文化软实力达到同化其他国家的战略目标,软实力的作用在于,不必使用高昂的代价来运行强制性的权力或硬实力,就能够使其他国家更愿意跟随其后[1]。大量吸纳留学生赴美留学,是美国文化扩张的战略手段之一,通过使留学生接受美国教育,使美国文化和价值观得到更广泛的传播和国际认同。"第二次世界大战结束后不久,美国和苏联在很大范围内开始了意识形态之争,其中的武器是宣传,战场就是国际传播渠道。"[2] 而中国留学生可以成为向中国传播美国文化和价值观的良好媒介,从而在某种程度上,强化美国意识形态的国际战略地位,有利于美国与苏联的意识形态之争。因此,

---

[1] [美] 约瑟夫·奈:《硬实力与软实力》,门洪华译,北京:北京大学出版社2005年版,第106—107页。

[2] [法] 阿芒·马拉特:《世界传播与文化霸权》,陈卫星译,北京:中央编译出版社2005年版,第102页。

第二章 冷战格局下留美学人的归国困境

二战后期中国学生留美高潮兴起之时,美国政府将赴美中国留学生看成是传播美国民主和文化、促进中美友好的潜在力量,他们学成回国后,将为在中华民国宣扬美国民主和文化发挥重要作用,有利于美国的长远利益,同时促进中美两国稳定的友好关系。①

第二个阶段,1949年1月到1950年6月,美国的对华政策处于"徘徊过渡期"。随着国民党政权在中国大陆的没落,以及中国共产党日渐占据上风的形势,美国政府对国共两党的态度出现转向,对中共的敌视性政策逐渐削弱,甚至期望同中共达成合作,共同对抗苏联。1949年春,杜鲁门仍认为,将共产主义理论应用到中国存在着现实的困难。美国仍在努力为长期的中苏分歧的出现而争取必要的时间。美国抱有"等待长期的中苏分歧出现的政策"的幻想。② 同时,美国制定了所谓的楔子战略,即"在莫斯科与其全球的意识形态盟友中间打入一个楔子"。"杜鲁门政府试图促进'铁托主义'在亚洲的扩散,并为与新成立的中华人民共和国进行某种形式的合作留有余地。"③

从中国共产党在内战中的优势日渐明显,到新中国成立,再到朝鲜战争爆发期间,美国对中国的态度和政策处于摇摆不定的状态,对中国留学生的政策和态度也随之处于摇摆不定的状态。由于美国政府对新中国态度的举棋不定,从而导致其对中国留学生的政策充满矛盾,"从大的方面讲,以美国移民局为代表的一派希望中国留学生回国,以美国国务院为代表的一派希望中国留学生留在美国。"④ 1949年的美国,对新中国还没有采取

---

① Yelong Han, "An Untold Story: American Policy toward Chinese Students in the United States, 1949–1955", *The Journal of American-East Asian Relations*, Vol. 1, Spring 1993, pp. 77–99.

② [美]约翰·刘易斯·加迪斯:《长和平:冷战史考察》,潘亚玲译,上海:上海人民出版社2010年版,第212—214页。

③ [美]约翰·刘易斯·加迪斯:《长和平:冷战史考察》,潘亚玲译,上海:上海人民出版社2010年版,第201—202页。

④ 王德禄,刘志光:《1950年代归国留美科学家的归程及命运》,载《科学文化评论》,2012年第1期,第71页。

严格的不承认、不建交、不接触的僵硬立场①。"1949年美国对新中国的政策尚维持一定的灵活性和现实成分，美国政策尚在趋向于全面敌视和趋向于全面非敌视之间摇摆，作艰难选择。"②"以艾奇逊为首的国务院主流派为一方，以军方、麦克阿瑟、杜勒斯等力量为另一方，美国政府内部环绕对华决策形成严重对峙的两派意见，美国对华政策因而愈加举棋不定。"③这一时期的美国对华政策中，既能找出美国敌视新中国的政策是主导方面的证据④，也能找出美国对新中国非敌视的证据⑤。从美国在亚洲问题上的立场可以看出，美国政府一方面认为，应避免承认中共政权，直到此举显然符合美国利益的时候；另一方面又认为，美国对共产党中国采取比对苏联更加敌视的态度或更加严厉的政策是不合适的。⑥

留美学人对于当时美国政府内部出现的分歧，也有自己的看法，他们也看到了美国政府中，一方对中国留学生采取敌视和驱逐的政策，另一方则采取友好、拉拢并希望中国留学生留下的政策。梅祖彦提到，当时的美国有两派，"麦卡锡当政时期，麦卡锡这一派影响到美国移民局和联邦调查局，他们跟共产党是对立的，认为中国学生留在美国是祸害，要把这些人都送回去。当时有些学生确实被驱逐出境了，美国还给了一个期限，让他们在一个月内或者三个月内必须离开美国。但是各地的做法不太一样。还有这样一派，在美国有一些州的政府认为，中国学生知道的东西多一

----

① 林利民：《遏制中国：朝鲜战争与中美关系》，北京：时事出版社2000年版，第87页。

② 林利民：《遏制中国：朝鲜战争与中美关系》，北京：时事出版社2000年版，第91页。

③ 林利民：《遏制中国：朝鲜战争与中美关系》，北京：时事出版社2000年版，第82页。

④ 陶文钊：《中美关系史，1911—1950》，北京：中国社会科学出版社2007年版，第461页。

⑤ [美] 孔华润：《美国对中国的反应》，张静尔等译，上海：复旦大学出版社1997年版，第180—182页。

⑥ 上海市国际关系学会编：《战后国际关系史料》（第一辑），上海：国际关系学会1983年版，第74页。

些,中美友好的时间很长。而且中国派学生出国留学,首先是去美国,这段历史也很长。美国应该培养这些学生,如果这些人将来留在美国,美国也会有利可图。一些地方政府甚至派人去看望中国留学生,跟他们谈话,但是那些人没有讲清楚他们的身份。后来,大家把这些情况总结起来,得出一个结论:在美国,不同的城市、不同的地方,中国学生的待遇不一样。在大城市,政府对待中国留学生比较严厉,在小地方好像没怎么管。"① 李恒德也指出了美国这一时期的摇摆政策,"美国政府出台的政策由两部分组成:一部分是以美国国务院为首的,这一派认为中国人在美国学习了一段时间,他们有的倾向于共产党,有的倾向于国民党,应该让这些人都留在美国工作。另外一派是以美国移民局为首的,他们认为中国人在美国讲中国话,吃中国饭,可是管理起来很困难。因为他们没办法搞清楚这些中国人在做什么事情,也无从辨别谁亲近共产党,谁亲近国民党。所以移民局认为最好让中国学生都离开美国。"② 美国移民局和国务院两个不同的机构,处于自身的职责和利益考虑,对美国安全的维护方式和角度存在着差别。

因此,在朝鲜战争爆发前,在中国参与朝鲜战争前,美国仍期望能够与中国共产党进行合作,拉拢其与苏联对立。因此,在中国参与朝鲜战争之前,美国对新中国曾尝试友好和拉拢,对中国留学生的政策处于摇摆不定的状态。在这一时期,在美中国留学生的处境并未受到明显的限制。

第三阶段,1950年6月到1954年12月,美国的对华政策进入"全面敌视"和"全面遏制"时期。这一时期,美国国内麦卡锡主义盛行,在此期间,科学家被怀疑成"间谍"的现象很普遍,科学家对国家的忠诚变得敏感而重要。在麦卡锡主义的大背景之下,美国对中国留学生的态度发生转变,不仅阻挠他们回国,甚至逮捕了很多打算回国的留美学人。③

---

① 梅祖彦口述:《两封联合签名信》,见王德禄等:《1950年代归国留美科学家访谈录》,长沙:湖南教育出版社2013年版,第156页。

② 李恒德口述:《负责编辑〈留美科协通讯〉》,见王德禄等:《1950年代归国留美科学家访谈录》,长沙:湖南教育出版社2013年版,第203页。

③ 刘志光、姚蜀平、王德禄、陈丹、程宏:《剑桥中国近现代留学史研究论文集》,波士顿:美亚出版社2018年版,第227页。

20世纪50年代归国留美学人：困境、组织与贡献

1950年朝鲜战争爆发后，"美国开始按一种进行远东局部战争甚至准备进行全球大战的观点重新审视其对华政策……美国对华政策因而以朝鲜战争爆发为契机，摆脱了持续18个月的徘徊过渡期，进入到一个新阶段"，即"全面敌视"阶段①。因为美国政府逐渐意识到，"不管中国对苏联人的长期态度是什么，中国共产党人很可能在一段时间内会对美国相当敌视。"② 因此，美国政府对新中国抱有的有可能成为友好同盟的幻想逐渐破灭。"到1951年6月，马歇尔被迫报告说，他与中国人的秘密联系没有结果，北京政府'彻头彻尾地在同莫斯科进行合作'"③。林利民认为，1950年6月到1950年10月，美国对华政策"走向全面敌视"，1950年10月到1950年12月，"走向全面遏制"，随后从1950年12月到1953年7月，遏制政策一步步加强，从1953年7月到1954年12月，"转向对华长期遏制"。④

这一阶段的美国政府认为，中国留学生不论是敌是友，都不应该回到新中国。李恒德回忆，当时美国国务院和移民局对中国留学生的去留问题意见不一，最初移民局的意见占了上风，美国政府鼓励中国留学生回国，给中国留学生买船票，通过驱逐出境、遣送回国等方式，将中国留学生送回中国。但后来美国国务院的意见占了上风，认为"不管是美国的朋友还是美国的敌人，都应该留在美国。如果是美国的敌人，美国把自己的敌人送回去是不应该的；如果是美国的朋友，美国把自己的朋友送给敌人也是不应该的。所以，美国决定，所有的中国留学生都不能离开美国"⑤。

---

① 林利民：《遏制中国：朝鲜战争与中美关系》，北京：时事出版社2000年版，第127页。
② [美]约翰·刘易斯·加迪斯：《长和平：冷战史考察》，潘亚玲译，上海：上海人民出版社2010年版，第213页。
③ [美]约翰·刘易斯·加迪斯：《长和平：冷战史考察》，潘亚玲译，上海：上海人民出版社2010年版，第218页。
④ 林利民：《遏制中国：朝鲜战争与中美关系》，北京：时事出版社2000年版，第127—427页。
⑤ 李恒德口述：《负责编辑〈留美科协通讯〉》，见王德禄等：《1950年代归国留美科学家访谈录》，长沙：湖南教育出版社2013年版，第203—204页。

由于美国对华政策从友好到敌对的转变,直接影响了美国对中国留学生的政策转变从友好走向限制,从 1951 年 10 月到 1954 年 11 月,美国政府严格限制中国留学生出境,阻止他们回到新中国,而对去往台湾的中国留学生给予支持。直至朝鲜战争停战,美国受到国际国内各方舆论谴责和外交方面的压力,才最终撤销了对中国留学生归国的阻拦。但美国对华政策依然没有放开,对中国留学生归国仍然持怀疑和犹豫的态度,因此虽然撤销了禁归令,但并未给中国留学生归国提供便利,而是设置了众多隐形的阻拦。

(二) 美国对华政策的变化与 50 年代两波归国潮的形成

20 世纪 50 年代美国对华政策的变化是导致这一时期留美学人两波归国潮的重要原因。美国 1951 年颁布的"禁归令"阻断了留美学人的回国潮,因此回国潮被切割成为两个时期,而这种强制性的切割,也为禁归令撤销后留美学人的归国蒙上了巨大的阴影,对留美学人造成了极大的不公。

在新中国成立之前,美国对华政策相对友好的阶段,留美中国学人学成归国是很自然的事。美国政府不仅不会对他们回国做出阻拦,而且根据移民法的规定,中国留学生完成学业后,除了继续在高校或科研机构从事研究工作以外,必须返回中国。因此,在新中国成立之前,留美中国学人在回国问题上并不存在实质性的障碍,而无故滞留美国不归才会面临违法的处境。而随着新中国的成立,美国的对华政策经历了从"徘徊过渡"到"全面敌视"和"全面遏制",美国对华政策的转向,也导致了美国政府对留美学人政策的演变,从而形成了留美学人在 50 年代的两波归国潮。

留美学人第一波归国潮发生于 1949 年新中国成立前夕至 1951 年 10 月。这一阶段美国对华政策处于摇摆不定的"徘徊过渡期",对在美中国学人回归新中国的政策也处于摇摆不定的状态,并没有明令禁止不允许留美学人归国,也没有明确驱逐留美学人离开美国。美国政府的不确定政策,为留美学人归国留出了空间,由此出现了留美学人的第一波归国潮。这一时期,美国政府不同部门之间对于是否支持中国留学生回国存有争议：以美国移民归化局为代表的一派希望中国留学生回国，从而在中国推行美国民主；以美国国务院为代表的一派希望中国留学生留在美国，认为中国留学生归国用其所学为新中国的现代化服务是对美国利益的威胁。但这一阶段美国政府还没有明确的法令禁止中国学人归国，因此许多人得以在这一阶段回到祖国，这一阶段也是两波归国潮中归国人数最多的阶段。"据不完全统计，从1949年9月起的两年期间里，约有20批次留学生乘船回国，每批人数少则几人、十几人，多则几十人、上百人"。1950年9月，由美国旧金山起程的"威尔逊总统"号邮轮，就搭载了至少130名留美学人回国。[1] 当时大部分中国留学生是专门乘坐APL（American President Lines）轮船公司在太平洋往返的"克里夫兰总统号""戈登将军号""威尔逊总统号"回国的。[2] 1949年9月，开往香港的"克利夫兰总统号"搭载了二十多位中国留美学人，他们是新中国成立后第一批回到中国大陆的留美学人。1950年3月，"克利夫兰总统号"又一次开往香港，搭载"克利夫兰总统号"的第二批几十名留美学人踏上归国路。[3] 这一时期回国者中包括梁思礼、葛庭燧、陆星垣、唐敖庆、华罗庚、朱光亚、邓稼先、叶笃正、冀朝铸等众多学人。

1951年10月后，由于美国政府颁布了禁止学习理工农医的中国留学生回到中国大陆的禁令，第一波归国潮停滞。1951年10月美国司法部移民归化局颁布禁令，禁止学习理、工、农、医的中国留学生离境，禁令中规定，如果中国留学生离开美国国境，就要被"处以5000美元以下的罚款或是不高于5年的徒刑，或是二者兼施"[4]。自禁归令颁布之后，1951

---

[1] 王德禄、程宏：《"威尔逊总统"号不寻常的第17次航程》，载《百年潮》，2014年第9期，第4页。

[2] 王德禄、刘志光：《1950年代归国留美科学家的归程及命运》，载《科学文化评论》，2012年第1期，第74页。

[3] 王建柱：《克利夫兰总统号：中国留美科学家的归国历程》，载《世纪桥》，2010年第24期，第57页。

[4] 全国政协暨北京、上海、天津、福建政协文史资料委员会编：《建国初期留学生归国纪事》，北京：中国文史出版社1999年版，第47页。

第二章 冷战格局下留美学人的归国困境

年10月到1954年11月,美国政府一直执行该禁令,明确实行限制措施,留美学人归国变得困难重重。当时,凡是曾申请回国的学习理工科的中国留学生都会接到美国移民归化局禁止离境的通知。在这样的威胁下,不少想回国的中国留学生为避免受到迫害而选择暂不提出回国申请。在此阶段,留美中国学人寻求各种解除困境的途径:尝试与美国社会的有识之士和民主团体接触,争取同情及寻求帮助;通过媒体等渠道发声,将美国政府扣留中国留学生的事实公之于众,形成舆论压力;想尽办法与国内取得联系,寻求中国政府的帮助等。最终美国移民规划局在1954年11月撤销了对中国留学生的禁归令。

随着美国政府对中国留学生禁归令的撤销,留美中国学人第二波归国潮形成。1954年11月1日移民归化局发出撤销对中国留学生禁归令的通告,此通告虽然允许中国留学生离开美国国境,但需要向移民归化局报备其行程日期、出发及到达地点等具体信息①。这次归国潮,从1954年11月美国移民归化局开始撤销中国留学生的禁归令开始,一直持续到1957年国内反右运动。美国政府虽然迫于各方压力撤销了对中国留学生的禁归令,允许他们离开美国国境,但美国政府机构对中国学人仍有诸多限制和刁难,他们真正实现回国愿望仍面临许多困境。在中美日内瓦谈判期间,中国政府也将美国政府扣留中国留学生的问题提上了会议议程。中美双方经过艰难谈判,1955年9月10日最终达成《中华人民共和国和美利坚合众国两国大使关于双方平民回国问题协议的声明》,美方承诺,"在美利坚合众国的中国人愿意返回中华人民共和国者,享有返回的权利,并宣布已经采取、且将继续采取适当措施,使他们能够尽速行使其返回的权利。"同时,中华人民共和国委托印度协助办理在美中国留学生回国的事宜,《声明》中指出,"(1)如果任何在美利坚合众国的中国人认为同美利坚合众国所公布的政策相反,其离境受到了阻碍,他可以通知印度共和国驻美利坚合众国大使馆,要求代为向美利坚合众国政府交涉。如果中华人民共

---

① 全国政协暨北京、上海、天津、福建政协文史资料委员会编:《建国初期留学生归国纪事》,北京:中国文史出版社1999年版,第488页。

和国愿意的话，印度共和国政府并可对任何此种事件的事宜进行调查。(2) 如果任何在美利坚合众国的中国人愿意返回中华人民共和国而筹措回国旅费有困难，印度共和国政府可给予所需的财政援助，使其回国。"① 自此，留美中国学人得以按照自己的意愿回国。1954 年底，禁归令解除后，李恒德乘坐"威尔逊总统号"回国，同船的有十几位留美中国学人，包括许保玖夫妇、蒋士（马飞）、罗会元、蒋锡夔、王莹和谢和赓夫妇等人，其中王莹和谢和赓夫妇是被作为犯人押送回国的，而且是在中国政府严正交涉后，才被允许回国的。② 1955 年 9 月 17 日，钱学森携家人乘坐"克利夫兰总统号"轮船回国，同船的有疏松桂、李正武、何国柱、许国志、肖伦、孙湘等 24 名留美中国学人。据许国志回忆，同船有 30 位留美学人。③

但在美国政府执行禁归令期间，由于美国政府调整和修改了法律，为中国学生申请成为美国永久居民提供便利，"美国国会通过了一项法律。按照这个法律，中国学生不用到美国以外的国家办理签证，在美国办理完手续就可以移民。这项法律是专门为中国学生出台的。"④ 除此之外，"当时美国国务院给了很大的方便，就是不让中国留学生回国。如果你念书拿不到奖学金，你只要愿意留在美国，国务院就给你钱，资助你念书；你找不到工作，国务院帮你找工作，就是不让你回来。"⑤ 促使许多不能回国的留美学人逐渐迫于无奈或个人选择，放弃了回国的打算，有部分留美学人已在美国谋生、结婚生子甚至已定居美国。据郑哲敏院士回忆，当时很多人想

---

① 《中华人民共和国和美利坚合众国两国大使关于双方平民回国问题协议的声明》，载《中华人民共和国国务院公报》，1955 年第 16 号（总第 19 号），第 788—789 页。

② 李恒德口述：《负责编辑〈留美科协通讯〉》，见王德禄等：《1950 年代归国留美科学家访谈录》，长沙：湖南教育出版社 2013 年版，第 214—215 页。

③ 许国志口述：《钱学森要我负责筹建运筹学研究室》，见王德禄等：《1950 年代归国留美科学家访谈录》，长沙：湖南教育出版社 2013 年版，第 311 页。

④ 陈荣悌口述：《躲在瑞士农村写自传》，见王德禄等：《1950 年代归国留美科学家访谈录》，长沙：湖南教育出版社 2013 年版，第 192 页。

⑤ 刘志光、姚蜀平、王德禄、陈丹、程宏：《剑桥中国近现代留学史研究论文集》，波士顿：美亚出版社 2018 年版，第 172 页。

第二章 冷战格局下留美学人的归国困境

回大陆，但"后来有些人并没有回来——一旦结了婚、成了家、有了孩子，情况就变化了。"① 因此在第二波归国潮期间回国的留美学人相对减少。在这波回国潮中，有包括钱学森、陈能宽、郭永怀等在内的一批科学家。

1957年反右派运动开始后，国内的政治气氛使留美学人产生更多的顾虑，第二波归国潮逐渐消退。因此，50年代留美中国学人归国的困境也与国内政治形势变化的因素有关。周恩来是极力倡导和推进留美学人归国的中央政府主要领导人。从南方局到在新中国成立初期，他做了大量深入细致的工作，并且希望党在知识分子政策上给予保障②。到了1957年5月10日，周总理参加留学生联欢晚会时说："政府对于留学生回国，不管先后我们都一律欢迎，一视同仁，而且允许来去自由。现在国外的留学生想回来看看再出去，是可以的，已经回国的愿意出去，也可以。"③ 但此时，反右派运动已拉开序幕，"尽管中国科学院的领导当时曾多方设法保护了一大批科学家，但是这个运动对知识分子的冲击及由此在国内及国外产生的恶劣影响却是无法否定的，大批留学生归国的潮流从此缓慢下来。"④ 反右派运动扩大化对知识分子的冲击，使尚未归国的留美学人对归国后的命运产生怀疑，对于归国后能否正常从事科研工作产生怀疑，这些顾虑使他们延缓了回国的打算。归国留美学人梅祖彦回忆，"当时大家都很关心国内的情况，（搞运动的）消息总是能传过来的，很多人开始害怕、观望。本来有人很积极地想回国，那两年却沉默了。"⑤ 而随着国内政治运动愈演愈烈，到50年代末以后，归国的留美学人就只有寥寥数人了。

---

① 熊卫民、张志会：《加州理工学院的中国留学生——郑哲敏院士访谈录》，载《科学文化评论》，2012年第6期，第110页。

② 这集中体现在1956年初召开的知识分子问题会议上，周恩来提出的知识分子绝大多数已经是工人阶级一部分的论断中。

③ 《周总理参加留学生联欢晚会》，载《人民日报》，1957年5月12日，第1版。

④ 姚蜀平：《留学教育对中国科学发展的影响——兼评留学政策》，载《自然辩证法通讯》，1988年第6期，第26页。

⑤ 梅祖彦口述：《两封联合签名信》，见王德禄等：《1950年代归国留美科学家访谈录》，长沙：湖南教育出版社2013年版，第157页。

20世纪50年代归国留美学人：困境、组织与贡献

从下图的统计可以看出，1949年到1951年新中国成立前后，留美学人回国潮达到了最高峰，随后，1955—1957年留美学人归国形成了一个小高潮，之后归国潮消退。

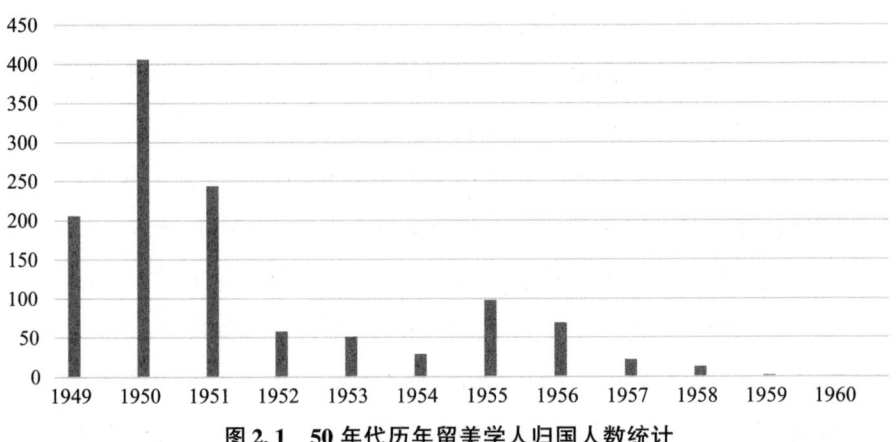

图2.1　50年代历年留美学人归国人数统计

数据来源：该数据根据《1950年代归国留美学生学者人名录》（北京市长城企业战略研究所提供，未刊稿）和《中华留学教育史录（1949年以后）》（北京：高等教育出版社2000年版，第60—69页）综合统计得出①

根据目前的材料，还无法完全确定50年代两波留美学人归国潮中回国的总人数。Yelong Han估算，截至1956年年中，约1300名中国留学生回到中国。根据美国国务院的数据，1949年和1950年约1000名中国学生离开美国；1951年以后，超过434名中国学生申请离境许可。截至1954年6月，有314名中国学生获得离境许可：1951年150人，1952年53人，1953年84人，1954年27人。② 1956年周恩来主持的中共中央关于知识分

---

①　笔者根据北京市长城企业战略研究所提供的未刊稿《1950年代归国留美学生学者人名录》中已考证确定归国时间的留美学人，及《中华留学教育史录（1949年以后）》中1949—1955年海外归国人员统计名单，做出该数据统计，因50年代归国留美学人中仍有很多未能考证者，这一数据统计仅为了解留美学人回国时间的总体趋势提供参考。

②　Yelong Han, "An Untold Story: American Policy toward Chinese Students in the United States, 1949–1955", *The Journal of American-East Asian Relations*, Vol. 1, Spring 1993, pp. 77–99.

子问题会议的一份文件《关于从资本主义国家回国留学生工作分配情况的报告》中,对这一时期的归国留美学人人数有所说明:"从一九四九年八月到一九五五年十一月,由西方国家归来的高级知识分子多达一千五百三十六人,其中从美国回来的就有一千零四十一人。"① 除了中美双方官方记载的数据之外,根据《1950年代归国留美学生学者人名录》的最新统计可知,50年代归国的留美学生学者超过1500人。②

二、50年代留美学人归国时所遭遇的困境

50年代美国政府在不同阶段采取了不同的对华政策,对中国留学生的政策也经历了从友好到直接限制再到间接限制的转变,这造成了留美学人在新中国成立后回国时所面临的各种各样的困境。美国政府对留美中国学人归国的阻挠,不仅表现在针对中国留学生颁布和施行"禁归令",而且在允许留美学人归国的两波归国潮中,同样设置各种障碍,以多种方式阻挠中国学人归国。即便如此,想要归国的留美中国学人仍想尽办法与美国政府做斗争创造归国的条件,冲破美方的阻力回到祖国。

(一)美国政府阻挠留美学人归国的不同阶段

以朝鲜战争为时间界限做划分,可以看出,朝鲜战争前,虽然美国政府并未明确而普遍地限制留美学人归国,但以间接的方式阻挠一些留美学人回国;朝鲜战争爆发后,美国政府则明确颁布了限制留美学人回国的命令,阻挠由间接变为直接;朝鲜战争停战后,美国政府的政策逐渐放宽,虽然取消了明确禁止留美学人回国的命令,但仍在留美学人办理回国手续等环节设置重重障碍,使留美学人难以达到要求和条件而不能成行。具体

---

① 金冲及主编:《周恩来传(1898—1976)》,北京:中央文献出版社2008年版,第1077页。
② 王德禄、刘志光、程宏主编:《1950年代归国留美学生学者人名录》,北京市长城企业战略研究所提供,未刊稿。

来看：

朝鲜战争爆发前，美国政府对留美中国学人归国的限制较为间接，由于美国国务院与移民局之间的意见分歧，留美中国学人归国尚有周旋的余地。但在第一波归国潮中踏上归国路的中国学人，仍遇到了诸多阻拦。例如钱学森，于1950年7月即准备回国，但8月收到了禁止出境的命令，9月则被移民局逮捕入狱，获保释后，直至1955年9月离开美国期间，钱学森的行动一直受到美国政府的严密监控，为了不连累他人，钱学森一家与外界几乎断绝联系。① 又如汪闻韶，在1950年被移民局收走了1948年赴美时的入境许可证，申请签证延期也始终没有得到答复，1951年他因父亲病重决定立即回国，但在办理回国手续时收到移民局的禁归令，直至1954年11月才最终离开美国。② 应崇福1951年9月拿到博士学位后，立即准备回国，但因留学生收入有限，无力支付昂贵的船票，请家里帮忙筹措旅费，但他的夫人因新中国成立后学校不再开设英语课而失去了以前的工作，筹措旅费更是困难。幸运的是应崇福申请到了美国国务院的旅费津贴，有了购买船票的钱，但就在他要离开的10月，美国移民局给他发来了禁止出境的通知。直到美国政府撤销禁归令，1955年应崇福终于在11月25日搭乘"威尔逊总统号"回国，同船的还有郑文华、陈能宽、潘良儒、蒋锡夔、冯锡璋等人。③ 美国移民局和国务院两派关于留美学人回国问题的分歧直接体现在了对同一个留美学人能否回国的处理上，不止一位留美学人遇到过美国政府出尔反尔的指令。

朝鲜战争爆发后，美国方面对中国学人归国的阻止从间接变为直接。一方面宣布在美国学习理工科的中国留学生和学者一概不准离境回归中华人民共和国，否则处以5年以下徒刑或5000美元以下罚金，或同时予以两

---

① Iris Chang. *Thread of the Silkworm*. New York：Basic books，1996，pp. 149 – 198.

② 全国政协暨北京、上海、天津、福建政协文史资料委员会编：《建国初期留学生归国纪事》，北京：中国文史出版社1999年版，第210页。

③ 王传超：《大音希声：应崇福传》，北京：中国科学技术出版社2013年版，第51—68页。

种处分，妄图以恐吓、威胁来阻挠他们回国。即便如此，美国政府也没能完全阻止留美中国学人归国，仍有留美学人想方设法离开美国，绕道欧洲或苏联等第三方国家，最终回国。谢希德就是其中之一，她1951年获得博士学位后，以赴英国与曹天钦结婚为由，在曹天钦好友李约瑟的担保下，获得了进入英国的"旅行通行证"，赴英国与曹天钦完婚，于1952年从英国剑桥回国。① 1954年4月离开美国的梅祖彦，因听说申请新签证会被移民局没收护照，就没有申请，而一直保留着过期的护照，他在寻求途经欧洲回国的方法时，利用法国政府腐败，拿到了法国签证，仅有法国签证章和过期护照依然无法购买机票，但航空公司为了挣钱，依然将机票卖给了他，梅祖彦得以飞往法国，绕道欧洲回国。② 另一方面，美国政府又拨款"救济"留美中国学人，并为他们在美谋生和加入美国国籍提供便利，妄图拉拢他们。刘有成，在被禁止归国期间，美国移民局曾给他一张"申请加入美国国籍的表格，说填了表就可以入籍"，但他一心想回国，就没有填表，直至禁归令解除后回国，他始终未申请加入美国国籍。③ 当时没有美国国籍的中国留学生毕业后，也可以留在美国工作。④ 美国移民局告诉不回国的中国留学生，如果有什么困难，美国国务院给提供生活费。当时师昌绪就领了一段时间的生活费，钱是当地的州政府提供的。⑤ 梅祖彦回忆，当时美国政府放开了对中国留学生毕业后在美国找工作的限制，"为了解决这一大批中国留学生的生计问题，以前禁止留学生谋求职业的禁令

---

① 全国政协暨北京、上海、天津、福建政协文史资料委员会编：《建国初期留学生归国纪事》，北京：中国文史出版社1999年版，第188—189页。

② 梅祖彦口述：《两封联合签名信》，见王德禄等：《1950年代归国留美科学家访谈录》，长沙：湖南教育出版社2013年版，第158—160页。

③ 全国政协暨北京、上海、天津、福建政协文史资料委员会编：《建国初期留学生归国纪事》，北京：中国文史出版社1999年版，第223页。

④ 许国志口述：《钱学森要我负责筹建运筹学研究室》，见王德禄等：《1950年代归国留美科学家访谈录》，长沙：湖南教育出版社2013年版，第311页。

⑤ 师昌绪口述：《干了30多年高温合金》，见王德禄等：《1950年代归国留美科学家访谈录》，长沙：湖南教育出版社2013年版，第260页。

也就放松了，对于寻找工作的人就不再过问。在这种形势下，我在攻读硕士学位的同时，在一家机械制造厂找到了个职位，由1950年8月起工作了三年半。"① "很多美国公司不管去的是不是被扣留的中国学生，只要去了就接收，但是始终没有发放工作许可证。学理工的人很快找到了工作。学文学和社会科学的不太容易找到工作，1950—1951年他们在美国没有事情可做，很多人回国了。"②

朝鲜战争停战后，美国方面虽逐渐放开对留美中国学人归国的限制，但仍设置各种障碍试图阻止中国学人归国。如汪闻韶、李恒德、刘有成等人，1954年11月乘船离开美国，快到檀香山时，同船的中国留学生被叫到船上一间办公室集合，美国移民局的官员同他们进行谈话，"说轮船现在快要到美国西部国境线最后一个口岸了，你们当中有没有人想回美国去？如果想回去就在夏威夷下船"，留美学人无人回答，于是移民局官员对他们"一个一个挨着发问：你是否想回美国去？答案都是不回去"。最终不了了之。③ 此外，钱宁、黄葆同、都焕文等许多归国留美学人都提出，虽然美国政府已解除禁归令，但"要在美国移民局和归化局规定的极短时期内办好离美手续是非常困难的，除了办过境签证和订船票的困难外，有不少人要立即筹措一大笔旅费，要变卖家具、还债和纳税；有的人职业合同没有期满；有的人学业未结束，学位未取得，这些都是在短时期内很难解决的"④。此外，中美大使级会谈后，美国方面仍对留美中国学人进行放弃回国的劝诱，表示如果留美学人放弃回国的话，美国会改善他们的工

----

① 全国政协暨北京、上海、天津、福建政协文史资料委员会编：《建国初期留学生归国纪事》，北京：中国文史出版社1999年版，第193页。

② 梅祖彦口述：《两封联合签名信》，见王德禄等：《1950年代归国留美科学家访谈录》，长沙：湖南教育出版社2013年版，第155页。

③ 全国政协暨北京、上海、天津、福建政协文史资料委员会编：《建国初期留学生归国纪事》，北京：中国文史出版社1999年版，第223页。

④ 《最近从美国回来的十五个我国留学生诉说美国政府阻挠我留学生回国的无理行径》，载《人民日报》，1955年8月20日，第1版。

作、处境、待遇、生活安排得更好①。由此看来，即使禁归令解除，美国政府依然设置了变相的障碍增加留美中国学人归国的难度。

众多50年代归国的留美中国学人回国时都遭遇过美国政府的刁难。朝鲜战争的爆发导致美国政府对学习理工农医的留美中国学人回国采取直接禁止的措施，而朝鲜战争爆发前和停战后，美国政府虽未直接禁止，但采取间接的手段阻挠留美中国学人回国。"1950年到1954年，先后有100多名准备回国的中国留学生遭到美国政府扣留，受到禁止出境约束的人数达到了几千人。"②因此，最终归国的留美学人只占当时在美中国学人的少数，许多留美学人由于美国严苛的限制政策最终没能回到祖国。

（二）美国政府阻挠留美学人归国的手段

在1949年到1957年间，美国政府对留美中国学人回中国大陆一直存在着敌意，虽然在不同阶段采取的限制措施有直接和间接之分，但都以不让留美中国学人顺利回到新中国为目的。美国当时威胁留美中国学人，说"也许你有一千条路能逃离美国，我劝你一条也别试"③。留美中国学人并未触犯美国的任何法律，美国对于禁止留美中国学人归国能够给出的唯一合法的解释是，根据美国法律，美国总统有权在战时或处于全国紧急状态时或者世界上有任何两国交战时禁止外国侨民进出。④

到1955年6月，美国国防部给艾森豪威尔总统的一份备忘录中，提出中国留美学生中，有110人掌握足以威胁美国国家安全的科技知识，其中

---

① 程宏、王德禄：《寻访与钱学森同船回国的陆孝颐》，载《科学文化评论》，2014年第6期，第114—121页。

② 王建柱：《克利夫兰总统号：中国留美科学家的归国历程》，载《世纪桥》，2010年第24期，第57页。

③ 刘珊珊：《新中国初期的留美归国学人》，载《神州学人》，2005年第10期，第45页。

④ 杜波：《日内瓦通讯——让在美国的我国留学生和侨民回国》，载《人民日报》，1954年6月24日，第3版。

有两人，钱学森和王大卫，他们的研究领域涉及高度机密的国防计划奈克（Nike）导弹，不能离境。钱学森通过中国政府同美国政府的谈判才得以回国。王大卫原名王克信，最终未能归国。①

从美国政府阻挠留美学人归国的手段来看，可以分为如下几类：

1. 美国政府以扣留护照、非法居留等形式直接阻止留美学人回国

为了阻止留美学人回国，美国移民局没收了申请回国的留美中国学人的合法身份证件，使其丧失在美国的合法身份而导致其无法办理回国手续而无法回国。当时留美中国学人普遍面临的一个问题，就是在美国已没有合法的身份证件，他们的留学签证普遍到期，护照还是国民政府颁发的。当他们去美国移民局申请新的签证时，其护照往往遭到美方的扣留，致使他们得不到合法的证件，申请离境也因此变得困难。

留美学人普遍遭遇了美国移民局扣留其旧护照，不予发放新护照，不办理新签证的情况。据师昌绪回忆，当时留美学人去美国移民局申请办理回国手续时，移民局不仅不允许留美学人回国，"后来干脆把大家的护照拿走了"，留美学人因为没有了合法的护照，在提出回国申请时，美国移民局就有理由将留美学人视为"非法居留"，从而对他们实施拘留。②梅祖彦回忆，当时美国政府不给中国留学生发放新的签证，不给护照盖章。"他们给了每人一张纸代替护照，纸上写着签证的有效期从几月到几月，每次有效期是一年，签证到期后再给换一张纸。（1950年）8月份很多人的护照到期了，去国民党的领事馆申请新签证。交完钱，领事馆的人让他们先把东西留下，说办完以后再寄给大家，后来一直没有寄。如果有人去问，移民局就说，要换新签证，换好了再寄给大家。我知道当时有好几个学生办了手续。我想，国民党的领事馆可能跟美国方面有某种协议，很多学生不能回国，都是因为手里没有护照。美国移民局不给办新签证，还说

---

① 程宏、刘志光：《"克利夫兰总统号"第60次航程的归国学子》，载《百年潮》，2015年第3期，第65页。

② 师昌绪口述：《干了30多年高温合金》，见王德禄等：《1950年代归国留美科学家访谈录》，长沙：湖南教育出版社2013年版，第261页。

中国留学生'非法居留'。"① 师昌绪回忆说，他们"遇到的最糟糕的情况是，没有护照，任何人要求回国，美国移民局就可能会说你'非法居留'。梅祖彦去了法国，从那里偷偷回国了，这只是个案，只有个别人才能钻空子。杜连耀要回国的时候被拘留了，借口是没有护照；毛汉礼也因为这个原因被拘留了。当然被拘留的不止他们两个"②。

美国移民局不仅不为留美学人办理护照和签证等手续，还因他们没有合法证件而随时宣布其"非法居留"。郑哲敏在1950年和1951年都申请过回国，但都没有获得美国移民局的批准，移民局还曾审问过他关于中国共产党等较敏感的政治问题，到1952年，移民局宣布他为"非法居留"，当他申请自动离境并获得批准后，移民局仍不允许他离开美国，并来信说，"考虑到你回中国不符合美国利益，我们虽然同意了你可以自动离境，但不允许你离境，也不允许你有任何离境企图"，他的护照也被移民局收走了。③

美国政府对留美中国学人回国的船票也进行了严格的控制，没有政府的许可就买不到回国的船票，"当时回来的唯一途径是乘坐美国总统轮船公司的邮轮，它到香港是终点站，不到中国大陆，所有的船票都是美国国务院允许才能买到票。"④ 当时回国的船票都是申请美国国务院的补助船票，获得批准了，才能到轮船公司取票。当时朱起鹤因有钱就没有申请国务院补助，但轮船公司因为他没有向国务院申请，不确定他是否能够离境，拒绝卖给他船票。他通过父亲在香港的熟人与旧金山轮船公司的关

---

① 梅祖彦口述：《两封联合签名信》，见王德禄等：《1950年代归国留美科学家访谈录》，长沙：湖南教育出版社2013年版，第155页。

② 师昌绪口述：《干了30多年高温合金》，见王德禄等：《1950年代归国留美科学家访谈录》，长沙：湖南教育出版社2013年版，第261页。

③ 熊卫民、张志会：《加州理工学院的中国留学生——郑哲敏院士访谈录》，载《科学文化评论》，2012年第6期，第111页。

④ 刘志光、姚蜀平、王德禄、陈丹、程宏：《剑桥中国近现代留学史研究论文集》，波士顿：美亚出版社2018年版，第172页。

系,才以"华侨"而非"留学生"身份获得一张船票得以回国。①

2. 美国政府对已经踏上回国旅程的留美学人进行半途拦截

即使留美中国学人已踏上归程,也有可能面临美国移民局或联邦调查局等政府部门的追查或半路拦截。在第一波归国潮中,美国政府对留美学人半路拦截的事情多次发生。

美国在日本横滨扣押"威尔逊总统号"上的三位中国科学家事件,多处都有记载,这是当时美国政府中途扣留留美学人阻止其回国的典型案例之一。1950年8月31日,120多位留美中国学人乘坐"威尔逊总统号"回国,有赵忠尧、傅鹰、涂光帜、金荫昌、邓稼先等人②。钱学森回国的行李也交由此船托运,但行李全部被美国海关扣留。船行驶到日本横滨时,美国中央情报局官员追到横滨传讯了船上四位科学家赵忠尧、沈善炯、罗时钧、鲍文奎,鲍文奎因晚睡晚起没听到广播而躲过一劫,他们对赵忠尧、沈善炯、罗时钧进行了盘问,并将他们扣留后关押在横滨巢鸭监狱③,因他们被怀疑与钱学森有关。船到了菲律宾马尼拉,鲍文奎再次被美国官员传讯并检查行李,企图扣留他,但因在菲律宾国土或海域上抓人需要办理正式手续,而因台风第二天清早必须开船,美方没有足够的时间,在对鲍文奎盘问了三四个小时后,最终放了他,但扣下了他的笔记本,说是找人去鉴定上面的科学符号。④ 当时为了避免更多的麻烦,鲍文奎还与船上留美科协负责人唐孝宣商量,将赵忠尧藏在鲍文奎行李中的东

---

① 刘志光、姚蜀平、王德禄、陈丹、程宏:《剑桥中国近现代留学史研究论文集》,波士顿:美亚出版社2018年版,第247页。

② 余国琮口述:《从中央工业试验所到匹兹堡大学》,见王德禄等:《1950年代归国留美科学家访谈录》,长沙:湖南教育出版社2013年版,第51页。

③ 王德禄等:《1950年代归国留美科学家访谈录》,长沙:湖南教育出版社2013年版,第425页。

④ 王德禄、程宏:《"威尔逊总统"号不寻常的第17次航程》,载《百年潮》,2014年第9期,第7—8页。鲍文奎口述:《"威尔逊总统号"邮轮上的真实故事》,见王德禄等:《1950年代归国留美科学家访谈录》,长沙:湖南教育出版社2013年版,第39页。

西转移了出来，朱康福帮助携带了一部分微缩胶卷资料，藏在了夫人的唇膏管子内①，美国方面才没有在行李中查到什么。船上其他留美学人因三位科学家被扣一事，开了几次会，并以全船100多中国留学生的名义给北京发电报，请政府对此事提出抗议。②驻日美军拘留赵忠尧、罗时钧和沈善炯三位科学家期间，台湾派人来"探监慰问"，并劝说他们回美国或去台湾，但他们都拒绝了。后在中国政府和人民的强烈抗议下，美方才在11月15日将他们释放。③

有说法认为，美方想拦截的人是罗沛霖，罗时钧是代罗沛霖受难，罗沛霖自己也持这样的观点。④ 罗沛霖之子罗晋说，20世纪80年代罗时钧也曾经对他讲过，美国当局一时将两位姓罗的博士混淆了。⑤ 但当时罗时钧是钱学森的博士研究生，而钱学森已经受到美国政府的监控，美国政府对与钱学森有关的留美中国学人也极为敏感，因此罗时钧被扣，可能与他跟钱学森的师生关系有关。

沈善炯对他们三人被关在日本横滨巢鸭监狱有过详细的回忆。美国中央情报局的官员在船上将三人叫去以后，对他们进行了盘问，还让他们脱去衣服进行检查，并扣留了他们随身行李中的一些东西，如抄本、实验记录、试剂等。当三人被押送到美国中央情报局驻横滨办事处后，他们请美方说明扣留他们的理由时，美方只说要检查他们的行李，称台风侵袭横滨，等台风过后就将他们送回船上。美方所说的检查行李只是借口。他们被送到了巢鸭监狱，被作为犯人关押在"中国犯人部"。期间"中国驻日代表团"的

---

① 朱康福：《朱康福自述》，长沙：湖南教育出版社2010年版，第91页。
② 余国琮口述：《从中央工业试验所到匹兹堡大学》，见王德禄等：《1950年代归国留美科学家访谈录》，长沙：湖南教育出版社2013年版，第52页。
③ 刘珊珊：《新中国初期的留美归国学人》，载《神州学人》，2005年第10期，第45页。
④ 罗沛霖口述、王德禄整理：《罗沛霖：党派我去留学，我要对得起党》，载《中共党史研究》，2011年第1期，第100页。
⑤ 王德禄、程宏：《"威尔逊总统"号不寻常的第17次航程》，载《百年潮》，2014年第9期，第7页。

两位国民党官员来探监，试图拉拢他们去台湾或回美国，只要他们愿意去，就会设法营救他们。后来三人被移交至国民党"中国代表团"。在将三人释放之前，国民党官员陈延炯与他们谈话，劝他们去台湾，并称可以将大陆亲属接去台湾，并拿出台湾大学校长傅斯年邀请三人去台大任教的电报。他们拒绝了。① 美方关押三位留美中国学人的行为并不合法，因此，从带走到扣留到关押，美方向三人所做的说明或解释都含糊其辞、前后矛盾。

除上述事件外，1951年9月，"克利夫兰总统号"邮轮载着几十名留美中国学人启程，当时美国政府尚未颁布对中国留学生的禁归令，而邮轮途径檀香山时，美国联邦调查局拦截了船上的留美学人谢家麟等9人，给他们每人一封信，即禁止他们回国的禁归令，大意为"根据美国1918年的一项立法，美国政府有权禁止交战国学习科技专业的学生离境，违者将受惩办"，并对他们的行李进行了搜查②，将他们遣送回美国。③《科学通报》也报道了此事，"9月20日，我留美学生刘安华、凌寒、吴江伯、朱永、王德宝、谢家麟、吴铉、李葆坤、汪良能等九人，和其他12位留美学生一道由旧金山乘克利夫兰轮回国。9月25日，当轮船途径檀香山时，刘安华等九人突遭美国移民局、美国特务机关'联邦调查局'人员和武装警察的搜查，并被非法扣押上岸。同轮归国的其他12位留美学生，已在12日到达广州"④。而1951年，美国则出台了明确的禁令，半途拦截留美学

---

① 沈善炯述、熊卫民整理：《沈善炯自述》，长沙：湖南教育出版社2009年版，第60—73页。

② 谢家麟等的行李中，当时携带了很多筹建微波实验室所需的器材，若被美国政府查到是相当不利的。但当时美国联邦调查局的工作人员，工作并不认真，在檀香山时，上船搜查行李因行李笨重、开船时间紧，仅搜查到了一些书籍，剩下的原打算等船从香港返航回到旧金山码头时再进行搜查。谢家麟回到美国后，以本人因事不便前往为由，委托朋友张念智很容易地将行李从海关取了出来。行李中的重要仪器最终也没有被美国政府发现。——谢家麟：《谢家麟自传》，北京：科学出版社2012年版，第44—45页。

③ 谢家麟：《谢家麟自传》，北京：科学出版社2012年版，第43—44页。

④《我国留美学生归国途中竟遭美国政府无理扣押》，载《科学通报》，1951年第11期，第1162页。

人有了法令的依据,该船被半途拦截的9位留美学人,直接被遣返回了美国。自此以后,留美学人离开美国境内变得极其困难。

3. 美国政府通过关押、拘留、监视等方式限制留美学人的人身自由

受麦卡锡主义影响,美国政府将其认为对美国安全构成威胁的留美中国学人以各种理由关进监狱,出狱后对其活动进行严密监视。而被关押、拘留和监视的留美学人,大多从事过美国政府认为的与共产党有关的活动。

目前最具有代表性的案例是钱学森被美国政府关押并限制其人身自由的经历。由于美国国内麦卡锡主义盛行,钱学森当时已经被怀疑为共产党。联邦调查局对他进行了各种调查,虽然钱学森否认自己是共产党,但他对美国政府来说,依然是一个危险人物,以至于他被取消了做保密工作必须的安全许可证。安全许可证是他做研究的基础,因为他参与的研究90%都属于机密性的,一旦安全许可证被吊销,他就只能从事一些理论研究,之前做的研究现在都没有资质再做了。这一点对钱学森的打击很大,这也是影响他做出回国决定的因素之一。① 由于当时美国移民局和国务院两派主张的不同,1950年8月,钱学森被禁止出境,1950年10月,他又收到自己被驱逐出境的通知。1950年9月7日,钱学森被移民局逮捕了,据他自己回忆说,他被拘留了15天,被禁止和任何人交谈,夜里每过十五分钟守卫就来亮一次灯,让他无法休息,在这段时间,他瘦了30磅②。直到9月19日,他的加州理工学院的同事们,找到他的富豪朋友,筹到了高达一万五千美元的保释金,将他保释出狱。③ 之后钱学森开始了漫长的被"软禁"的生活:工作上不能接触机密文件;活动范围不能超过洛杉矶市界;每个月要去移民局报到;政府官员在街上跟踪他、擅自打开他的信箱、闯入他的办公室,甚至家中;有朋友打电话到钱学森家里,事后都会

---

① Iris Chang. *Thread of the Silkworm*. New York:Basic books, 1996, pp. 149 – 157.

② Iris Chang. *Thread of the Silkworm*. New York:Basic books, 1996, p. 163.

③ Iris Chang. *Thread of the Silkworm*. New York:Basic books, 1996, p. 165.

被联邦调查人员盘问。所以钱学森当时的生活状况非常糟糕，他也有意识地跟外界隔绝，免得其他人受他的连累。①

除了众所周知的钱学森案例以外，还有一些留美学人在同一时期被美国政府无理关押并限制人身自由。

王莹和谢和赓夫妇，都是中共地下党员，于1942年作为国民政府选派的留学生赴美留学，王莹在美国曾担任美国民间组织"东西文化协会"董事兼中国戏剧部主任，并组织在美的中国文艺工作者到美国各地演出抗战戏剧。1949年后，因为不同意加入美国国籍，美国移民局将他们逮捕，关押在艾丽思岛监狱，经过中国政府的严正交涉，于1955年元旦回到北京。他们是1954年被美国政府驱逐出境，才得以回国的。在回国的"威尔逊总统号"轮船上，他们由美国政府官员押送，被作为犯人同其他犯人一起关在一个船舱里，不被允许出来，没有人照顾。②

颜鸣皋因是留美科协的骨干成员，1950年10月预定好回国船票，在启程前两周，美国联邦调查局的官员找到他在纽约大学研究部的实验室，以"非法居留"的名义将他带走，拘留在美国专门关押外国移民的埃利斯岛。在监狱中，颜鸣皋的名字旁边被加上了"Red"字样，即"赤色分子"。在关押两三天后，在他的强烈抗议之下，才被允许给学校打电话，告知学校被关押的事情；4天后，在家庭较富裕的同学刘有照父亲的资助下，交了2000美元保释金出狱。出狱以后，美国政府允许颜鸣皋在美国工作，但不允许出境。他请了一位律师，将美国联邦调查局告上法庭。为了筹措资金打官司，他把汽车卖掉了。1951年2月，他胜诉了，同时拿回了2000美元保释金，并在回国前还给了资助人。③

在美国布鲁克林理工学院学化学的黄葆同曾申请回国，但是1951年5

---

① Iris Chang. *Thread of the Silkworm*. New York：Basic books，1996，pp. 172 - 173.

② 李恒德口述：《负责编辑〈留美科协通讯〉》，见王德禄等：《1950年代归国留美科学家访谈录》，长沙：湖南教育出版社2013年版，第215页。

③ 颜鸣皋口述：《因留美科协活动被关押的"红色分子"》，见王德禄等：《1950年代归国留美科学家访谈录》，长沙：湖南教育出版社2013年版，第106页。

第二章　冷战格局下留美学人的归国困境

月，美国当局以居留证过期为由在纽约将其拘捕，虽然他再三声明，他在居留证期满前一个月就申请延长，但他仍被送到埃利斯岛上，一关就是近四个月。关押期间，他要求自动离境，移民局法官说，要想回国必须首先有足够的旅费以保证能立即离开美国，并且还要证明本人在留美期间的品行良好。黄葆同当场向法官保证可以很快筹得足够的旅费，同时拿出了布鲁克林理工学院的教授证明他一向品行良好的信件。但他仍没有被批准回国。移民局的目的很明显，就是要把他留下，不让他回国。即使在被释放以后，美国移民局仍将他的活动范围限制在纽约移民局管辖区域内，并被要求每周亲自前往移民局报到。①

杜连耀1952年办理回国手续时，美国移民局也以护照签证过期为借口，把他逮捕并关进了匹兹堡城的监狱。杜连耀早在1950年，也就是一年半以前，就已经向移民局申请延长护照签证，然而移民局始终不予办理。他在监狱关了三天，通过学校的中国学生筹得2000美金保释出狱。出狱以后，1953年夏，杜连耀收到了两个截然相反的命令，第一个是华盛顿最高移民局下的，命令他在60天内离开美国，但匹兹堡移民局给他下的第二道命令，警告他不准离开美国，否则要处五年监禁或者五千罚款，或同时受这两种处罚。②

陆孝颐在1951年打算回国，8月已办齐回国手续，但因美国颁布了限制中国留学生回国的禁归令，陆孝颐回国受阻。1954年陆孝颐被美国移民局传讯，随后他的活动自由受到一定的限制，移民局要求他不能离开纽约，并每周向移民局汇报参加的活动，单位和住址变更也需要告知移民局。1955年4月因曾在CSCA编发宣传品，陆孝颐被联邦调查局逮捕，经同学保释出狱后，被美国当局驱逐出境，并被税务

---

① 《黄葆同因申请回国曾遭美国当局无理拘禁》，载《人民日报》，1955年8月23日，第1版。
② 杜连耀口述：《与美国宾州移民局打官司》，见王德禄等：《1950年代归国留美科学家访谈录》，长沙：湖南教育出版社2013年版，第270—271页。《杜连耀叙述美国移民局阻挠他回国的情形》，载《人民日报》，1955年8月22日，第1版。

局扣掉 400 美元。①

受到过美国政府关押、拘留、监视行动自由的留美中国学人不在少数,可见当时留美学人不仅不能回国,在美国的生活也并不自由,美国政府对他们充满了怀疑和不信任,这也反而使他们产生出更强烈的归国意愿。

4. 美国政府通过将留美学人关进精神病院的方式阻止其与外界的联系

美国政府还以留美学人患有精神病为借口将其关进精神病院,以限制其活动自由、阻止其回国。刘永铭 1949 年 5 月提出回国要求,但被美国政府以精神失常为由,送进医院,到 1951 年与国内的家人失联。1955 年中美大使级会谈之时,他的妻子桂琼华给外交部写信,表明刘永铭并不是精神病人,而且希望通过政府帮助与刘永铭取得联系,帮助他回国。后来通过中国红十字会与美国红十字会的联系,找到失联了四年的刘永铭。在中美大使级会谈上,把刘永铭要回了国。② 曾广植也在身体和精神都很正常的情况下被关进精神病院,当时王炳南大使已在日内瓦会议上提出要求曾广植回国,美国移民局在已得知王炳南大使的要求后,将曾广植关进了精神病院,关押了 14 个月,不准接见朋友,也无法与外界通信。后来美国移民局未给出任何解释又将他驱逐出境,他才得以回国。③

5. 美国政府以苛刻的成行条件间接限制留美学人回国

虽然日内瓦会谈以后,美国政府放开了对留美学人回国的直接限制,取消了禁归令,但事实上,美国政府设置的申请回国的条件十分苛刻,使留美学人很难达到而难以成行。"施履吉所谈到的自己的遭遇是很典型的。施履吉说:'今年(1955)四月移民局通知我,过去不准我回国的禁令已

---

① 程宏、王德禄:《寻访与钱学森同船回国的陆孝颐》,载《科学文化评论》,2014 年第 6 期,第 119 页。

② 高国卫:《建国初期留美学生刘永铭的艰难归国》,载《党史纵横》,2013 年第 8 期,第 50—53 页。

③ 《我留美学生曾广植回国前遭到美当局残酷折磨》,载《人民日报》,1957 年 7 月 10 日,第 7 版。

经解除了,并且限定我在两星期内离开美国。但是要在两星期内办完离境手续在当时是不可能的。首先办签证手续的时间就不够,我去过英国、以色列、印度、加拿大等国领事馆申请过境签证,最快的也要四星期。在两星期内要订到船票也很困难。当我去质问移民局,他们就以'非法居留'的罪名把我拘留了半天,后来缴纳了一千美元的保证金才放出来。移民局还规定我以后只能在半径二十五英里的地区内活动,定期向移民局报告。'"①

张文裕和王承书夫妇于朝鲜战争爆发后回国,他们在申请回国时,被移民局刁难,理由是他们的孩子在美国出生,系美国国籍,因此不能同行。在张文裕的同学——时任英驻美底特律的领事出面交涉下,经过两年的周折,才得以全家回国。② 他们在回国前,王承书为了将书运回中国,在一年的时间里,陆续在密执安大学附近的三个邮局,寄出了三百多小包书,全部到达北京。但是他们委托朋友转运到英国再运回国的实验器材,被美国中央情报局查封了。③

6. 美国政府以优厚的条件变相诱导留美学人放弃回国打算

美国政府一方面阻止留美中国学人回国,一方面为留美学人留在美国生活和工作提供一定的便利,诱导他们放弃回国的打算,以达到阻止其回国的目的。美国在1943年已废除了长达六十年的《排华法案》,在朝鲜战争爆发后,更是设法为留美中国学人留在美国提供便利,例如放开对中国留学生在美工作的限制,进行经济上的援助,为留美中国学人提供加入美国国籍的便利措施等。

美国移民局和联邦调查局通过多种渠道对申请回国的留美学人进行劝

---

① 《最近从美国回来的十五个我国留学生诉说美国政府阻挠我留学生回国的无理行径》,载《人民日报》,1955年8月20日,第1版。
② 丁晓禾:《中国百年留学全纪录》(三),珠海:珠海出版社1998年版,第1218页。
③ 丁晓禾:《中国百年留学全纪录》(三),珠海:珠海出版社1998年版,第1218—1222页。

阻。据50年代归国留美学人邬沧萍回忆，当时美国高校中的留学生办公室主任和导师等会找中国留学生进行谈话，劝说他们不要回中国，并以奖学金、工作机会等好处来吸引他们留下。①师昌绪1952年向导师科恩提出回国，科恩问他"是不是嫌工资低、职位低"，师昌绪说"什么都不是，因为我家在中国"。科恩同意了让他回国。但师昌绪当时在麻省理工学院的大厅里，曾遭遇过美国政府的质问，师昌绪说："他们问我，为什么要离开美国？回去干什么？我说回去教书。他们又说，由美国训练的师昌绪，一个可以顶20个由苏联训练的师昌绪，希望你不要回去。我告诉他们，我已经决定回去了。"②黄茂光离开美国之前，美国移民局曾找到他家里，动员他留在美国。③林兰英在1956年底，以母亲病重为由，向公司递交了辞呈，向美国联邦调查局递交了回国申请。公司同事和领导因惜才而挽留她，但移民局则是对她百般刁难。美国联邦调查局甚至找人对她进行动员，其中有一位牧师，动员她时把中国描述得一塌糊涂，但她仍然坚持回国，美国联邦调查局还找到她所在公司的领导劝说她，但公司领导不仅理解并赞成她回国，而且帮她应对了很多美国联邦调查局找的麻烦。在林兰英上船之前，海关搜查了她的行李，甚至搜身，并把她携带的仅有的6800美元旅行支票没收了。④

美国政府还为留美学人提供高额的奖学金，并为他们加入美国国籍提供便利。据邬沧萍回忆，留在美国高校继续学习的中国留学生，都可以获得美国政府提供的高额奖学金，足以支撑中国留学生在美国继续学业，而暂时放弃回国。奖学金来自美国实施的ECA项目（Economic Corporation Aid），即美国政府将原本计划援助蒋介石的军费用作对中国留学生的经济

---

① 邬沧萍口述，于北京市长城企业战略研究所，2018年3月14日。
② 师昌绪口述：《干了30多年高温合金》，见王德禄等：《1950年代归国留美科学家访谈录》，长沙：湖南教育出版社2013年版，第263页。
③ 黄茂光口述：《惋叹逝去的时光》，见王德禄等：《1950年代归国留美科学家访谈录》，长沙：湖南教育出版社2013年版，第338页。
④ 林兰英口述：《女性当自强》，见王德禄等：《1950年代归国留美科学家访谈录》，长沙：湖南教育出版社2013年版，第345—346页。

援助。① 申葆诚称，朝鲜战争期间，美国阻挠中国留学生回国，为他们提供奖学金，制定优惠的政策，只要中国留学生毕业后留在美国工作，六年后就可以获得绿卡。② 吴仲华和李敏华夫妇因在美国国家航空咨询委员会（NACA）所做的研究卓有成效，并取得广泛关注，美国方面要求二人加入美国国籍，"在 NACA 工作期间，美国移民局先后三次给他们申请入籍的表格，NACA 研究部门的老板也询问过吴仲华入籍的事情，但吴仲华和李敏华一直推说'还没有想长期留在美国工作'的打算"。③ 后来二人假借赴欧洲旅游，绕道回国。何炳林和陈茹玉夫妇二人也曾拒绝美方提供的便利入籍条件。他们当时在美国的工作待遇很好，工作环境也很好，工资薪酬和社会地位也都很高。何炳林 1952 年获得博士学位后，在美国工作了四年，公司的领导对他很好，在得知他要回国时，还特意找他谈话，提出涨工资和职位提拔的条件来挽留他，后来又提出给他换工作岗位，负责处理潜水艇的放射物质问题，但这一工作涉及军事秘密，何炳林说自己不是美国人，不能做这种工作，公司提出如果他愿意做这项工作，可以替他申请永久居留美国，而且将来可以转成美国国籍，成为美国公民。但何炳林都拒绝了。在何炳林夫妇起程回国前，还收到了来自美国国务院的信，希望他们放弃回国打算，并附上了申请永久居留证的表格，但何炳林夫妇依然选择了回国。④

三、新中国争取留美学人归国的举措

新中国成立前后争取留美学人归国的工作可分为三个阶段：预备阶

---

① 邬沧萍口述，于北京市长城企业战略研究所，2018 年 3 月 14 日。
② 申葆诚口述：《不识"右派"为何物》，见王德禄等：《1950 年代归国留美科学家访谈录》，长沙：湖南教育出版社 2013 年版，第 393 页。
③ 毛天祥、王柏懿：《李敏华传》，北京：中国科学技术出版社 2015 年版，第 64 页。
④ 何炳林、陈茹玉口述：《与化学的不解之缘》，见王德禄等：《1950 年代归国留美科学家访谈录》，长沙：湖南教育出版社 2013 年版，第 324 页。

段,中国共产党争取留美学人归国的工作,从抗战胜利后的留美高潮时期就已有所铺垫。在抗战胜利后的留美高潮中,党秘密选派了一批党内优秀人才,通过国民政府的留学渠道赴美留学,一边学习一边开展党组织的工作,他们成为随后党在美开展争取留美学人工作的基础。第一阶段为1949年前后,国内党组织和在美中共党员做了大量工作争取留美学人归国,该阶段收到的成效较为明显。有约1000名留美学人在新中国成立之初归国,成为50年代留美学人的第一波归国潮。第二阶段为1956年前后,中国共产党对知识分子的政策有所放宽,掀起了新一波争取留美学人归国的动员工作,但由于国内政治环境的变化,争取留美学人归国的政策在制定以后并未很好地贯彻实施下去,加之美国政府政策的前后矛盾,以及留学生自身的原因,导致第二阶段的动员成效并不显著,1956年从国外回国的留学生有158人①,而从美国回国的仅70余人。② 此后,新中国政府争取留美学人归国的工作逐渐淡化,留美学人归国的现象也成为个例。

(一)抗战胜利后中国共产党秘密选派党员赴美的预备阶段

1943年,国民政府为抗战后重建国家储备人才,开始鼓励出国留学,尤以欧美国家为重点。自1943年起,国民政府教育部出台了一系列鼓励出国留学的政策,如《留学教育方案》《三十二年度教育部派遣公费留学英美学生计划大纲》《教育部国外留学自费生派遣办法》《大学教授、副教授自费出国进修办法》等,大幅增加公费和自费派遣出国留学生和学者的人数,鼓励和推动留学教育事业的发展,由此形成了中国近代史上前所未有的一次留学潮。而此次留学潮中,赴美的人数远高于其他国家,形成了抗战后期的留美高潮。

在此次留美潮中,中国共产党为储备人才,便借此国民政府振兴留学

---

① 姚蜀平:《中国留学生与现代化》,载《明报月刊》,1993年9月号,第18页。

② 根据王德禄、刘志光、程宏主编的《1950年代归国留美学生学者人名录》(北京市长城企业战略研究所提供,未刊稿)统计得出。

第二章 冷战格局下留美学人的归国困境

教育之际，秘密选派了一批中共地下党员及进步分子赴美留学，他们通过参加国民政府的留学选拔考试，或通过其任职单位的选拔和推荐，获得赴美留学的资格。

当时中共派遣留学生出国，是遵从了中共中央高层领导的指示。"早在1944年底，周恩来在重庆会见中共党员计苏华时就指出：'党不仅需要政治家，也需要自己的科学家，而且从现在起就要注意培养。高级知识分子是国家的宝贵财富，必须加以团结和保护；年轻科技人员则需要让他们不断地学习和提高，参加国家的建设。'基于这样的远见，南方局不仅团结了国统区的广大知识分子，而且安排党员和进步知识分子赴海外留学，恢复重建美国和欧洲的中共党组织，开展留学人员的工作。"① 据侯祥麟回忆，"1944年，日本战败已成定局，中国共产党考虑到将来要成立联合政府，党内需要一些技术人才。据说，周恩来曾指示要派遣一些党员和党外同志到国家需要的地方去。从1944年开始，国内派遣一部分学生去美国留学。"② 据罗沛霖之子罗晋讲述，罗沛霖出国前受中共中央南方局情报部长刘少文的指示，出去学习工业和技术，或许念个更高的学位回来，不久共产党执政了，要有自己的技术领导人才③。

在抗战后期留美高潮期间，党秘密支持和鼓励了一批中共地下党员和进步分子赴美留学。如中共地下党员熊向晖，在周恩来的鼓励和支持下，1947年赴美留学。当时熊向晖已在国民党高官胡宗南身边从事地下工作多年，为中国共产党提供了大量国民党高层的情报。熊向晖深得胡宗南的信任，1946年，胡宗南保荐熊向晖赴美国深造。1946年6月10日，周恩来和董必武秘密接见了熊向晖，正值全面内战即将爆发，周恩来对熊向晖出国深造非常支持，他说："出国留学为好。如果战争时间长，回国后在国

---

① 彭亚新主编、中共四川省委党史研究室编：《中共中央南方局的文化工作》，北京：中共党史出版社2009年版，第334页。

② 李恒德口述：《负责编辑〈留美科协通讯〉》，见王德禄等：《1950年代归国留美科学家访谈录》，长沙：湖南教育出版社2013年版，第214—215页。

③ 刘志光、姚蜀平、王德禄、陈丹、程宏：《剑桥中国近现代留学史研究论文集》，波士顿：美亚出版社2018年版，第184页。

民党军队内地位提高,更有利于做情报工作;如果战争时间短,回国后可以做新中国的外交官。"① 艺术家王莹及其先生谢和赓也是在党组织的支持下留美的。王莹1930年就入党了,谢和赓1933年入党。谢和赓当时在国民党中任职,与国民党高层白崇禧、李宗仁等关系密切,是潜伏在国民党内的中共地下党员。1942年他们离开重庆去美国时,周恩来单独接见王莹并叮嘱她不仅要在美国不断增进艺术造诣,还要向美国人民宣传中国的抗日战争。同年7月,王莹和谢和赓夫妇以国民党政府选派留学生的名义一起赴美留学。王莹赴美后,组织在美的中国文艺工作者到美国各地演出抗战戏剧。② 陈秀霞称,她和哥哥陈一鸣、妹妹陈秀瑛三人,也都是在当时周恩来重视留学生,想要为国家现代化培养科技人才的情况下,由党组织派遣出国留学的。③ 可见,当时中国共产党对于赴美留学十分支持。

当时的中共党组织不仅选派中共地下党员出国留学,而且对党外的先进分子,也鼓励他们出国深造。如1944年,涂光炽(当时还不是党员)在海外工作的父亲希望他到美国深造,他将出国的想法告诉了当时所在学校西南联大的地下党组织负责人马识途和李明同志,并征求他们的意见,他们支持涂光炽出国留学的想法。涂光炽于1948年在美国向薛宝鼎提出了入党申请,1949年由徐鸣和浦寿昌介绍入党。④

中共南方局及其各级党组织,在抗战后期选派了一批党员和党领导的积极分子赴美留学,以留学生身份赴美,在学习的同时,开展留学人员的工作,"他们大多是建社和中科协的成员"。"建社"和"中科协"都是中国共产党领导下的进步组织。"1946年至1948年间,涂光炽(延安抗大学

---

① 中共中央文献研究室编:《周恩来年谱(1898—1949)》,北京:中央文献出版社1998年版,第687页。

② 李恒德口述:《负责编辑〈留美科协通讯〉》,见王德禄等:《1950年代归国留美科学家访谈录》,长沙:湖南教育出版社2013年版,第215页。

③ 刘志光、姚蜀平、王德禄、陈丹、程宏:《剑桥中国近现代留学史研究论文集》,波士顿:美亚出版社2018年版,第242页。

④ 涂光炽口述、涂光群访问整理:《涂光炽回忆与回忆涂光炽》,长沙:湖南教育出版社2010年版,第45—56页。

习后到西南联大学习，后在地下党领导下工作）、毕季龙（中共党员，在国民党政府资源委员会工作，青科协会员）、计苏华、丁瓒、蓝毓钟（中共党员、中科协成员）、罗沛霖（曾在延安工作，后到重庆，青科协骨干）、葛春霖（又名葛名中，中共党员，《科学的哲学》一书作者）等，由中共组织批准相继赴美留学和进修。罗沛霖出国前，中共组织还发给500美元和一套西服予以支持。此外，1946年7月，南京局还派遣中共党员、电影导演司徒慧敏到美国，学习电影知识，并从事华侨统战工作。"[1] 这一时期赴美留学的中共党员还有侯祥麟、张大奇、王天眷、薛宝鼎、刘静宜、顾以健、颜鸣皋、傅君诏、孙绍谦、徐鼐炯、唐孝宣、陆孝颐、田曰灵（虞福春夫人）、邓稼先、张钦楠等。

当时国民政府对出国留学人员在政治思想上是有严格要求的，至少在形式上，出国前必须经过思想政治培训学习，未入国民党、三青团的，要先入党、入团，并明确表示忠于国民党和国民党政府才得以成行。为了顺利赴美留学，受到国民政府选派的中共地下党员在思想上必须隐藏其共产主义信仰和中共党员身份，接受国民政府的行前政治教育，不得已在形式上加入国民党，有的中共地下党员原本就有双重身份。

抗战后期赴美留学的中共地下党员，在美国积极广泛地开展工作。1948年，国内战事基本已定，在美中共党员更加活跃起来。"1949年9月底，徐鸣从国内返回美国，向中共党组织传达了周恩来关于加紧动员留学人员回国，参加新中国建设的重要指示；10月1日，新中国成立的消息传来，动员留学人员回国的工作更为紧迫。"[2] 1949年前后，在美中共党员通过建立中国留学生组织、创办中国留学生刊物等多种渠道，搭建中国留学生交流的平台，广泛进行中国留学生的集会，广泛散播宣传新中国的刊物，在中国留学生中宣传共产主义思想以及中国共产党领导下的新中国的

---

[1] 彭亚新主编，中共四川省委党史研究室编：《中共中央南方局的文化工作》，北京：中共党史出版社2009年版，第316页。

[2] 彭亚新主编，中共四川省委党史研究室编：《中共中央南方局的文化工作》，北京：中共党史出版社2009年版，第339页。

新面貌，以爱国主义和民族精神动员留美学人回到祖国、建设祖国。在美国颁布"禁归令"期间，在美中共党员仍设法为中国留学生解除困境，争取中国留学生自由归国的权利。最终两波归国潮中，共有超过1500名留美学人回到了新中国，并为新中国的建设做出了不可磨灭的贡献。

可以说，赴美留学的中共党员成为了连通新中国和留美学人之间的桥梁。新中国争取和对待归国留学生的政策等，主要是通过在美中共党员向留美学人传播的。在美中共党员承载着党和国家对留美学人归国的期望，并将这种期望传递给在美的留学生和学者，成为留美学人选择回国的重要激励。

（二）1949年前后归国动员的第一阶段

首先，新中国成立之前，中国共产党就已经开始着手争取动员留美学人归国的工作。1948年，在美中共党员杨刚回国向周恩来汇报了美国中共组织的工作情况，并根据周恩来的指示，将在美中共组织的定期工作会议"星期五座谈会"更名为"中共在美工作领导小组"[①]；1949年8月在华北召开17位留学生座谈会；1949年夏天周恩来亲自听取留美学生做专题汇报；1949年夏，中共南方局安排在美留学的中共党员徐鸣回国向周恩来汇报在美中国留学生情况，并得到周恩来"加紧动员留学人员回国，参加新中国建设的重要指示"[②]，周恩来明确指示："你们的中心任务是动员在美的中国知识分子，特别是高级技术专家回来建设新中国。"[③] 1949年9月底，徐鸣返回美国，向在美中共组织传达了周恩来这一指示。随着10月1日新中国成立，在美中共组织动员留学人员归国的工作更加紧迫。1949年12月18日，周恩来通过北京人民广播电台，代表中国共产党和中央人民

---

① 彭亚新主编，中共四川省委党史研究室编：《中共中央南方局的文化工作》，北京：中共党史出版社2009年版，第316页。

② 彭亚新主编，中共四川省委党史研究室编：《中共中央南方局的文化工作》，北京：中共党史出版社2009年版，第339页。

③ 于杰：《海外赤子：建国初期留学生回国热潮兴起》，长春：吉林出版集团有限责任公司2010年版，第5页。

政府郑重邀请在海外的留学生回国参加新中国建设。① 1950年8月18日，中华全国自然科学工作者代表会议在北京清华大学礼堂开幕，周恩来在代表党中央的讲话中指出，"现有的专家不是太多而是不够"，"现在愈接触各种事实，愈使我们感到这个问题的严重性"②。

第二，除了中国共产党的直接动员外，留美学人的家属、亲友、师长及同事、同行等也在党的号召下，写信给尚未回国的留美学人，向他们讲述新中国的新面貌及新政策，通过亲友向他们表达思念之情，通过师长、同行向他们发出回国建设的急切邀请。其中一部分来信刊登在了当时流传在留美学人中的《留美科协通讯》《留美学生通讯》等刊物上，不仅对收信人本人产生了影响，也在更广泛的范围内起到了动员留美学人回国的效果。

有人收到了来自国内师长或同行的信，如何炳林当时就收到了来自国内老师的信，他回忆说，"新中国成立后，我收到杨老（杨石先——笔者注）从国内寄来的信，他在信中说国内正在搞经济建设，需要人才，希望我毕业后赶快回国参加建设。我打算毕业就回国。"③ 吴仲华当时收到了清华校长刘仙洲的来信。④ 又如先期回国的钱学森，写信动员郭永怀回国到中科院力学所工作，还请他在回国填写的工作志愿书中，只写力学所，表明力学所会对他拼命欢迎。⑤ 陈荣悌收到1950年回国的王积涛（南开化学系）的来信，告诉他思想改造已经结束，官方宣布，1952年思想改造完成后国内就不再搞运动了，只搞建设。消除了他"担心国内再搞运动，回国

---

① 于杰：《海外赤子》，长春：吉林出版集团有限责任公司2010年版，第7页。

② 于杰：《海外赤子：建国初期留学生回国热潮兴起》，长春：吉林出版集团有限责任公司2010年版，第4页。

③ 何炳林、陈茹玉口述：《与化学的不解之缘》，见王德禄等：《1950年代归国留美科学家访谈录》，长沙：湖南教育出版社2013年版，第321页。

④ 吴仲华、李敏华口述：《国人不知道我做的工作》，见王德禄等：《1950年代归国留美科学家访谈录》，长沙：湖南教育出版社2013年版，第178页。

⑤ 王建柱：《郭永怀——永不陨落的"两弹"之星》，载《人才开发》，2007年第5期，第53页。

后没办法发挥作用"的顾虑。① 疏松桂回国前曾收到他在武汉大学时的老师的来信，请他去武汉大学教书，北洋大学（现天津大学）的校长还给他下了聘书。② 吴仲华回忆，清华大学副校长刘仙洲写信希望他们回国，白家祉也给他们写过信。③ 徐光宪 1950 年底，收到唐敖庆的信，转达曾昭抡先生邀请徐光宪夫妇到北大任教的意愿，徐光宪当时还未拿到学位，但担心拿到学位后因朝鲜战争回国会受到阻拦，唐敖庆转达了曾昭抡的建议，若两三个月内能拿到学位则修完学位再离开，否则就趁早回国。也正是这样的建议，使徐光宪夫妇在 1951 年 4 月 15 日搭乘"戈登将军号"回国，赶在美国政府颁布禁止中国留学生归国的命令之前回了国。④ 林兰英在回国之前就收到王守武和成众志的信，邀她去中科院应用物理所半导体研究室工作⑤。留美科协成员颜鸣皋，当时负责与国内联络，收集国内来信，了解国内情况。他担任联络人，葛庭燧等人回国后经常给他写信。他还因此被美国联邦调查局关进了埃利斯岛监狱。⑥

有人收到了来自家人和朋友的信，如徐亦庄，当时家在上海，家人给他写信，"说他们对新中国人民政府的印象很好。比如说，上海刚解放的时候，解放军的秩序非常好，他们没有住到老百姓家里，而是睡在大街上。"⑦ 谢

---

① 陈荣悌口述：《躲在瑞士农村写自传》，见王德禄等：《1950 年代归国留美科学家访谈录》，长沙：湖南教育出版社 2013 年版，第 190 页。

② 疏松桂口述：《研制核武器自动引爆装置获特等奖》，见王德禄等：《1950 年代归国留美科学家访谈录》，长沙：湖南教育出版社 2013 年版，第 283 页。

③ 毛天祥、王柏懿：《李敏华传》，北京：中国科学技术出版社 2015 年版，第 72 页。

④ 郭建荣：《一清如水：徐光宪传》，北京：中国科学技术出版社 2013 年版，第 84—85 页。

⑤ 林兰英口述：《女性当自强》，见王德禄等：《1950 年代归国留美科学家访谈录》，长沙：湖南教育出版社 2013 年版，第 349—350 页。

⑥ 颜鸣皋口述：《因留美科协活动被关押的"红色分子"》，见王德禄等：《1950 年代归国留美科学家访谈录》，长沙：湖南教育出版社 2013 年版，第 107 页。

⑦ 徐亦庄口述：《芝加哥大学的教育模式好》，见王德禄等：《1950 年代归国留美科学家访谈录》，长沙：湖南教育出版社 2013 年版，第 136 页。

第二章 冷战格局下留美学人的归国困境

毓章 1956 年想要申请美国国籍,开始写申请时,"家人给我写信,让我回国。因为我在家里是独生子,父母年纪大了,身体不好。他们在信中告诉我,可以给印度大使馆写信,请他们帮助我回国。"① 除了家人以外,谢毓章还收到了来自国内朋友的信动员他回国,"其中有一个女同学给我写信,她在信中说,我也是留美的中国人,曾在范德比尔特大学学化学,从美国《名人录》上看到了你的名字。目前国内形势很好,你可以回国发展。如果有需要,可以找印度大使馆帮忙。"② 谈镐生收到了来自国内哥哥和弟弟的信,希望他能够回国,并提到台湾并没有人写信请他去台湾。③ 王守武的姐夫陆学善当时在上海的镭学所工作,给他写过信,台湾没有人写信给他。④ 罗沛霖也收到了来自国内朋友的信,罗沛霖原本就是中共党员,他从国内好友杨敏如的来信中,得知了更多关于新中国的新气象,感受到人民对新中国的新生活的欢欣鼓舞⑤,更加投入到争取留美学人回国的工作中去。朱起鹤说,当时家里通信让他回国,他的父亲是个资本家,担任人力公司的总经理,当时是统战的对象,他的父亲认为国内形势很好,就支持他回国⑥。林兰英的父母、兄弟每个星期都会给她写信,让她回国。当时美国联邦调查局官员还提出,只要林兰英留在美国,他们会把她的父母

---

① 谢毓章口述:《教学大纲束缚人》,见王德禄等:《1950 年代归国留美科学家访谈录》,长沙:湖南教育出版社 2013 年版,第 364—365 页。

② 谢毓章口述:《教学大纲束缚人》,见王德禄等:《1950 年代归国留美科学家访谈录》,长沙:湖南教育出版社 2013 年版,第 365 页。

③ 谈镐生口述:《固执夫妻的情缘》,见王德禄等:《1950 年代归国留美科学家访谈录》,长沙:湖南教育出版社 2013 年版,第 406 页。

④ 王守武口述:《以难民身份回国》,见王德禄等:《1950 年代归国留美科学家访谈录》,长沙:湖南教育出版社 2013 年版,第 61 页。

⑤ 刘九如、唐静:《行有则 知无涯——罗沛霖传》,上海:上海交通大学出版社,北京:中国科学技术出版社 2013 年版,第 118 页。

⑥ 刘志光、姚蜀平、王德禄、陈丹、程宏:《剑桥中国近现代留学史研究论文集》,波士顿:美亚出版社 2018 年版,第 246 页。

从中国接到美国来,林兰英对此严厉拒绝。①

此外,已具有一定世界影响力,具有相当高水平学术科研能力的学者,更是争取归国的重点。如钱学森,此时的钱学森收到了多封来自国内的信件,因为他所做的研究对国家高精尖科技的发展具有重大意义,钱学森也成为新中国争取的重要人物。周培源、曹日昌等人曾写信跟他讲述新中国的新面貌,国内大学美好的发展前景,并转达了中共中央对像钱学森这样的人才的迫切需要。周培源的来信中"述说人民解放军解放北平西郊时守法守纪","芝加哥大学金属研究所副教授研究员、留美中国科学工作者协会美国中区负责人葛庭燧也向他写信,并附来了共产党员、教授曹日昌写给钱学森的信。曹日昌在信中,转达了中共中央领导人对钱学森的殷切期望:请他尽快返回祖国,为新中国服务,领导新中国的航空工业建设"。②

第三,1949年12月,为统一管理留学生事宜,由中央人民政府政务院文化教育委员会(文委会)组织成立"办理留学生回国事务委员会",负责统计海外留学生并动员他们回国,以及负责留学生回国后的安置工作。该委员会的英文名称为:Commission on Returned Students Affairs, State Administration Council③。

委员会成立的任务就是给归国留学生提供更好的保障,解除他们归国的后顾之忧。委员会负责安置刚回国留学生的衣食住行,并负责协调用人单位与归国留学生的对接,将他们安排到合适的工作岗位上去。《办理留学生回国事务委员会简则》中指出,该会的具体任务为:"(一)统计尚在国外的留学生,动员其早日回国。(二)对留学生回国前后的宣传了解及教育。(三)留学生回国后的招待。(四)统筹解决回国留学生的工作。"

---

① 林兰英口述:《女性当自强》,载《1950年代归国留美科学家访谈录》,长沙:湖南教育出版社2013年版,第347页。

② 刘九如、唐静:《行有则 知无涯——罗沛霖传》,上海:上海交通大学出版社,北京:中国科学技术出版社2013年版,第118页。

③ 李滔主编:《中华留学教育史录(1949年以后)》,北京:高等教育出版社2000年版,第8页。

委员会下设三个组，分别为："（一）调查组：由教育部、外交部、情报总署、财政部、新闻总署、全国学联、团中央所派之委员组成之，统筹对国外留学生的调查宣传等工作。（二）招待组：由财委会人事局、文委会、政委会人事局及教育部、华北大学所派之委员组成之，统筹回国留学生的招待了解及教育工作。（三）工作分配组：由财委会人事局、政委会人事局、卫生部、文化部、科学院及教育部所派之委员组成之，统筹解决留学生的工作。"① 委员会下设的三个组，分工明确，也分别体现了委员会工作的目标和任务。第一，调查组即负责调查海外留学生的基本信息、学业情况、工作和生活情况、是否愿意回国等情况，为其他动员工作做铺垫和准备，在了解留学生基本情况的前提下，更有针对性地实施动员工作，以期达到更好的动员效果。第二，招待组专门负责刚回国的留学生的生活和工作安排，设立专门的招待所为归国留学生提供住宿，并作为留学生与工作单位协调工作岗位的场所，解决了刚回国留学生过渡时期的住宿问题，解除了他们回国之初生活上的不便。第三，工作分配组专门负责协调和安排留学归国人员的工作分配事宜，当时全国许多单位都非常需要人才，都前往归国留学生招待所招人，而工作分配组则负责把归国留学生分配到最需要、最能发挥作用的岗位上去，缓解国家各行业、各单位都急缺人才的状况。

该委员会服务的对象，主要是曾就读于国外高等院校的归国留学生，以美国留学生为最主要的服务对象。《办理留学生回国事务委员会简则》中对"回国留学生"划定了范围，并规定由该委员会负责接待和安置的是如下几类：(1) 国内外专科以上学校毕业为进修目的出国者；(2) 华侨回国大学毕业生有专门技能者；(3) 国内高中毕业曾去国外大学肄业者；(4) 大学毕业在国外工作的知识分子。其余，如华侨中学程度以下者、流亡学生回国者、由香港来的失业知识分子与国内失业知识分子等，不由该

---

① 李滔主编：《中华留学教育史录（1949年以后）》，北京：高等教育出版社2000年版，第5—6页。

委员会负责安置。① 可见，办理留学生回国事务委员会并不负责所有海外归国人员的安置工作，该委员会所服务的对象，是受过国外高等教育或曾在国外高等院校就读过的，以及毕业于国外高等院校后在国外已参加工作的知识分子。因此，该委员会是为解决国家建设急缺人才的现状服务而设立的，其主要任务是争取、接待和安置具有较高学历学位的回国留学生和学者。

委员会还为海外留学生出具《欢迎回国证明》，以协助他们在海外办理回国手续。由于海外留学生普遍面临着身份证件失效的状况，因其出国时是国民政府颁发的护照，留美学人的签证还存在着过期无法续签的问题，导致他们无法在美国移民局办理回国手续，而受到美国政府的阻挠。"为了摸清情况、打破西方国家政府和台湾当局的阻挠，制定了两份相应的文件，一是《中国留学生调查表》，二是《欢迎回国证》。首先，他们通过各种形式和渠道，将调查表转发到国外，由志愿回国的同学填写履历、拟返国日期、回国后志向等项目。然后寄回国内，再换领《欢迎回国证》。该证用英文书写印刷：'To whom it may concern: This is to certify that Mr. ... and all Chinese students are welcome to return to New China.' 意为欢迎在外的持证人和所有中国留学生回到新中国。留学生们可凭此证向所在国政府交涉，办理回国手续。这对于持有原国民党护照的学生来说，是非常必要的。"② 据王德宝回忆，他1951年打算申请过境香港的签证借道回国时，领事馆要求他提供中国政府愿意接受他的证明，他给时任广东省省长的叶剑英写信，很快收到了政务院办理留学生回国事务委员会回信，中英文各一份。信上说"中华人民共和国欢迎你及所有中国留学生回到自己的祖国，参加建设工作，为人民服务。你们可由任何地方进入国境，根本不需要入境证。但你们如携带任何足以说明你们留学生身份的文件，则更能享

---

① 李滔主编：《中华留学教育史录（1949年以后）》，北京：高等教育出版社2000年版，第8页。

② 留学生丛书编委会：《中国留学史萃》，北京：中国友谊出版公司1992年版，第101页。

第二章 冷战格局下留美学人的归国困境

受到许多便利"①。委员会出具的《欢迎回国证明》，说明中华人民共和国欢迎中国留学生回国的态度，表明了中国政府的立场。这一证明使美国政府无法再以此为借口阻挠中国学人回国，也为留美学人回国提供了便利。

该委员会还下设"归国留学生招待所"，作为负责接待回国留学生的专门住所，为刚回国的留学生提供住宿，并以招待所为平台，为回国留学生安排工作。1949年，教育部在北京西单设立了归国留学生招待所，作为归国留学生暂时生活和安排工作期间专用的招待所。随后，又在上海、广州、武汉、沈阳等地设立归国留学生招待所，同样作为归国留学生过渡时期的专用招待所。② 50年代归国的留美学人中，有不少人回忆，在回国初期受到了良好的接待，住在回国留学生招待所中，高教部派专人负责协调归国留学生的工作安排，将归国留学生安排到人才最紧缺、最能发挥作用的岗位上去。梅祖彦叙述当时的情形："回国以后，我们都住在留学生招待所，由教育部负责招待。当时有两个留学生招待所，一个招待所接待从社会主义国家归国的留学生，像苏联、欧洲的一些国家；另一个招待所接待从资本主义国家归国的留学生，我们都住在这里。……当时黄辛白是高教部司长，要做决定的时候，都是黄辛白找大家谈话。（黄辛白说，清华正在招人，我希望你去清华，在那里工作比较舒心。我告诉他，北京石油学院来找过我，沈阳石油工厂也来谈过。黄辛白说，很多地方在招人，我还是希望你去清华。我听了他的话，我去了清华。当时清华非常需要人才，我们到了清华都能发挥作用。）"③ 王明贞回忆说："回国后，教育部让我们提要求，问我愿意去哪里。我说，服从分配，哪里需要就去哪里。

---

① 全国政协暨北京、上海、天津、福建政协文史资料委员会编：《建国初期留学生归国纪事》，北京：中国文史出版社1999年版，第225—226页。

② 王德禄、刘志光：《1950年代归国留美科学家的归程及命运》，载《科学文化评论》，2012年第1期，第71页。

③ 梅祖彦口述：《两封联合签名信》，见王德禄等：《1950年代归国留美科学家访谈录》，长沙：湖南教育出版社2013年版，第166页。

当时我们回国的留学生都是服从分配。教育部把我分配到了清华大学。"①疏松桂与钱学森、李正武同船回国，取道香港，回到深圳，中科院派了两个代表接应钱学森和李正武，同船其他人则都去了广州，由广州迎接回国留学生的机构领导负责招待，包括贵宾宴招待，安排前往黄花岗和越秀公园游览等。后前往北京，住在高教部的归国留学生招待所，在招待所填写今后的工作志愿。中科院力学所希望疏松桂去力学所工作，当时林同骥和钱学森都找疏松桂谈过，但疏松桂认为自己是搞工程设计的，与力学以理论和实验室为主的方式不同，后来他选择去了中科院长春机电所自动化研究室工作。1956年中科院要筹备成立自动化研究所，疏松桂是筹备委员之一。他回忆说，"当时到底哪个地方好，我没有概念。我认为，到哪里工作都无所谓，我不怕吃苦。"②

设立"办理留学生归国事务委员会"和"归国留学生招待所"的建议是由已归国的留美学人提出的。钱保功等人在1949年5月即从美国回到中国，他是第一批在新中国建立前后回国的留美学人，用他自己的说法，是带有"探路"性质的。他回国后，向中央提出了建议，"今后要为回国留学生提供方便，希望有专门单位接待"③，中央采纳了这些回国留美学人的建议，设立了"办理留学生归国事务委员会"和"归国留学生招待所"，为后续回国的留学生提供更便利的服务，以吸引更多的留学生在没有后顾之忧的情况下，更加积极地响应回国号召。

此外，国内科学家对美国政府扣留中国留学生的行为提出了严正抗议，"1950年9月24日，中华全国自然科学者专门学会联合会主席李四光，就近来美国政府非法拘捕我国科学家钱学森一事，分别致电联合国大会主席安迪让及世界科学工作者协会书记克劳瑟博士，控诉美国帝国主义

---

① 王明贞口述：《江青让我们蹲五年大牢》，见王德禄等：《1950年代归国留美科学家访谈录》，长沙：湖南教育出版社2013年版，第241页。
② 疏松桂口述：《研制核武器自动引爆装置获特等奖》，见王德禄等：《1950年代归国留美科学家访谈录》，长沙：湖南教育出版社2013年版，第283—284页。
③ 钱保功：《"留美科协"发起经过》，载《中国科技史料》，1988年第9卷第1期，第56页。

迫害科学家的罪行,并向美国政府提出强烈抗议。10月9日,南京市科学家潘菽等169人联名致电联合国秘书长赖伊、美国总统杜鲁门;广州科学工作者1675人分别致电联合国大会主席安迪让、美国总统杜鲁门,抗议美国无理扣留钱学森、赵忠尧等人,要求立即恢复他们的自由。11月20日,北京大学教授曾昭伦等48人,致电当时正在华沙召开的第二届世界保卫和平大会,请该会主持正义,制止美国政府的法西斯暴行。1951年12月25日,李四光致电世界和平理事会、世界科学工作者协会,再次谴责美国当局无理扣留我国留学生的野蛮行径。"[①]

(三)1956年归国动员的第二阶段

到50年代中期,鉴于我国科学技术事业的发展在世界上仍处于较为落后的局面,中国共产党认识到我国发展科学技术的紧迫性,认识到知识分子在发展科学技术中的重要作用,对关于知识分子的工作更加重视。新中国成立初期,曾对苏联的援助抱有很大的希望,但实际上,苏联对中国的援助并不深入涉及关乎国家核心利益的国防高精尖科技领域,例如核武器的研制,而中国要面临复杂的国际局势,势必要在国防领域赶上世界先进水平。因此,党中央更加认识到争取海外留学生回国的重要性。"我国虽然科学技术与工业水平很落后,但分散在全国各方面的工程技术人员和目前在资本主义国家可以争取回国的留学生、科技人员也还有相当的数量,有的曾在外国参加过火箭方面的研究设计工作。"[②]

1956年党对知识分子的阶级属性的论断,为知识分子工作奠定了基调。中央于1956年1月召开了关于知识分子问题的会议,周恩来在代表中央所做的报告中,提出知识分子"已经是工人阶级的一部分"这一论断,"这个对知识分子阶级属性的估计和判断,奠定了社会主义时期党对知识

---

① 《"我们长期等待解放,危急如火"——建国初期留美学生回国潮》,见邱石编:《共和国重大事件决策实录》,北京:经济日报出版社1998年版,第104—105页。

② 《聂荣臻回忆录》(下),北京:解放军出版社1984年版,第801页。

分子政策的基础。周恩来还强调：世界科学技术在近二三十年中有了特别大的进步，已经把我们远远地抛在后面，我们必须急起直追。他代表中央郑重发出'向现代科学进军'的动员令。毛泽东在会上提出，要进行技术革命、文化革命，革技术落后的命，革愚蠢无知的命，号召全党努力学习科学知识，同党外知识分子团结一致，为迅速赶上世界科学先进水平而奋斗。举国上下，无不振奋。"与此同时，中央着手组织专家学者制定《一九五六——一九六七年科学技术发展远景规划纲要》，根据"重点发展、迎头赶上"的方针和"以任务为经、以科学为纬"的原则，规划纲要从13个方面提出了57项重要科学技术任务和616个中心问题。对某些特别重要而在我国却很薄弱甚至空白的科学，如计算机、半导体、无线电、自动化、远距离操纵技术等，还特别制订出1956年四项紧急措施。同时，在中央宣传部指导下，中国科学院哲学社会科学部组织一批专家，编制了十二年哲学社会科学发展的远景规划。我国科学技术事业从此进入一个有计划的蓬勃发展的新阶段。①

在这样的历史背景之下，国家亟须专业领域的人才，尤其是对于我国仍处于空白的领域，则需要向国外借鉴经验，除了当时援华的苏联专家以外，有留学西方国家经历的归国学者是参与专业领域建设的一个重要的群体。

此时的中国，人才处于极度紧缺的状态，"当时全中国高等学校副教授以上的教师也只有七千人，中国科学院副研究员以上的仅四百人"②，而当时我国仍在国外未归的留学生有七千人，而美国就有约五千人。"现在尚在资本主义国家的留学生总数尚无精确统计。据现有材料有七千余人，主要在美国。据美国一九五四年五月二十九日在日内瓦的正式声明，截至一九五四年四月底，在美国持有学生护照的中国留学生有五千二百

---

① 中共中央党史研究室：《中国共产党的九十年》，北京：中共党史出版社2016年版，第469—470页。

② 姚蜀平：《中国留学生与现代化》，载《明报月刊》，1993年9月号，第18页。

四十二人（不包括华侨子弟）。"① 可见，当时国内的专业技术人才、高学历人才是非常稀缺的。如果留美学人群体能够回国，将会弥补新中国建设对于人才需求的一大缺口。因此，争取留学生归国具有十分重要的意义。

1956年2月22日，中央批转争取留学生回国工作组的《关于争取尚在资本主义国家留学生回国问题的报告（1956年1月27日）》（后简称《报告》）中指出，"还在资本主义国家的这七千左右的留学生，对我国社会主义建设是一个很大的后备力量；必须大力争取他们回国参加建设。"②因此，动员留美学人归国成为动员留学生回国工作的重中之重。《报告》对尚在美国等西方国家的中国留学生，主要是对尚未归国的留美学人群体的情况做了较为详细的分析，包括：有归国意向的人数，留美学人归国可能遇到的困难，如何帮助留美学人解决这些困难，以及这一群体可能存在的思想上的问题等。

第一，《报告》指出，根据当时所掌握的材料，有637位留美学人表示愿意回国，"六百三十七人名单的来源有四个方面：（1）留学生本人直接写信到日内瓦的；（2）已回国留学生转告的；（3）家属和亲友来信报告的；（4）曾被美国扣留，后来又宣布可以回国的。此外几千人的情况不详。"③

第二，《报告》对留美学人归国有可能遇到的困难做了详细的分析，包括："（一）愿意回国，但受到美国各种刁难，或受了美国威胁，有些还坠入了美国的各种圈套（如申请作'难民'等）。（二）愿意回国，尚有些具体困难：如当教授聘期未满；妻子将生小孩或孩子太小；怕申请回国后即失去职业，在回国前的一段时间生活无法维持；船期太少，香港

---

① 中央档案馆、中共中央文献研究室编：《中共中央文件选集》（第二十二册），北京：人民出版社2013年版，第256页。
② 中央档案馆、中共中央文献研究室编：《中共中央文件选集》（第二十二册），北京：人民出版社2013年版，第254页。
③ 中央档案馆、中共中央文献研究室编：《中共中央文件选集》（第二十二册），北京：人民出版社2013年版，第257页。

签证困难;有些人还不了解中美会谈协议的内容,不了解回国途径等。(三)在回国问题上,存在着各种顾虑,这种人人数最多。他们的顾虑有:(1)怕表示回国后,受美国政府迫害;(2)在政治上,怕回国后'洗脑筋',怕生活不自由,怕无信教自由(有不少人是天主教徒);也还有相当一部分人是本人有些政治问题,如曾入了美国籍,或曾参加国民党、三青团,过去有过一些反动言行等,这些人怕追政治问题,怕追回国动机,怕被斗争,怕被歧视等;(3)经济上,怕回国后收入不能维持生活,怕本人带回的财产无保障;(4)工作上,怕找不到工作,怕工作不按志愿分配,怕夫妇工作分配不在一起,怕没有进行科学研究工作的条件等;(5)有外国妻子的,怕妻子无法安置。(四)还有少数根本不愿回国的。"①

第三,针对留美学人的这些问题,《报告》提出了解决办法,"在中华人民共和国强盛的情况下,对于前两种人,如果切实帮助他们解决各种困难和顾虑,他们是容易回国的。对于第三种人和第四种人的一部分,如果加强争取工作,解除他们的重重顾虑(包括本来决定回国但被阻后坠入美国圈套的在内),还需要做很多的艰苦的长期的工作。因为他们大多数原来的思想较差,受反动宣传的影响较深,中华人民共和国成立后,他们和国内联系较少,很难看到国内宣传资料;特别是六年来归国留学生多数没有和美国留学生通信,个别坏人还作了一些反宣传,增加了他们的猜疑。这种情况,也必须作充分估计。"②

第四,《报告》对于尚在美国的留美学人这一群体也做了基本的分析,并表达了对从资本主义国家回国的知识分子的顾虑,"这七千人左右的留学生,长时期在国民党反动政府统治下和资本主义国家受教育,除进步分子外,许多人的思想还很落后,有些人甚至还有各种各样的反动思想。……在

---

① 中央档案馆、中共中央文献研究室编:《中共中央文件选集》(第二十二册),北京:人民出版社2013年版,第257—258页。

② 中央档案馆、中共中央文献研究室编:《中共中央文件选集》(第二十二册),北京:人民出版社2013年版,第258页。

第二章 冷战格局下留美学人的归国困境

这些留学生中,无疑地会有少数坏分子和特务,但是也不要怕他们回来。对于我们来说,这少数坏人,回来比不回来还好对付一些。要开展这一工作,在思想上必须把我国在帝国主义国家的留学生和帝国主义者区别开来,不应该有过多的顾虑。"① 但同时认为,这样的顾虑是可以消解的,还是可以动员他们回国的,"他们又常遭受到帝国主义的种种歧视和迫害,而绝大多数的留学生在祖国大陆上又有他们的亲友,因此,他们的爱国主义的情绪是不断增长的,他们是渐渐愿意返回祖国的"。但我们需要动员他们回国,"只要我们做好各种争取工作,大部分是可以被争取回来的"。②

第五,《报告》在分析当前形势和留学生基本情况的基础上,提出了争取留美学人回国的基本方针和具体目标,"为了大量地争取尚在资本主义国家的留学生回国参加建设,应该采取'普遍争取而又以在美国的留学生为重点'的方针。中央要求在大约三年时间内把尚在资本主义国家的可以回国的留学生基本上争取回国,今年要求争取一千人。争取这批留学生回国是一件重要而复杂的工作,各有关部门都必须动员起来,积极地参加这一工作,大胆放手地开展这一工作。对于已归国的资本主义国家的留学生,各地区、各部门应该根据党对高级知识分子的政策,工作条件和待遇不合理的应该改善。检查结果,应该报告国务院备查。"③

为了更好地开展留美学人的归国动员工作,配合《报告》的具体实施,教育部还特别编制了《留美学生名册》,并发到"各有留美学生家属的机关、团体、厂矿、企业或直辖市的区人民委员会(全国各高等院校、科学院所属各研究机构分别由高教部、中国科学院分发)公开借阅"。《留

---

① 中央档案馆、中共中央文献研究室编:《中共中央文件选集》(第二十二册),北京:人民出版社2013年版,第254—255页。

② 中央档案馆、中共中央文献研究室编:《中共中央文件选集》(第二十二册),北京:人民出版社2013年版,第255页。

③ 中央档案馆、中共中央文献研究室编:《中共中央文件选集》(第二十二册),北京:人民出版社2013年版,第255页。

美学生名册》是为了更好地展开争取留美学生回国的工作专门编制的，在名册的"几点说明"中指出，"希望看到这份名册之后，第一，请选择争取回国的对象（选好后，请向所在单位领导汇报，以便在争取工作中遇到困难，能及时帮助解决）；第二，请予以准确的补充和校正"。名册截至1956年2月29日，共收入了3477名留美学人的基本信息，主要来源于"几年来回国留美学生陆续提供的材料"以及"几年来少数留美学生及其在国内家属来信所提供的材料"①。前述《关于争取尚在资本主义国家留学生回国问题的报告》中提到的637位表示愿意回国的留美学人都收录在了《留美学生名册》中，是争取留学生归国工作的重点对象。因此，可以说，《留美学生名册》是为了配合争取留美学人归国工作，为了更好地完成《报告》中的目标而专门编制的，是《报告》具体实施的一个重要环节。

事实上，《留美学生名册》中的3477名留美学人中，仅有小部分人最终回国，大部分人最终由于种种原因并未回国。这与《报告》中制定的每年一千人的目标相差甚远。造成这一现象的原因，与当时复杂的国内政治环境和美国政府对中国留学生的政策变动有直接的关系。其一，1957年开始，国内的政治氛围，对知识分子逐渐不利，留美学人对归国产生了更深的顾虑，担心回国后在政治上受到歧视或迫害。其二，执行《报告》中所提的每年争取一千人归国的目标，也并非一朝一夕可以完成，这是一个庞大的、需要长时间努力的工作。而1957年后争取留学生归国的工作也并未有效地展开，争取留美学人归国工作的第二阶段就此逐渐消退，留美学人的第二波归国潮也因此逐渐消退。其三，由于美国政府从1951年到1954年期间，颁布了禁止中国留学生回国的禁令，直接导致留美学人无法归国而设法在美国谋生，多数人已在这几年中安顿好了生活和工作，到1956年，已错过了归国最合适的时机，最终未能成行，成为历史的遗憾。申葆诚回忆，"1956年周总理提出'向科学进军'，争取留学生回国参加建设，

---

① 《留美学生名册》，中华人民共和国高等教育部制，1956年3月。

当时基本上没有人回国。"①

1956年9月，在周恩来的提议下，北京、上海成立了留美学生家属联谊会，北京的著名桥梁专家茅以升先生为会长。联谊会发动家属们写信动员留学生、学者回国，报纸、电台也连续予以发表。1957年5月10日，北京的联谊会在北京饭店举行联欢晚会，周恩来应邀到会讲话，提出了对海外留学生"不管回国先后，一视同仁，并且来去自由"的基本方针②，即"政府对于留学生回国，不管先后我们都一律欢迎，一视同仁，而且允许来去自由。现在国外的留学生想回来看看再出去，是可以的，已经回国的愿意出去，也可以。"③

综上所述，新中国动员留美学人归国的工作前后经历了三个阶段，分别是：在抗战胜利后留美高潮中选派中共党员和进步分子赴美留学的预备阶段；1949年前后，第一波争取留美学人归国的热潮，在党的高层领导的指示下，广泛开展动员工作，并设立专门的委员会负责留学生的归国安置工作，并取得了良好的动员效果；1956年第二波争取留美学人归国的热潮，对留美学人的基本情况做了详细调查，并制定了动员留美学人归国的工作目标，但因种种原因，动员效果并不理想。

除了中国共产党和新中国政府在国内的动员之外，自1948年起，在美的留美学人中也开始积极开展争取归国的工作。到1949年前后，国共内战局势基本已定之时，在周恩来以及中共组织的指示下，在美留学的中共党员通过建立留美学生组织开展活动，通过中国留学生刊物宣传新中国，动员留美学人归国。留美学生组织的作用主要体现在第一波归国潮中。其中最主要的两个学生组织就是留美科协和北美基督教中国学生会。

---

① 申葆诚口述：《不识"右派"为何物》，见王德禄等：《1950年代归国留美科学家访谈录》，长沙：湖南教育出版社2013年版，第383页。

② 许珑：《奔向光明的时刻——记建国前后的留学生回国潮》，载《神州学人》，1998年第10期。

③ 于杰：《海外赤子：建国初期留学生回国热潮兴起》，长春：吉林出版集团有限责任公司2010年版，第19页。

第三章　留美科协的发展及其影响

20世纪50年代两波归国潮的形成，与留美学生组织有着密切的关系。留美学生组织在复杂的国际国内局势下，为留美学人提供交流平台，创办刊物为留美学人了解国内情况提供帮助，为归国潮的形成和扩大作出了重要贡献。其中，留美科学工作者协会（英文名 Chinese Scientific Workers' Association in U. S. A.），简称留美科协，在1948年就开始酝酿成立，从区域性组织成长为全国性组织，其影响力也逐渐扩散到美国各地的中国留学生当中，成为争取留美学人归国最主要的阵地之一。

一、留美科协的早期筹备

留美科协是中国科协的海外分支机构之一，在新中国成立之前，为了更好地开展留美科学技术人员的团结工作，留美学人中酝酿成立了建社、芝社、明社等早期筹备机构和美中科协等区域性留美科协组织，在此基础上，1949年6月建立起全美的留美科协组织。

（一）成立留美科协的缘由

留美科协的成立是有相当的基础和准备的，从抗战时期的自然科学座谈会、中国青年科技人员协会到中国科学工作者协会，再到中科协的各地方分会，留美科协可以说是顺势而生。

早在抗战时期，中共中央南方局就已开始有计划地开展争取教育科技界知识分子的工作。一方面，联系大学教授群体中的进步分子，成立了自然科学座谈会。为了扩大抗日民族统一战线，周恩来专门安排与大学教授等群体进行联系，"周恩来嘱咐《新华日报》社长、潘菽的大哥潘梓年，多与大学的教授接触，开展工作，争取他们参加抗战进步活动。"① 1939年春，在周恩来关心指导下，由潘梓年推动，中央大学教授梁希、潘菽、金善宝、干铎，重大大学教授谢立惠等约20位教授，组织起"自然科学座谈会"，由梁希、潘菽负责实际工作。座谈会每一至两周举行一次活动，集体学习"马列著作中有关唯物辩证法的论述，帮助大家树立科学的世界观和方法论，用以指导教学和科研"，学习"《新华日报》的重要社论和文章，尤其是周恩来等中共领导人的文章，以及潘梓年提供的文件和小册子"，同时，"分析讨论抗战的形势、观察国内的政治形势，讨论研究如何完成南方局或《新华日报》社交给的任务"，在《新华日报》上发表介绍苏联自然科学发展情况的文章等②。孙克定、廖庶谦、孙运仁、兰毓钟、薛葆鼎等都参加过。③ 其中，兰毓钟、薛葆鼎等人是后来推动成立留美科协的骨干成员。

另一方面，联系企业和科研院所中的青年科技人员，成立了中国青年科技人员协会（简称青科协）。中共中央南方局在青年科技工作者中积极开展统战工作，在周恩来、董必武的指示下，1940年5月，成立了以科技、企业界的党员和青年进步分子为骨干的中国青年科技人员协会。青科协"以青年科技人员联谊会的形式，联系和团结广大科技工作者，通过组织科技知识的交流，进而帮助科技人员关心抗战和时事政治，提高政治觉悟；在公开的活动中建立社会关系，为党组织获取有用的情报资料；创办企业掩护和安置地下党员和积极分子，必要时执行党的秘密任务；培养和

---

① 彭亚新主编，中共四川省委党史研究室编：《中共中央南方局的文化工作》，北京：中共党史出版社2009年版，第53页。

② 彭亚新主编，中共四川省委党史研究室编：《中共中央南方局的文化工作》，北京：中共党史出版社2009年版，第53—54页。

③ 傅琳：《留美科协成立始末》，载《北京党史研究》，1998年第2期，第40页。

物色一批思想进步的科技人员，送往抗日根据地"①。至1941年初皖南事变爆发前，青科协会员达到200余人②。1941年1月皖南事变后，"南方局指示青科协暂停公开活动，骨干与会员之间改用个别交友方式保持联系，一部分骨干改做党的秘密工作或情报工作"③。直到抗战胜利后，青科协人员才在南方局的指示下，重新恢复公开活动，并在青科协的基础上，组建"中国建社"（简称"建社"）。建社在上海、南京、无锡、天津等大中城市都设立了分支机构，1946年留美党员在美组建的"建社"就是以中国建社为参照设立的。

  1944年，为扩大文化界的抗日统一战线，团结更多科技工作者进行民主斗争，周恩来亲自会见李四光、竺可桢等著名科学家，希望这些有影响力的科技界人士能够支持一个全国性科技组织的建立。1944年底，由自然科学座谈会发起成立中国科学工作者协会的倡议，向各大城市科技工作者征求意见，得到了李四光、竺可桢、任鸿隽、丁燮林、严济慈等100多位科学家的支持。1945年7月1日，中国科学工作者协会（简称中国科协）在重庆正式成立。该会章程中提出："自然科学本身是超阶级的，自然科学工作者是不可能超阶级的；我们应常常想到要用科学知识为广大人民谋利益，不要做反动派压迫人民的帮凶；要使我国的社会条件能适应科学技术的发展，就必须积极参加反对日本侵略和反对封建压迫的爱国主义运动；科学工作者要团结起来，和广大人民一起，共同奋斗，对外要打倒帝国主义者的侵略，对内要改革贪污腐化、不民主情况，建立独立、民主、自由的新中国。"④ 中国科协的理事长由竺可桢担任，监事长由李四光担

---

① 彭亚新主编，中共四川省委党史研究室编：《中共中央南方局的文化工作》，北京：中共党史出版社2009年版，第56页。
② 彭亚新主编，中共四川省委党史研究室编：《中共中央南方局的文化工作》，北京：中共党史出版社2009年版，第56页。
③ 彭亚新主编，中共四川省委党史研究室编：《中共中央南方局的文化工作》，北京：中共党史出版社2009年版，第56页。
④ 彭亚新主编，中共四川省委党史研究室编：《中共中央南方局的文化工作》，北京：中共党史出版社2009年版，第233页。

任,实际工作由秘书长涂长望、副秘书长谢立惠(中共党员)负责。中国科协成立后,在重庆出版《科学新闻》月刊,由潘菽任主编,"刊物宣传科学工作者要加强团结、争取民主,报导科技界各种活动、国际科学技术的新发明及动向等;还不时举办科学技术专题座谈会、讲演会。"①

中国科协成立后,陆续在全国各大城市建立分会,随后在海外也开始建立分会,留美科协实质上就是中国科协在美国的分会组织。1946年夏,葛庭燧赴英国参加世界科协成立大会,"受中国科协秘书长涂长望的委托建立中科协美国分会。但因美国政府不允许在本国建立外国的分支机构,此事暂时搁置下来。"②但筹备留美科协的早期机构逐渐在美国广泛的建立起来,为成立留美科协做准备。

(二) 留美科协早期筹备的机构

留美科协正式成立之前,留美学生中陆续产生了一些学生组织。在中共在美领导小组的领导下,在美中共党员及进步分子,开始在小范围组织起留美学生团体,为最终筹备留美科协打基础,当时较有影响力的有"建社""芝社""明社"等,"以'社'命名的组织有很多"③。这些团体后来彼此联结,开展活动,成为留美科协正式建立前的筹备机构,为后续成立留美科协奠定了人员上和组织上的基础。

以"建社"为例。"建社"(即新中国建设社)是在美中共组织为成立全美性质的"留美科协"而建立的早期筹备机构,是全美性的留美科协成立前的地方性组织,也是全美留美科协的前身,为1949年"留美科协"的成立做了铺垫工作。留美科协成立筹备之时,考虑到"由于留美科技人员流动性大、分布又广,短期内组织一个志趣相投、覆盖全美的科协团

---

① 傅琳:《留美科协成立始末》,载《北京党史研究》,1998年第2期,第40页。

② 彭亚新主编,中共四川省委党史研究室编:《中共中央南方局的文化工作》,北京:中共党史出版社2009年版,第318页。

③ 侯祥麟口述:《受党派遣赴美留学》,见王德禄等:《1950年代归国留美科学家访谈录》,长沙:湖南教育出版社2013年版,第10页。

体，尚缺乏一定的组织基础。经中共在美工作领导小组研究决定，先以小组形式发展为区域性的中型组织，再扩大成立横跨美国东西两岸的大型科协组织"①，"建社"正是这样的区域性组织。

"建社"是在周恩来的指示之下成立起来的，是为团结进步的留美学人而成立的进步团体。据薛葆鼎回忆称，"他去美国时，周恩来曾指示，要把分散在美国各地的党内同志和爱国者组织起来，成立一个进步团体"，在这一指示下，"建社"成立起来，并发挥了留美科协筹备机构的作用。"建社"这一名称也是由周恩来亲自拟定的，意思为建设社会主义。②

"建社"最初成立于1946年初，由薛葆鼎在匹兹堡与兰毓钟、杨锦山、侯祥麟、陈冠荣、李恒德、傅君诏、褚应璜等人组成工作小组。侯祥麟回忆，1946年春，薛葆鼎进入匹兹堡大学研究生院学习，他是资源委员会派出的实习人员之一，经龚普生介绍，薛葆鼎与同校的侯祥麟建立了联系，开始在留学人员中建立进步团体。薛葆鼎创办了读书会，成员有资源委员会派到西屋电讯公司实习的学生，还有匹兹堡大学的学生。③ 读书会经常"组织大家阅读进步书籍，关心和讨论国内的政局。其后，在读书会的基础上，他仿照国内建社的形式，发起成立进步团体'建社'。"这是第一个区域性建社的成立。1947年至1948年间，薛葆鼎"奔波于留美人员集中的纽约、波士顿、芝加哥、明尼苏达、旧金山、洛杉矶等城市之间，与侯祥麟、涂光炽、计苏华、李恒德等交换意见，在各地发展建社或建立类似的团体，并在纽约召开了全美建社成立大会。"④ "建社"的成立为后续开展动员留美学人归国工作搭建平台。

"建社"积极开展建立科协团体的筹备工作，并逐渐"从半公开到公

---

① 傅琳：《留美科协成立始末》，载《北京党史研究》，1998年第2期，第41页。

② 李尉：《周恩来与知识分子》，北京：人民出版社1985年版，第11页。

③ 侯祥麟：《侯祥麟自述：我与石油有缘》，北京：石油工业出版社2012年版，第38—39页。

④ 彭亚新主编，中共四川省委党史研究室编：《中共中央南方局的文化工作》，北京：中共党史出版社2009年版，第317—318页。

开动员更多的高级科技人员回国"。在"建社"之后,美国其他地区也陆续成立了科协的筹备机构,"涂光帜、葛春霖在明城组织了'明社';丁瓒、葛庭燧等在芝加哥组织了'中国问题座谈会',命名为'芝社'。"① "建社""芝社""明社"联合起来于1947年冬天在纽约召开了一次会议,会议上讨论了成立留美科协的事宜。②

留美学生中建立起的"建社""留美科协"等组织,实际上都与国内"建社""中国科协"有着密切的关联。在国内,"建社与中科协一起,在团结国民党统治区科技界知识分子参加民主运动中发挥了积极作用"。③ 而后来在美国成立的建社和留美科协组织,也在留美学生中广泛团结了一批知识分子,为新中国的建设积蓄力量。

二、区域性留美科协组织的成立

从1949年1月起,美国各地陆续开始组织起中国科协的地方性机构,为全美科协的诞生奠定基础。第一个成立的区域性留美科协组织为"美中科协",该组织成立后,美国各地陆续开始成立区域性留美科协组织,直至1949年6月全美留美科协成立之际,全美的区域性留美科协组织已有13个,会员发展至总计340人左右。这些区域性留美科协为全美留美科协的成立奠定了深厚的基础,在此基础上,1949年6月,全美的留美科协才有成立的可能性和必要性。

(一) 第一个区域性留美科协——美中科协的成立

以"美中科协"的成立为例。美中科协从1948年底开始筹备,1949

---

① 傅琳:《留美科协成立始末》,载《北京党史研究》,1998年第2期,第41页。

② 刘志光、姚蜀平、王德禄、陈丹、程宏:《剑桥中国近现代留学史研究论文集》,波士顿:美亚出版社2018年版,第173页。

③ 彭亚新主编,中共四川省委党史研究室编:《中共中央南方局的文化工作》,北京:中共党史出版社2009年版,第233页。

年1月29日召开成立大会,标志着美中科协的正式成立。美中科协的成立,开启了美国各地区域性科协的成立工作,开始为全美留美科协的最终成立铺设道路。

美中科协成立的筹备会由一些进步学生召集,于1948年底在芝加哥举行,参会的主要代表有葛庭燧、侯祥麟、计苏华、葛春霖、丁儆、涂光炽等。会议"决定在美国中西部组织'美中科协',开展一些活动,并与各地联系,推动各地区分会的成立,待条件成熟后再扩大为全美性质的科协组织。"①

侯祥麟作为匹兹堡的代表受邀参加了芝加哥的美中科协筹备会议。据侯祥麟回忆,在前往芝加哥参会前,他做了认真的准备,匹兹堡的一些进步留学生"议定了三条原则:一是不能成立中国科协美国分会,美国法律保证结社自由,但是外国的团体在美国成立分会,控制很严,中国科协不应去美国成立分会;二是成立组织不能关门。他们本来想成立一个政治上比较先进的团体,不欢迎落后的同学。先进同学不用动员就会回国,我们要团结动员中间同学,有的有顾虑,不敢回去,主要是团结这些同学,所以不能关门;三是短期内在芝加哥成立全国性组织有问题,动员的面不够广,应先成立局部的区域性组织。出席会议的除匹兹堡代表外,纽约、宾夕法尼亚都有代表参加。这三条,第一条好贯彻,不叫分会,叫'留美中国科学工作者协会'。第二条麻烦得很,争执不下,关门呼声很高,情绪激烈,去参加会的都比较先进,不愿开门,但最后在章程上写了,在宣言上还是比较左了一些。第三条也可以,决定成立中西部分会。"② 芝加哥的美中科协筹备会议之后,1949年1月16日,筹备会起草了美中科协章程草案,分寄各地征求意见,还专程去征求著名科学家华罗庚的意见。"③

---

① 全国政协暨北京、上海、天津、福建政协文史资料委员会编:《建国初期留学生归国纪事》,北京:中国文史出版社1999年版,第5页。
② 侯祥麟:《侯祥麟自述:我与石油有缘》,北京:石油工业出版社2012年版,第40—41页。
③ 全国政协暨北京、上海、天津、福建政协文史资料委员会编:《建国初期留学生归国纪事》,北京:中国文史出版社1999年版,第5页。

第三章 留美科协的发展及其影响

1949年1月29日,第一个区域性留美科协组织"美中科协"在芝加哥正式召开了成立大会,有来自伊利诺埃、威斯康星、密执安、印第安纳、明尼苏达等地的代表20余人参加了此次成立大会。会期1天,根据《美中科协通讯》第一期记载,1月29日上午的会议,来自各地的代表分别介绍了关于科学工作的经验,总的来讲:

> 在整理经验中,有许多感想是共同的,一个人提起来即得到大家的共鸣。第一,科学必须为人民大众谋福利,不然科学就失去了生命,科学工作者就失去了工作的意义。第二,科学和技术的发展完全决定于一个健全的进步的政治环境,一个封建的在帝国主义压迫下的中国不可能有辉煌的技术科学的成就,因此都热烈的盼望一个新中国的诞生,那就将是科学和工业的春天。第三,合作,大家不断的喊出这响亮的字眼,科学工作者必须合作,紧密的合作,清除一切英雄主义自私自大的毛病,努力学习,自我改造,服从真理的科学工作者是人民行列中的一支队伍。①

1月29日下午的会议,是大会的正式会议,讨论本次会议的核心问题,包括讨论会章、拟定工作、选举职员等大事。会议程序如下:筹备会代表报告了筹备经过,丁儆介绍了世界科协中国总会和各地分会的情形,选出了大会主席,随后展开讨论。讨论首先是对会章的讨论,第一个问题关于该组织的命名就引起了辩论:

> 本来,中国科协美国分会这名字最简单不过了,但是因为:一、分会这名字会引起其他麻烦;二、美东的会员们在今天亦在纽约同时开会,双方意见还未综合,在芝加哥这会至多不过代表美中西部的意见,全美组织尚待促成,立即就挂起美国这大招牌亦属不妥;三、名字牵连到将来工作的开展和组织的层次,不能不细细的考虑。经过一

---

① 《美中科协成立记》,载《美中科协通讯》,1949年第1期,第2页。

小时许的讨论,才决定用"留美中国科学工作者协会(美中区)"Assossiation of Chinese Scientific Workers in America (Midwest)。由这机构,一方面和美东美西朋友协力促成召开全美科协代表大会,组织全美总机构,到那时候,这机构就可取消了。①

大会通过了会章《留美中国科学工作者协会(美中会)章则》《我们的意见》和《留美中国科学工作者协会致留美科学工作者的信》。会章讨论之后,进行理事和监事的选举,选举过程中,候选人相继走出会场回避,最终选举出5位理事和3位监事,即由葛庭燧、陈立、丁瓒、冯平贯、葛春霖组成理事会,顾以健、刘静宜为候补理事;华罗庚、郭晓岚、雷树庄为监事,陈志德为候补监事。② 会议还决定成立农业机械、水利、油脂等学术小组。

会议到当晚9时许结束。当天正值中国农历新年,原定当晚举行的晚会因会议结束过晚而取消,但放了两个电影,大家同在中餐厅吃了新年团宴,共同庆祝美中科协的诞生。③ 中国科学工作者协会总会、上海分会、法国分会、中国学生联合会及科学时代月刊社等专门发贺电祝贺美中科协的成立。④

美中科协成立大会之后第二天1月30日,举办了"中国科学的前途和中国科学工作者应有的认识"座谈会,座谈会上提出了创办科协的态度:"一、有原则。章程中的宗旨和科学工作者宪章草案是我们的目标,我们有一定的努力方向;二、公开。我们把座谈会公开给任何人,任何赞同者均可加入;三、坦率。我们在宣布立场宗旨后,听任大家自由取舍。四、我们有具体的工作方案,我们相信这样做较好。"⑤ 这就表明了美中科协是

---

① 《美中科协成立记》,载《美中科协通讯》,1949年第1期,第2—3页。
② 傅琳:《留美科协成立始末》,载《北京党史研究》,1998年第2期,第41页。
③ 《美中科协成立记》,载《美中科协通讯》,1949年第1期,第3页。
④ 《贺电摘录》,载《美中科协通讯》,1949年第1期,第4、6页。
⑤ 《经验的报道》,载《美中科协通讯》,1949年第1期,第5页。

一个广泛吸纳科学技术工作者参加，并愿意听取各方意见的组织。

美中科协成立后，丁儆等人用刻版油印，共出版了3期《美中科协通讯》，分别是1949年2月、4月和6月，目前的研究之所以能还原美中科协的成立大会及后续发展情况，正是因为《美中科协通讯》的详细记载。

美中科协成立大会后，葛庭燧、侯祥麟等人还分别到美国其他地区推动成立留美科协的分会组织及各专业小组。侯祥麟于1月29日当晚带着大会决议飞赴纽约，参加美东科协的会议①，为全美留美科协的诞生做基础准备。

美中科协成立后，还推动各种专门性的科学技术小组的成立，最先成立的是油脂小组，《美中科协通讯》1949年第二期记载，到1949年4月，油脂小组已草拟出工作大纲，准备开展正式工作。其后成立的是数理小组。正在筹备成立的是科学方法小组、金属小组、水利小组、农业工程小组、药物化学小组等。② 小组成立并非易事，成员分散各地，但通过积极推动，到全美留美科协成立之时，已有19个科学技术小组。

（二）区域性留美科协组织的相继成立

美中科协成立的同时，美国东部地区的科学技术工作者也在积极联络，筹备成立美东科协。"由钱保功等人联络纽约州、匹兹堡及费城等地的积极分子，在纽约市哥伦比亚大学召开了有30多人参加的留美科技人员会议，以后即成为'留美科协纽约区会'的基础。"③

据钱保功回忆，"1948年下半年，随着国内形势的日益好转，我国在纽约的留美科技工作者的社会活动也逐渐活跃起来。"钱保功因长期从事科学民主活动，因此参与了留美科协的筹备工作。钱保功回忆，他与建社

---

① 《美中科协成立记》，载《美中科协通讯》，1949年第1期，第3页。
② 《这是春天——两月来综合报道》，载《美中科协通讯》，1949年第2期，第1页。
③ 全国政协暨北京、上海、天津、福建政协文史资料委员会编：《建国初期留学生归国纪事》，北京：中国文史出版社1999年版，第7页。

的薛葆鼎共同设法筹组留美科协，两人各有分工，一方面由薛葆鼎"在1948年冬回国经过美国各地时与建社人员打招呼，等待'留美科协'的发起消息"；另一方面，由钱保功"联络哥伦比亚大学中国留美学生会主席唐敖庆等人，发起筹组'留美科协'"。留美科协的首次筹备会于1948年冬，在哥伦比亚大学举行，与会者有二三十人。钱保功在会上"讲了发起的目的和意义，即团结广大的留美科技工作者，把所学到的最新科技知识带回祖国服务"。会上推举了唐敖庆（物化）、孙本旺（数学）、杨克勤（医学）、钱保功（化学）等人组成筹备小组①。由钱保功担任秘书，"负责纽约市内外的通讯联络工作"。钱保功回忆当时的主要工作包括三件事："一是趁1948年放寒假之际，亲自去费城联络了李恒德等人；并在1949年春返国路经芝加哥时，拜访了葛庭燧等人，以期扩大联络面，促进留美科协的早日组成。二是与国内'中国科协'的潘菽通讯，告知发起留美科协情况，以期取得支持。三是散发'留美学生通讯'。这是留学生中自发编印的油印刊物，材料主要来自香港文汇报，以向留学生介绍渴望了解的国内解放战争情况。"②

第一个留美科协分会美中科协成立后，随着留美科协分会组织的不断发展，到1949年4月，据《美中科协通讯》第二期记载，已经成立的科协分会有：芝加哥区会、安娜堡（Ann Arbor）区会、明城区会、爱荷华区会、纽约区会、费城区会、纽黑文的耶鲁区会等；正在筹备成立分会的有：伊利诺大学、普渡大学、印第安纳大学以及波士顿市、俄亥俄州的克利夫兰市和哥伦布市等。此外，科协会员还散布在美国西部的加利福尼亚州和华盛顿州、南部的得克萨斯州等地，他们也在积极联络，推动组织科协分会的成立。③

---

① 钱保功在文中指出筹备小组还有几位成员，但已忘记姓名。
② 钱保功：《"留美科协"发起经过》，载《中国科技史料》（第9卷），1988年第1期，第56页。
③ 《这是春天——两月来综合报道》，载《美中科协通讯》，1949年第2期，第1页。

安娜堡区会于1949年2月13日正式成立。安娜堡区会成立大会时，到会会员共14人，大会选举了曹锡华、李苾、陆卓如三位为理事，韩德馨等二人为监事。之后，又在复活节假期举行会议，并计划每周举行一次讨论会，讨论的主题如：检讨中国科学落后的原因，今后中国科学工作者应有之态度及道路，今后中国科学教育问题，科学大众化问题等。同时，由于安娜堡区会会员中物理专业的学生较多，还推动成立了物理小组。① 安娜堡区会5月2日召开座谈会，研讨"中国科学落后的原因"。②

芝加哥区会于1949年2月27日正式成立。美中科协成立大会第二天举办了"中国科学的前途和中国科学工作者应有的认识"座谈会，广泛邀请了在芝加哥学习的中国学生参加，并向他们介绍了科协，这些学生中的一些人随后加入了科协的芝加哥区会，到2月底，芝加哥区会已达30人。2月27日，芝加哥区会正式召开了成立大会，选出干事冯平贯、陈符琁、徐贤修三人负责会务。会务包括两方面内容：一是与芝加哥中国同学座谈会联合举行讨论会，讨论主题如中国工业化问题等；二是与伊利诺伊理工大学同学会合作参观工厂等。③ 芝加哥区会5月27日与科学方法小组举行联合座谈会，讨论形式逻辑、唯物辩证法的性质功能等问题。④

爱荷华区会也于1949年2月27日正式成立。成立大会上到会10余人，大会决定：一是选举出一名通讯员负责对外联络，其他工作则每月由两名会员轮流负责；二是每周举行一次聚会，对会务工作、学术研究等相互交换意见；三是会员自行购买的书报杂志等，除相互交换阅读外，并存放在学校阅览室，供会外同学阅读；四是定期举行专题座谈会；五是利用

---

① 《区会消息——Ann Arbor区会》，载《美中科协通讯》，1949年第2期，第2页。

② 《区会动态——安娜堡区会》，载《美中科协通讯》，1949年第3期，第4页。

③ 《区会消息——芝加哥区会》，载《美中科协通讯》，1949年第2期，第2页。

④ 《区会动态——芝加哥区会》，载《美中科协通讯》，1949年第3期，第4页。

假期集体参观工厂。爱荷华区会于3月20日举行了第一次专题座谈会,面向爱荷华大学全体理工科中国学生,题为"中国科学之过去与未来",会上讨论气氛热烈。①

明尼阿波利斯区会于1949年3月18日正式成立。大会选出主席许如琛,胡伦积负责对外交流,李本汉负责学术。3月25日,该区会组织会员参观明尼苏达大学农学院,并放映关于农艺及除虫等技术的电影。②

耶鲁区会也于1949年3月19日正式成立。3月18日举行第一次座谈会,届时大家对科协还较为陌生,但大家都一致赞成科协的宗旨,即为了交换经验,增进认识,促进科学技术的合理运用,因此决定在第二天3月19日召开耶鲁区会成立大会。耶鲁大学共65位中国学生,耶鲁区会成立之时参加的有11人。成立大会通过了区会会章,选出干事邬劲旅、朱福华、陈能宽、刘有照、陶学祁5人,并决定每月集会一次,介绍研究心得、进行专题讨论等活动。③

费城区会于1949年3月19日正式成立。费城区会正式成立前,2月28日专门召开了一次正式筹备会议。后于3月19日召开成立大会,会上讨论了会章,选举理事,张治道、马骥、陈立、劳远琇、李恒德5人当选。3月26日请陈瀚笙教授做了演讲,题为"用科学的观点来看这个社会的演变"。区会活动围绕参观、讨论、演讲等展开。④

纽约区会于1949年4月2日正式成立。成立大会在哥伦比亚大学召开,会员有35人,大会选出理事和监事,理事会成员有常务张燧逊⑤、文

---

① 《区会消息——爱我华区会》,载《美中科协通讯》,1949年第2期,第3页。

② 《区会消息——Minneapolis 区会》,载《美中科协通讯》,1949年第2期,第2页。

③ 《区会消息——耶鲁区会》,载《美中科协通讯》,1949年第2期,第3页。

④ 《区会消息——Philadelphia 区会》,载《美中科协通讯》,1949年第2期,第2页。

⑤ 因文献为手写影印,该名字字迹不清,根据字迹推测其写法,尚待确认。

书钱保功、会计孙绍谦、出版孙本旺、联络郑鸿、后补理事唐敖庆、盛祖嘉、向仁生,监事会成员有监事张文裕、黄葆同、茅于宽,后补监事郑卫汉馨、王天眷。大会决定,推动成立数理小组,定期郊游,定期举办座谈会等。① 纽约区会5月28日举行座谈会讨论中国医药问题。②

普渡大学区会于1949年4月29日正式成立。普渡大学当时以工程学科闻名,在普渡大学学习工程的中国学生大约有四五十名。区会在4月初开始筹备,4月29日正式成立,推选洪朝生、屠振权、王积涛3人负责会务。③

伊利诺伊大学区会于1949年5月13日正式成立。会员15人,选举刘静宜、张伯毅、陈志德3人为干事,拟于6月初举行第一次座谈会讨论新民主主义。④

俄亥俄州区会于1949年5月20日正式成立。会员10余人,选出周坚、杨纪柯、严忠铎等3人为理事,积极推动会务。⑤

西雅图区会于1949年5月20日正式成立。选出屠鸿远、蒋锡夔、王业蘧3人任总务、学术及联络。⑥

印第安纳区会,有理工医科中国同学共6人,由何炳林负责联络。⑦

---

① 《区会消息——纽约区会》,载《美中科协通讯》,1949年第2期,第3页。

② 《区会动态——纽约区会》,载《美中科协通讯》,1949年第3期,第4页。

③ 《区会动态——普渡大学区会》,载《美中科协通讯》,1949年第3期,第4页。

④ 《区会动态——伊利诺大学区会》,载《美中科协通讯》,1949年第3期,第4页。

⑤ 《区会动态——俄亥俄州区会》,载《美中科协通讯》,1949年第3期,第4页。

⑥ 《区会动态——西雅图区会》,载《美中科协通讯》,1949年第3期,第4页。

⑦ 《区会动态——印第安纳大学区会》,载《美中科协通讯》,1949年第3期,第4页。

何炳林回忆，留美科协在印第安纳成立了一个小组，何炳林担任负责人，戴广亵、陈荣悌都是留美科协印第安纳小组的成员。①

明尼苏达区会于1949年5月21日举行第二次会议，增选干事2人，会后参观地质系。该区会已成立四个学术小组，分别是农经、遗传、细菌学和地质。②

1949年4月第二期《美中科协通讯》记载，拟于暑假期间召开留美科协代表大会，产生正式的美国分会，并向各地会员征集意见，联络人为葛庭燧和冯平贯，并提供了邮寄联络地址。同时，为了在全美代表大会召开之时油印出各地会员通讯录，要求各地区分会邮寄会员名单，并提供会员地址、学科、姓名等信息。联络人为丁儆。③

1949年6月的《美中科协通讯》刊登了留美科协代表大会通告，即召开全美留美科协成立大会的通知：④

一、时间

六月十八日十九日（星期六及星期日）

二、地点

匹兹堡（Pittsburgh, PA），会场另行通知

三、出席者

（一）各区会派代表出席，人数不拘，每一区会之代表为一投票表决单位，其所投票数等于其会员数。区会如因事实上困难不能派代表出席，得委托代表出席。

（二）其他会员个人皆得以会员资格出席，行使所有开会权利，

---

① 何炳林、陈茹玉口述：《与化学的不解之缘》，见王德禄等：《1950年代归国留美科学家访谈录》，湖南教育出版社，2013年，第321页。

② 《区会动态——明尼苏达区会》，载《美中科协通讯》，1949年第3期，第4页。

③ 《理事会通告》，载《美中科协通讯》，1949年第2期，第6页。

④ 《留美科协代表大会通告》，载《美中科协通讯》，1949年第3期，第7页。

其所投票数为一票。

(三) 不属区会会员不能出席者得委托出席会员行使开会权利或自派代表出席。

四、程序

待参观工厂等接洽定后另再通知。

五、提案

请于六月十日前寄达理事会。

六、住宿

出席者如需在匹兹堡预定房间，请直接函告张朝林先生或朱其昌先生。

三、全美留美科协的成立及发展

1949年2月至6月间，各地区分会已发展至13个，会员340人。成立全美性质的科协团体条件基本成熟。到1949年6月，全美科协在国内时局已定的情况下应运而生。留美科协成立的目的，是为了团结留美中国学生学者，鼓励和动员他们回到新中国，"不只是帮助那些想回国的会员，给他们提供服务，也要动员非会员回国"。[①]

(一) 全美留美科协的成立

留美科协是于1949年6月18日在美国正式成立的中国留学生组织，全称为"留美中国科学工作者协会"，英文名称为 Association of Chinese Scientific Workers in U.S.A.。留美科协实际上是中国科学工作者协会在美国的分会。

关于"留美科协"的名称，当时为了避免美国法律的限制所带来的麻

---

① 侯祥麟口述：《受党派遣赴美留学》，见王德禄等：《1950年代归国留美科学家访谈录》，长沙：湖南教育出版社2013年版，第11页。

烦，将名称定为"留美中国科学工作者协会"，在名称中不显示其与中国科协实际的主分会关系，在美对外宣称为一个单纯的中国学生组织，以便于开展工作。1938年美国实施的《外国代理人登记法》（Foreign Agents Registration Act）规定，任何受外国政府控制，或接受其指示的个人和组织必须在美国司法部注册，披露其所代理的外国主体，并定期公布他们的活动及支持这些活动的收支。据梅祖彦回忆："1949年夏天，中国留学生要在美国成立一个组织，原本打算取名为中国科协美国分会，可是外国人在美国登记一个团体的分会，办手续非常繁琐，更何况那时候美国对中国的态度发生了转变，管中国人叫'Red-China'。中国人可以在美国成立一个学生协会，但是不可以成立中国科协的分会。所以这个组织最终取名为留美科协。"①

据余国琮回忆："留美科协成立半年前，刘叔仪和丁儆一直忙碌着筹备。我跟刘叔仪很熟悉，他写信告诉我要成立留美科协，想找个地方，问我在匹兹堡大学行不行，我说行，你来吧。因为当时开会的地点不好找，就定在了我们学校。当时我作为该校助理教授，以为学生补课的名义，借用了学校主楼的一个大教室。"② 因此，留美科协成立大会在匹兹堡召开。

到1949年国内战局逐渐明朗，全美范围内的留美科协应运而生。1949年6月18日，全美的留美科协在匹兹堡举行成立大会，会上通过了宣言《我们的信念和行动》：

宣言：我们的信念和行动

中国科学工作者协会在美的会员于本年初发起成立留美分会，一月底首先在芝加哥成立区会。到五月底，全美各地东自纽约西至西雅图成立共十三个区会。会员人数由数十人发展到三百四十余人。于是

---

① 梅祖彦口述：《两封联合签名信》，见王德禄等：《1950年代归国留美科学家访谈录》，长沙：湖南教育出版社2013年版，第154页。

② 余国琮口述：《从中央工业试验所到匹兹堡大学》，见王德禄等：《1950年代归国留美科学家访谈录》，长沙：湖南教育出版社2013年版，第49页。

第三章　留美科协的发展及其影响

在六月十八十九两日在匹兹堡举行全美代表大会，正式成立留美中国科学工作者协会，讨论章程，确定组织，规划将来的工作。在大会中重申了我们作为科学工作者共同的信念。

我们认为，科学的发展完全决定于整个社会环境，没有健全的进步的社会环境，亦就不可能有壮大的科学。过去百年来，科学在中国一直受着封建势力的阻挡和帝国主义的压迫。科学的幼苗，被这双重桎梏所窒息，始终没有得到发展的机会。因此，惟有从半封建半殖民地的社会中解放出来，科学在中国才能有长足的进步！

我们认为，科学必须深入人民的生活，为人民的福利而工作，才有广大的前途。科学不能和人民相隔离。一旦分离，就会走入学院主义的错误路线，成为有关阶级的点缀品。同时，也只有人民能够享受到科学创造的果实，才是科学工作者真正的目标。

我们认为，惟有在科学工作者的通力合作中，才能加速科学的进展，过去，文人相轻，同行嫉妒，正表示了知识分子的缺点，也间接影响了科学的发展。今后惟有从集体学习集体行动中才能加速达成建设新中国的任务。

从上面这些基本认识中，我们确定了行动的方向和途径：

我们在许多地区成立了区会，使当地的会员能集合在一起，互相交换知识，讨论问题，用集体检讨自我批评的方式，加强合作的观点，铲除自私的习性。

我们建立了许多技术小组讨论专门性的技术问题，使每个人都能把握住自己的岗位，加深自己的学习。同时分工合作，以为回国工作的准备。

我们设立了各种工作委员会，举办各种具体的工作，像科学工作人员的调查，科学技术资料的收集和会员福利等事项。用集体的力量解决共同的问题。

最后，我们认为中国人民的革命战争已经接近彻底的胜利，新中国的全面建设即将开始。因此，每个科学工作者都有了更迫切的使命和真正服务人民大众的机会，这是我们千载难逢的良机，也是我们这一代中青年科学工作者无可旁卸的责任。我们应该努力加紧学习，提早回国，参加建设新中国的行列！①

留美科协的总目标是为争取团结更多的留学生回国，为发展中国科学技术而努力。因此《宣告》郑重地向留美学人发出归国号召，动员留美学人提早回国，早日加入建设新中国的行列。

从《留美中国科学工作者协会章程》中也可以看到，留美科协的办会宗旨非常明确，就是为了联络中国科学工作者致力科学建国工作，促进科学技术之合理运用，争取科学工作条件之改善及科学工作者生活之保障。章程如下：

留美中国科学工作者协会章程

（1949年6月19日第一次代表大会通过）

第一章　总则

（一）本会定名为留美中国科协工作者协会，Association of Chinese Scientific Workers in U. S. A.

（二）本会宗旨为

1. 联络中国科学工作者致力科学建国工作

2. 促进科学技术之合理运用

3. 争取科学工作条件之改善及科学工作者生活之保障

（三）在会员三人以上之地区得依照上述宗旨设立本会区会，但其组织章程则可按各地情形自行制定之

第二章　会员

（四）在美实际从事科学技术之学习或研究工作者，赞同本会宗旨，由本会会员二人介绍，经理事会通过，在履行入会手续后，得为本会会员

---

① 《宣言：我们的信念和行动》，载《留美科协通讯》，1949年第1期，第2页。

(五) 本会会员入会手续为：

1. 填具会员入会登记表；

2. 缴纳入会费

(六) 凡本会会员均有发言权、表决权、选举权、复决权、罢免权及其他应享之权利

(七) 本会会员应有遵守会章、执行决议、缴纳会费及协助推进会务之义务

第三章　组织

(八) 本会以会员代表大会为最高权力机关，代表之产生以区会为单位，区会会员在十人以下者选派代表一人，会员在十一人至二十人者选派代表二人，以此类推

(九) 本会设理事九人，候补理事三人，监事三人，候补监事二人，分别组织理事会和监事会，并各选举常务理事及常务监事一人

(十) 本会理监事均由全体会员通讯票选之，其候选人由各区会提交理事会，但非候选人亦得被选

(十一) 理监事任期均为一年，连选得连任一次

(十二) 本会理事会下设干事五人，候补干事三人，以执行代表大会及理事会之决议案，干事由代表大会推选，其召集人由干事互推

(十三) 本会得视事实上之需要，设置各种委员会，其人选由代表大会或理事会选任之

第四章　职权

(十四) 本会会员代表大会之职权如左

1. 审议理事会及监事会之会务报告

2. 通过或修改本会总章及其他章则

3. 审核本会预算

4. 选任干事

5. 办理选举或罢免理监事

6. 其他重要事项之决定

(十五) 理事会之职权如左

1. 在代表大会闭会期间代行前条第六款之职权
2. 召集会员代表大会
3. 审核会员入会事项
4. 计划工作大纲
5. 编制预算
6. 草拟各种章程及办事细则
7. 经办监事会移付执行案件

(十六) 监事会之职权如左

1. 监督会员义务之履行及会务之进行
2. 稽核财务
3. 办理其他有关监察事项

第五章 会议

(十七) 本会会员代表大会每年应举行一次，必要时得举行临时会

(十八) 本会理事会及监事会每三个月举行一次，必要时可用通讯方式商议表决方案

第六章 经费

(十九) 本会入会费为美金一元

第七章 附则

(二十) 其他各项规章及办事细则另订之

(二十一) 本章程如有未尽事宜，得由会员十人以上提请会员代表大会决议修正之

(二十二) 本章程经会员代表大会通过后施行①

留美科协自成立时就根据学科分设了不同的学术小组。《留美中国科学工作者协会章程》后的附录列出了留美科协学术小组和工会委员会的名

---

① 《留美中国科学工作者协会章程》，载《中国科技史料》，2000年第1期，第92—94页。

单。留美科协根据不同的学科领域将会员分为19个方面的学术小组，每个小组分别有一位联络人，分别是：水利小组（刘善健）、金属小组（颜鸣皋）、油脂小组（张雄谋）、动力工程小组（商善最、彭兆元）、陶瓷小组（朱谱康、刘联宝）、药物化学小组（屠振权）、农经小组（贾文林、王曾壮）、土木小组（刘心宽）、电工小组（吴鸿适）、医药小组（孙绍谦）、工具小组（赵佩之、胡国澄）、燃料小组（吴人楷）、地质小组（涂光炽、余伯良）、造纸小组（张驷祥）、石油小组（汪稼耕）、制糖小组（杨倬）、物理化学小组（唐有祺）、数理小组（曹锡华）、物理小组（周世勋）。① 工会委员会负责6个方面的具体工作，每个方面有一位联络人，分别是：出版（李恒德）、资料（冯平贯）、调查（洪朝生）、福利（朱其昌）、小组（吴兆苏）、会员（彭兆元）。其中，"学术小组按专业开展学术活动，翻译书籍，收集资料，进行专题座谈和研究，筹办编辑出版等工作。"② 而工会委员会则负责留美科协日常运转相关的具体行政工作。

据侯祥麟回忆，留美科协在匹兹堡召开成立大会时，会长人选一时未能选定，"有代表提出，理事会应由全体代表选举，经过商量，决定先选一个'干事会'做工作，然后再由全体会员通信选理事会。"③ 干事会共有5位干事，侯祥麟为常务干事，负责日常具体工作，并负责发通知请会员选理事监事。因此，根据《留美中国科学工作者协会章程》，1949年9月30日，留美科协首届理监事通讯选举结束，共收到209张有效选票，选举结果在纽约开票公布，选举结果如下：理事：华罗庚、侯祥麟、冯平贯、洪朝生、孙绍谦、张文裕、许如琛、丁儆、余国琮。④ 候补理事：李树青、周世勋、徐贤修。监事：赵佩之、洪朝生、颜鸣皋。候补监事：

---

① 学术小组的成立及其活动在本书第三章第三节中将进行详细的介绍。
② 傅琳：《留美科协成立始末》，载《北京党史研究》，1998年第2期，第42—43页。
③ 侯祥麟：《侯祥麟自述：我与石油有缘》，北京：石油工业出版社2012年版，第44—45页。
④ 按照得票数，孙本旺也当选为理事但未列入理事名单，因他已回国，由票数次多者候补。

唐敖庆、钱存训、潘绍周。① 侯祥麟将选举结果、当选人、票数等通知会员。

留美科协干事会第一次会议于1949年7月9日在纽约举行。出席人有孙绍谦、陈能宽、黄葆同、颜鸣皋、茅于宽。侯祥麟、杜庆华、吕保维未能出席，但提供了书面意见。此次干事会议决事项有：

一、职务分配

常务干事：侯祥麟。负责召集开会，对外代表本会并负责与国内联络。

副常务干事：孙绍谦。会同执行常务干事任务。

文书干事：杜庆华、吕保维。

财务干事：孙绍谦。

工作委员会之推动及联络：陈能宽、颜鸣皋。

联络干事：对国内：侯祥麟。对在美中外学术团体：杜庆华。

宣传干事：孙绍谦。

二、委已回国会员葛春霖教授代表本会参加全国科学会议。

三、各区会理监事候选人提名定于8月15日截止，理监事选举定于9月15日截止收票。

四、催缴各区会会员入会费——每人一元。

五、编制本年度财务预算。各工作委员会、各区会应制定预算案，由财务干事征询编制。其不足元数酌向各会员自由募捐。

六、由常务干事制订本会戳。

七、由本会聘请已回国或即将回国会员为国内通讯员以便加强联络。

八、干事会于7月9日正式宣布就职。②

---

① 《第一届理监事选举揭晓》，载《留美科协通讯》，1949年第3期，第1页。
② 《留美科协干事会第一次会议》，载《留美科协通讯》，第1949年第1期，第7页。

干事会第一次会议还发布了干事会通告：

第一号：依本会会章第五条，会员须填具入会登记表及缴纳会费方为完成入会手续。凡尚未完成手续者，希即请向区会办理；其在未有区会地区，可直向干事会办理。

第二号：各学术小组负责人请即与干事会取得联络。

第三号：本会会章第三条规定，在三人以上之地区即得成立区会，希尚未成立区会会员，积极筹备以便能早日成立区会。

第四号：根据第一次代表大会决议案，理监事候选人由各区会自全美会员中提出。每区会提监事候选人一名，区会会员在十人以下者提理事候选人一名，会员在十一至二十人者提二名，以此类推。理监事候选人提名事，请各区会积亟办理。①

留美科协的会员身份是多元化的，并不局限于中共党员，也不局限于科技领域的留美学人。一方面，留美科协的会员不仅仅是中共党员，更多会员并非中共党员，留美科协的发起人、负责人也并不全是中共党员，很多非党员承担着协会的负责工作，协助留美科协的日常运转。不论是否中共党员，他们都心怀国家，期盼以自身所学为祖国的科技事业建功立业。另一方面，"留美科协"顾名思义，是以科技工作者为主的协会，也是以发展科学技术事业为目的的协会组织，因此参加留美科协的中国留学生多数是学习理、工、农、医等自然科学的留学生，他们也正是新中国最亟须的人才，也是留美科协争取和动员的主要对象。但也有少数人文社会科学的留美学人加入留美科协，他们对国家发展同样具有重要的作用和意义，也是留美科协争取和动员的对象。

---

① 《干事会通告（7月9日）》，载《留美科协通讯》，1949年第1期，第8页。

（二）留美科协各地区分会的发展

留美科协成立后，在美国各地陆续又成立了许多地区性分会，在全美各地组织中国留学生参加科协的活动，大家经常就关心的归国问题进行热烈的讨论，为有回国计划的同学提供精神上的支持和实际的帮助，同时动员和鼓励其他同学加入回国的行列，使他们对新中国产生认同感，消除他们在归国问题上的一些顾虑。"据留美科协统计，1949 年 6 月，有区会 13 个，会员 340 人；到 8 月，有区会 19 个，会员 410 人；1950 年 3 月，区会发展到 32 个（几乎遍及全美主要地区），会员 718 人；至 9 月留美科协解散时，会员已达到 800 多人。"①

留美科协成立大会之后，在美国各地区陆续成立了新的地区性分会，包括滨州大学区会、海湾区会（旧金山）、犹他区会、麦迪逊区会、克利夫兰区会②等。

犹他区会于 1949 年 7 月 1 日晚在盐湖城成立，到会 10 人。当天制定会章并选出正副两位干事。工作方面除经常交换阅读书报外，并于每周末举行座谈会一次，第一次谈"所谓留学政策"，第二次谈"理论与实际配合的问题"，第三次谈"集体学习"。开座谈会的时候，每次两个人主持，一人记录，主讲人做结论并整理，视内容而定发表与否。讨论都很有意思，不仅学自然科学的会员与非会员都来参加了，有学社会科学的同学也来参加。每次虽谈得面红耳赤，可是大家都觉得每次相互间多通了一点。③

克利夫兰区会于 1949 年 7 月成立，成立时会员 7 人，会务由周乃光、李芳兰、黄茂光 3 人负责。④

---

① 傅琳：《留美科协成立始末》，载《北京党史研究》，1998 年第 2 期，第 42 页。
② 《区会来鸿》，载《留美科协通讯》，1949 年第 1 期，第 1 页。
③ 《会·会员·会务——犹他区会》，载《留美科协通讯》，1949 年第 2 期，第 9 页。
④ 《会·会员·会务——克利夫兰区会》，载《留美科协通讯》，1949 年第 2 期，第 9 页。

第三章 留美科协的发展及其影响

威斯康辛区会于1949年7月16日召开成立大会,到会会员16人。当日讨论"中国科学工作者在建设过程中应有之准备",欢迎当地中国同学参加,到会30余人。订每两周举行座谈会一次。①

滨州大学区会于1949年7月4日正式成立。区会正式成立前,6月10日成立了筹备会,有17人签名参加,成为科协会员,占滨州大学中国学生的70%,其中有3位参加了留美科协在匹兹堡的成立大会。7月4日筹备会召开第三次会议,正式成立滨州大学区会,选出孙守全、杜连耀、刘联宝三位为负责人,并决定以后每两周举行一次讨论会,题目如"新民主主义及有关工商之政策"等②。

麦迪逊区会于1949年7月15日举行成立大会。截至7月5日,参加者有10人。③

哥伦布区会于1949年7月3日在郊外野餐,由赴匹城开会的代表报告大会情形,并针对国内建社情形作非正式之座谈。8月5日就今后区会中心事宜开会讨论。④

爱荷华州区会于1949年10月中旬成立,成立之时会员十七八人,每两周举行讨论会一次,讨论内容包括祖国建设问题及各种专门题材。⑤

堪萨斯区会于1949年9月15日正式成立。⑥ 印第安纳区会于10月13

---

① 《会·会员·会务——威斯康辛区会》,载《留美科协通讯》,1949年第2期,第9页。
② 《区会来鸿——Penn. State College 区会》,载《留美科协通讯》,1949年第1期,第5页。
③ 《区会来鸿——麦迪逊区会》,载《留美科协通讯》,1949年第1期,第5页。
④ 《会·会员·会务——哥伦布区会》,载《留美科协通讯》,1949年第2期,第9页。
⑤ 《区会新闻——Iowa State College 新区会成立》,载《留美科协通讯》,1949年第3期,第2页。
⑥ 《区会新闻——Kansas 新区会成立》,载《留美科协通讯》,1949年第3期,第2页。

日正式成立。①

全美留美科协成立之前就已存在的各地区分会,在全美留美科协成立之后,继续发挥着各自的作用。

芝加哥区会自 1949 年 2 月 27 日成立后,至 7 月,芝加哥区会已有 32 人。区会的工作偏重于举办座谈会,座谈会的特点有二:一是常与其他团体联合举行,二是常与其他区会交换主讲人。区会还拟举行一组专题讨论会以交换科学各领域之知识,尤其注重各领域间之关系及每一领域在整个科学及社会中之功能,故注重方向与普通内涵之学术演讲不同。此外拟于中西部各区会举行联欢会。②

爱荷华区会在 2 月 27 日成立之后,每周有一次聚会,各部门轮流作学术介绍,讨论如何与新中国建设工作相配合。针对会外的同学,则每一到两个月举行专题讨论一次。一方面将科协向会外介绍,另一方面是集合当地各部门的中国学生对新中国的建设普遍地交换一些意见。③ 王启东回忆,留美科协在爱荷华也有分会,丁儆是负责联系的,侯祥麟是领导人。受留美科协影响,王启东做完博士论文,还未等学校召开毕业典礼颁发博士学位就马上回国了。④

费城区会在 3 月 19 日成立之后,7 月 9 日召开座谈会,此次座谈会发展新会员 3 名,会上报告了全美留美科协成立大会的情况,并讨论了中国的医药问题,提出 4 点意见:一是应采取公医制度;二是大量训练医药人员(并提出具体办法);三是普及医药常识教育;四是医生应摆脱架子,

---

① 《区会新闻——Indiana 新区会成立》,载《留美科协通讯》,1949 年第 3 期,第 2 页。

② 《区会来鸿——芝加哥区会》,载《留美科协通讯》,1949 年第 1 期,第 5 页。

③ 《区会来鸿——爱我华区会》,载《留美科协通讯》,1949 年第 1 期,第 5 页。

④ 王启东口述:《父亲说"中国人要为中国做事"》,见王德禄等:《1950 年代归国留美科学家访谈录》,长沙:湖南教育出版社,2013 年,第 90 页。

加强耐心，设法和病人多接近，使病人不要怕进医院，怕见医生。①

匹兹堡区会于1949年5月29日正式成立。到7月已有会员18人，负责人为余国琮、申葆成、朱淇昌三人。该区会自成立之后，所进行的工作主要是全美留美科协的筹备事宜，区会本身的工作则在全美留美科协成立大会之后才逐渐展开。②

波士顿区会于6月12日正式成立。区会成立的筹备会于5月成立，召开过3次座谈会，讨论科学工作者与政治的关系，及新中国的学术自由及生产建设等问题。区会6月12日成立后，决定每两周召开座谈会一次，自7月10日起，座谈会将由区会各学术小组轮流负责，讨论各学术部门在新中国建设中之地位，以及在美学习如何能配合国内建社之需要等。③

普渡区会，截至1949年7月，会员共24人，占当地全体中国同学的一半，曾举行座谈会数次，讨论对中国时局的看法，大家意见大致相同，对新中国都有信心，对科协的方向都甚为满意。6月初座谈中国工业化的经济问题，并讨论调查工作进行的具体办法。④ 王守武回忆，他在普渡大学时参加了留美科协设立的普渡分会，"留美科协主要是介绍国内的一些情况，动员、帮助中国留学生回国参加建设，我也是受了他们的影响才回国的"⑤。

纽约区会于7月9日举行座谈会，报告全面留美科协成立大会的情况，同时讨论了科协对政治问题应持的态度。讨论的中心问题有二：一是科协

---

① 《区会来鸿——费城区会》，载《留美科协通讯》，1949年第1期，第5页。
② 《区会来鸿——匹兹堡区会》，载《留美科协通讯》，1949年第1期，第5页。
③ 《区会来鸿——波士顿区会》，载《留美科协通讯》，1949年第1期，第5页。
④ 《区会来鸿——普渡区会》，载《留美科协通讯》，1949年第1期，第5页。
⑤ 王守武口述：《以难民身份回国》，见王德禄等：《1950年代归国留美科学家访谈录》，长沙：湖南教育出版社，2013年，第59页。

组织内是否应该讨论政治问题,大家都同意讨论;二是区会是否可以以新民主主义作讨论题目,大家投票表达了自己的意见,其中1票反对,3票弃权,其他人都表示赞同,因为新民主主义运动在国内巨大的成就使人们有了去了解它的强烈要求。①

虞福春的夫人田曰灵是留美科协俄亥俄区会的负责人,虞福春回忆,"当时俄亥俄州立大学不允许我们在校园里开会,我们只能在户外草地上开,校卫队知道后,派人把我们赶走。"② 当时留美科协动员中国学生加入,并召开了几次会议,"主要是希望大家好好学习,学成后回国,为祖国服务。后来有些人毕业回国了,有些人没有回来。"③ 据虞福春和田曰灵的女儿虞英提供的资料,冯平贯发起成立留美科协之时,找到田曰灵,提出在俄亥俄州哥伦布城成立留美科协分会,后由冯平贯、田曰灵和虞福春三人作为发起人成立哥城留美科协,田曰灵刻写了发起信,借中国学生会的名义召开了全体会议,并把信分发给中国留学生,哥城大概一半中国留学生参加了会议。由于当时留美科协未在学校登记,因此不能借用学校房间开会,因此这次会议是在田曰灵家里召开的。留美科协俄亥俄分会成立后,召开过一些小规模的会议,组织大家一起游玩等。④ "后来确实有很多人回国了。留美科协的成员回国后有很多人在重要岗位上工作,有几个人现在是电子工业部的领导。"⑤

从1950年5月登记的《留美中国科学工作者协会会员名录》也可以

---

① 《区会来鸿——纽约区会》,载《留美科协通讯》,1949年第1期,第8页。

② 虞福春、田曰灵口述:《留学俄亥俄州立大学的夫妻》,见王德禄等:《1950年代归国留美科学家访谈录》,长沙:湖南教育出版社2013年版,第121页。

③ 虞福春、田曰灵口述:《留学俄亥俄州立大学的夫妻》,见王德禄等:《1950年代归国留美科学家访谈录》,长沙:湖南教育出版社2013年版,第123页。

④ 虞福春、田曰灵口述:《留学俄亥俄州立大学的夫妻》,见王德禄等:《1950年代归国留美科学家访谈录》,长沙:湖南教育出版社2013年版,第128—129页。

⑤ 虞福春、田曰灵口述:《留学俄亥俄州立大学的夫妻》,见王德禄等:《1950年代归国留美科学家访谈录》,长沙:湖南教育出版社2013年版,第123页。

看到,留美科协解散前共有32个区会,分布在美国各高校和地区,从会员名单看,会员人数达714人。32个区会分别是:布莱克堡(Blacksburgh)、波士顿(Boston)、芝加哥(Chicago)、克利夫兰(Cleveland)、科罗拉多(Colorado)、哥伦比亚(Columbia)、哥伦布(Columbus)、康奈尔(Cornell)、乔治亚(Georgia)、印第安那(Indiana)、衣荷华城(Iowa City)、衣荷华州(Iowa State)、堪萨斯(Kansas)、洛杉矶(Los Angeles)、路易斯安那(Louisiana)、密歇根(Michigan)、明尼苏达(Minnesota)、纽约(New York)、俄勒冈(Oregon)、宾州(Penn. State)、费城(Philadelphia)、匹兹堡(Pittsburgh)、普渡(Purdue)、罗列(Raleigh)、旧金山(San Francisco)、西雅图(Seattle)、圣路易斯(St. Louis)、斯坦福(Stanfortd)、厄巴纳(Urbana)、犹他(Utah)、威斯康星(Wisconsin)、耶鲁(Yale)。[①]

四、留美科协的中心任务和主要活动

成立留美科协的中心任务是团结和动员留美学人归国,参加新中国的建设。早在美中科协成立之后,团结和动员留美学人归国的工作就已逐渐展开,留美科协成立大会之后,这一工作则更广泛地在全美展开,主要通过召集留美学人举行集体活动、宣传国内来信、建立学术小组等形式展开。

(一)学术小组的建立及活动

留美科协成立了众多学术性质的专业小组,以相同及相近的专业为基础构建留美学人中的学术团体,以促进科学技术的深度交流为目的,更好地提升专业素养,以期在未来回国后为祖国建设更好地服务。留美科协对小组的定位是:"小组是一种横的组织,以科学技术中的任何一种门类为

[①] 《留美中国科学工作者协会会员名录》,载《中国科技史料》,2000年第1期,第26—33页。

主题,集合各地会员中对这一门有兴趣的朋友,作专门性的讨论,因此,小组不属于区会之内,而类似于小型的学会;但却要求更密切、更有机的配合,向这门科学或技术挖掘。"① 美中科协成立后,在留美学人群体中,就逐渐形成了一些学术小组。留美科协成立大会之后,已有的学术小组继续推进工作,同时,又成立起一些新的学术小组。

油脂小组是成立最早的一个学术小组,之所以取名油脂小组,是因为这个小组"网罗了农艺(油脂植物的种植栽培)、化学(油脂性质的鉴定和研究)、化工(油脂的加工制造)和工业经济管理等各方面对这有兴趣的朋友。他们准备一方面研究中国油脂业的情形,如油脂产量、种类、外销、技术设备等,同时,学习美国的新技术。"② 小组内的成员来自美国不同的地区,沟通相对困难,因此油脂小组采取的是沟通方式是"循环通信",即"每人提出其学习对象,提出问题,提出者先将问题说明,并整理报告这方面已有的材料,寄其他组员讨论补充,原发信者最后收集整理印出,分寄全体。同时尽量收集资料,以备将来带回中国。可能时并拟集会讨论。"③ 此外,小组在条件允许的情况下,可以组织共同参观工厂,接洽实习等活动。油脂小组的联络人为黄葆同和施成昌。油脂小组的第一次讨论由黄葆同会员就"柏树—柏油—青油"为题做了介绍,并寄附样品,提出问题供大家讨论。中国应如何采取新式炼油方法,改良油质,增加产品,并出口换取外汇,颇值得研究。④

数理小组在纽约成立,每周四下午 8 点在唐敖庆处举行活动,联络人为钱保功。⑤

------

① 《小组报道》,载《美中科协通讯》,1949 年第 2 期,第 4 页。
② 《小组报道——油脂小组》,载《美中科协通讯》,1949 年第 2 期,第 4 页。
③ 《小组报道——油脂小组》,载《美中科协通讯》,1949 年第 2 期,第 4 页。
④ 《油脂小组》,载《留美科协通讯》,1949 年第 1 期,第 8 页。
⑤ 《小组报道——数理小组》,载《美中科协通讯》,1949 年第 2 期,第 4 页。

科学方法小组筹备在1949年4月底在芝加哥成立,联络人有葛春霖、葛庭燧等。之所以成立科学方法小组,是因为"在动乱的中国社会中,稍有认识的青年都深刻感觉,要具体地认识急剧变化发展的现实,要切实地把握实践的路线,正确的思维方法是绝对不可少的。成立科学方法小组的目的即是用共同讨论与集体学习的方式,以求把握正确的科学方法"①。5月27日,科学方法小组与芝加哥区会联合举办了座谈会,讨论科学方法问题,葛庭燧从自然科学方面做了引论,杨西孟从社会科学方面做了引论,葛春霖从唯物辩证法方面做了引论,提出丰富的观点供与会者进行讨论。②

金属小组到1949年4月,已有10余人参加,即将正式成立。联络人为颜鸣皋、李恒德、葛庭燧。工作"计划用通讯或会谈的方式,交换专门知识,共同研究回国工作之具体方案与联络"③。至1949年6月,金属小组的参加者已有30人。④ 金属小组召开第一次组员大会,会上提出了三大问题:一是金属原料的生产问题,二是研究和改良产品的问题,三是冶金教育的问题。小组成员认为,解决这些问题不能仅仅是空洞的讨论,因此他们提出了一些具体的做法:一是专题研究。专题通常是根据国内一直未能解决的一些具体技术问题而提出的,大家挑选自己感兴趣的专题,查找相关资料,形成报告,报告中应当注意资料的来源和应用在中国的可能性。每个人的报告最终集合起来,大家进行相互交换。⑤ 二是号召留美学人共同努力为国内科学技术事业寻找和购买资料。《留美科协通讯》上曾有这样一个号召,"我们感到国内书籍和参考资料缺乏,而一个人的财力

---

① 《小组报道——科学方法小组》,载《美中科协通讯》,1949年第2期,第5页。

② 《小组消息——科学方法小组》,载《美中科协通讯》,1949年第3期,第4页。

③ 《小组报道——金属小组》,载《美中科协通讯》,1949年第2期,第5页。

④ 《小组消息——金属小组》,载《美中科协通讯》,1949年第3期,1949年6月,第4页。

⑤ 《专题研究》,载《留美科协通讯》,1949年第1期,第2页。

又有限，因此大家想合力收些有用的东西，办法是先登记每个人已经有的，看大家还缺少那些必要的，然后再分担着买和找。"① 三是积极组织编译相关教科书以供国内使用。"我们觉得以后大学教科书不能再用英文了，而国内直到现在还不曾有一本中文的物理冶金教科书。因此，我们就决定在此着手集体翻译。……办法是先翻出书后的 index，名词大家先能一致，然后每人一章着手翻译正文。翻译可根据着中国情形或增或减原文的东西，然后再修理全书的语文，使能连贯一致。"②

水利小组 1949 年 3 月成立，是在爱荷华区会成员的基础上组建的。爱荷华区会有约三分之二的会员研究水利工程，因此筹备水利小组便于交流。水利小组联络人为刘姜健。"除对本国水利情形及水工学做相互交换意见及心得外，并拟联络他校对水利工程有兴趣之同学于假期赴 T. V. A. 或养殖场参观。"③ 水利小组成立后的主要活动包括：交换阅读心得，讨论对新中国水利事业建设的有关事项，并集体或个别地收集资料，参观密西西比的几个船闸、水坝及水力发电厂等。8 月下旬拟组织一个 TVA 参观团，看看如何将这工程搬回中国去。水利小组拟将工作向各区会发展，希望各区会中会员对水利工作有兴趣者踊跃参加，互相讨论，互相研究，以集体的力量，推动我们应做的事情。④

药物化学小组主要有普渡区会会员推动成立，因普渡大学药物学是全美高校之冠。小组讨论的内容主要涉及药学教育、药物制造等。联系人屠振权。⑤

物理小组在安娜堡区会推动成立，因安娜堡区会中从事物理研究的会员较多，之所以成立物理小组，是因为"物理几乎是近代科学的根本，因

---

① 《合集书籍和重要文章》，载《留美科协通讯》，1949 年第 1 期，第 3 页。
② 《编译》，载《留美科协通讯》，1949 年第 1 期，第 3 页。
③ 《小组报道——水利小组》，载《美中科协通讯》，1949 年第 2 期，第 5 页。
④ 《水利小组》，载《留美科协通讯》，1949 年第 1 期，第 8 页。
⑤ 《小组报道——药物小组》，载《美中科协通讯》，1949 年第 2 期，第 5 页。

此物理小组特别重要,他们希望能和其他小组取得联系,互相帮助,解决问题"①。

陶瓷小组在《留美科协通讯》上发布了发起声明,认为学习陶瓷的应该成立一个小组,可以更方便地交换意见和研究心得,可以系统地收集相关资料,协助解决国内工业上目前存在的困难和推动未来的发展。凡是对耐火材料、建筑材料、陶艺、搪瓷、玻璃有兴趣的同学都欢迎加入。有意参加的同学可以将信息邮寄给发起人,一是名字、通讯处、学科等信息,二是对小组工作推行的意见,三是愿意讨论的题目等。以便整理后拟定工作大纲,展开工作。②

农经小组1949年9月成立,因未能与各地学农经的同学取得广泛联系,因此工作一直未能开展。他们在《留美科协通讯》上发布通讯,号召研究农业经济的同学及对该学科有兴趣的同学广泛响应,凡是对土地经济、农场管理、农产运销、农业政策、农业金融、农产价格、农业收入等有兴趣的同学,不管所学科目是什么,都欢迎加入。有意参加的同学可以将信息邮寄联系人,一是姓名、通讯处、学科、回国工作计划,二是对小组工作、推行意见等,以便整理后拟定工作大纲,展开工作。③

(二) 为取道回国提供帮助

为了方便留美学人从美国西岸过境回国,旧金山海湾区会响应了留美科协的号召,区会的金荫昌、夏煦、冯世章等人与加州大学中国学生会共同努力,在旧金山建立起"中国留学生回国服务社"。由于美国西岸到中国大陆的交通更加便利,许多留美学人选择从美国西岸起程回国,为了使美国各地的留美学人在回国途中在美国西岸更方便地周转,因此成立了该服务社。服务社为留美学人做了大量回国服务工作。除了成立"中国留学

---

① 《小组报道——物理小组》,载《美中科协通讯》,1949年第2期,第6页。
② 《发起陶瓷小组》,载《留美科协通讯》,1949年第2期,第11页。
③ 《农经小组通讯》,载《留美科协通讯》,1949年第3期,第1页。

生回国服务社"以外,旧金山海湾区会还编辑旬刊在全美发行,报道关于美国政府对中国留学生归国的政策,如何取道当时的香港回国等实用信息;为帮助留美学人了解如何通过更加便捷的途径回国,例如旬刊曾报道"美国国务院及英国驻美领事馆控制过香港回国的签证和控制总统号轮船售票以阻拦中国科技专家返回新中国"① 等内容。

除了为留美学人过境美国西岸提供帮助以外,留美科协还设法与当时的香港建立联系,为留美学人在归国途中取道香港提供便利,其中,曹日昌为此做了诸多贡献。据侯祥麟回忆,1948年末,美国邮轮不再到上海,只到香港,"英国人规定经香港过境要到领事馆签证,'过境许可证'不好办,刚开始规定广东人可以,后来又说香港要有熟人或亲戚","留美科协找在香港的曹日昌(中科院原心理研究所研究员、已去世)替我们张罗,出证明,帮助办理签证,有些人通过他的关系回来了"②。留美科协的第二次理监事扩大会议决议案中有一项"修书致谢香港曹日昌先生案",提案中提到"自本会成立以来,曹日昌先生不断协助无以回国会员取道香港时更得许多指示、许多便利,本会应修书表示本会全体会员之感谢。"③ 实际上,"早在美中科协成立之初,葛庭燧即负责与在香港的曹日昌联系,介绍了许多科技专家取道香港回国。"④ 可见,曹日昌在香港持续做了很多帮助留学生回国的工作,为留美学人归国提供了诸多便利。

实际上,为更好地服务于留学生归国,中国科协港九分会发挥了重要作用。中国科协港九分会于1949年3月成立后,为留美学人归国提供了很多实际帮助。早在1949年4月,中国科协港九分会理事曹日昌曾就回国的

---

① 全国政协暨北京、上海、天津、福建政协文史资料委员会编:《建国初期留学生归国纪事》,北京:中国文史出版社1999年版,第10页。

② 侯祥麟:《侯祥麟自述:我与石油有缘》,北京:石油工业出版社2012年版,第46页。

③ 《第二次理监事扩大会议议决案》(一九五〇年三月十九日),载《留美科协通讯》,1950年第7期,第1页。

④ 全国政协暨北京、上海、天津、福建政协文史资料委员会编:《建国初期留学生归国纪事》,北京:中国文史出版社1999年版,第9—10页。

交通问题致电美中科协,表示"如美国方面无直接去天津之船,可以先到香港,他们可以预先代为帮忙布置,并希望将姓名、专长和简单经历等预先告知",同时提供了通讯处,地址为香港荷李活道 30 号科学生活编辑部。① 1949 年 5 月 15 日,曹日昌又给美中科协致信,告知:"留美同学中要回国的如果是朋友或知道清楚的,而国内没有其他私人联系,都可介绍给我,我转介绍给国内安排工作的人,在政治上纯洁,有一技之长的,我们一律欢迎。盼多鼓励他们回来,至于路费,希望多在美国想办法,因为我们还没有多少对外贸易,外汇十分困难,所以不接济旅费为原则。现在香港与天津的交通已经畅通了,无须预定船位,到港后总可乘下一班的船走。"②

(三) 回国准备工作

留美科协专门成立了资料委员会负责在美国收集对国内经济建设有帮助的资料,并动员留美科协会员共同努力收集资料。《资料委员会给大家的一封信》中,号召会员一起收集资料:③

> 亲爱的会员:
> 您现特在收集资料吗?您是不是会感觉资料太多一个人收集不了?您是否觉得要买的书太多了一个人买不起(买了也看不完)?您是否觉得向各工厂学校机关要来的书刊太多了,没有箱子装?大概很多人都有这样的感觉。那么我们为什么不集体来收集资料呢?非但没有上面的困难,而且省钱省事。效果倍加,这就是资料委员会想达成的目的。
> 我们想收集一切有关经济建设的资料,关于经济方面的资料和技

---

① 《中国科协港九分会业与本会取得联络》,载《美中科协通讯》,1949 年第 2 期,第 3 页。
② 《香港消息》,载《美中科协通讯》,1949 年第 3 期,第 2 页。
③ 《资料委员会给大家的一封信》,载《留美科协通讯》,1949 年第 2 期,第 10 页。

术方面的都要。在美国各工厂各机构各学校都有许多免费出版物,美国政府出版局及联合国机构都有大量价廉而极有价值的资料出版。我们会员在各专门领域工作,一定有许多特殊宝贵的资料可以贡献国内,如果我们能有效地分工合作来收集资料,相信一定能有很大的效果。

对于国外所学与国内需要如何匹配的问题,留美科协也做了诸多讨论。美中科协成立后,会员就对这一问题进行过思考,并将想法发表在《美中科协》第三期通讯上,文章提出:

> 在美国学习科学技术的人,大家都会碰到这样的问题:我现在学的东西回国是否有用?我到底该学点什么。问题的发生是因为政府派留学生没有计划,以致学习和国内实际环境脱节,于是学了的没有用,实际需要的却找不到人,这是莫大的浪费,对个人更是莫大的痛苦。我们需要计划,但计划不是一个人所能为力,需要集体的合作来解决,科协在美有二三百会员,在广大的国内亦有深厚的会员基础,我们可以试负起这个责任,来把这个已"脱的节"重新衔接起来。就一个人民团体的立场,就一个职业团体的立场,科协更应义不容辞的负起这责任。我们希望通过科协在美国学习的人和国内实际环境建立联系,如国内现在某方面需要怎样的一类技术,国内具备的是什么条件,对这工作有兴趣的科协会员就可组织一个技术小组,大家分工合作来专门研究解决这一专题,将来回国了以立刻配合工作。这样的学习才是有效的,只有这样的学习才是具体的,只有这样才能作最大的贡献。因此我很具体地建议几条以促进这工作的实现:一、希望理事会尽量与国内产学机构建立联系;二、希望回国后的会员尽量和国内多方面建立这种联系;三、希望暂不回国的会员尽可能发起多种小组,作回国后合作的准备。①

---

① 《读者投书:如何将学习和回国环境配合——对技术小组的一点意见》,载《美中科协通讯》,1949年第3期,第7页。

第三章　留美科协的发展及其影响

1950年3月18、19日，留美科协举行了第二次理监事联席会议，会议再次号召："本会会员应该立即响应国内政府、人民和兄弟工作者的号召；在最近日期内回国，投身于新中国的建设工作。"①

1950年2月，在美国讲学的华罗庚举家回国。2月10日，唐敖庆、彭清源等15名留美学生回国。2月27日，朱光亚等52名留美同学回国。②他们的回国在留美学人中产生了积极而广泛的影响力，在他们的带动下，更多的留美学人动身回到新中国。

郑哲敏回忆："华罗庚是比较有号召力的。他是留美中国科协的负责人之一，在回国前跟大家写过公开信。葛庭燧也给钱学森写过信，这是我后来知道的。我们当时与留美中国科协芝加哥总部的联系全靠罗沛霖。丁儆当时也是比较活跃的。"③

1950年6月12日至18日，留美科协在芝加哥附近的邓肯营召开1950年年会，由常务理事丁儆主持，共有代表127人参会，"年会的中心内容是进一步推动留美科技专家的回国运动，并决定留美科协总会设在芝加哥，选举冯平贯、焦瑞身、梅祖彦、赵佩之、邓稼先为驻会干事，兰天、黄葆同、杜连耀、夏煦为区域干事，共同组成总会日常工作机构。会上特别邀请纽约《华侨日报》主编、美国共产党党员唐明照到会，作当时形势的报告。"④1950年年会上还决定扩大在美国西岸为会员过境回国的服务工作。

可见，留美科协在1949年6月到1950年9月从成立到解散的约一年三个月的时间里，迅速发展成为一个具有相当规模的留美学人组织，在动员鼓励留美学人，尤其是自然科学工作者回国中发挥了举足轻重的作用。

---

① 全国政协暨北京、上海、天津、福建政协文史资料委员会编：《建国初期留学生归国纪事》，北京：中国文史出版社1999年版，第10—11页。
② 段异兵：《留美科协回国会员名考》，载《中国科技史料》，2000年第1期，第15页。
③ 熊卫民、张志会：《加州理工学院的中国留学生——郑哲敏院士访谈录》，载《科学文化评论》，2012年第6期，第108页。
④ 段异兵：《留美科协回国会员名考》，载《中国科技史料》，2000年第1期，第16页。

1992年,傅君诏和侯祥麟两位"留美科协"骨干,向中央提交了一份报告,讲述留美科协的成立和发展,中央肯定了该报告,同时肯定了留美科协当年的工作。①

五、《留美科协通讯》及其影响

留美科协的一项重要工作之一是编印《留美科协通讯》。《留美科协通讯》是留美科协创办的内部刊物,与留美科协的活动相配合,开展归国动员工作。1949年7月开始刊印发行,至1950年9月,共编印13期,发行12期,第13期未能发行。"'科协通讯'办得生动活泼,起了很好的宣传、联络作用。"②

《留美科协通讯》发行之前,美中科协曾发行了共3期《美中科协通讯》,为《留美科协通讯》的发行提供了借鉴和经验。在《留美科协通讯》第一期刊登的《写在前面》里就指出了:"这虽然说是留美科协通讯第一期,实际上已经是科协通讯的第四期了。感谢美中科协的负责人们,他们替我们已经踏出了一条宽广的路。"③

《留美科协通讯》第1至9期由费城区会的李恒德、傅君诏、刘叔仪负责编辑工作,李恒德任总编辑。李恒德回忆:"我们有油印机,印刷很方便。后来事情越来越多,我们既要组稿件,又要刻钢板,还要滚筒印刷,忙不过来,有一个人给我们帮忙印刷。一开始所有的工作都由费城区会完成,后来一部分在费城做,一部分交给纽约,然后两部分合在一起。1950年留美科协改成在芝加哥附近开会,冯平贯接手管理留美科协,《留

---

① 刘志光、姚蜀平、王德禄、陈丹、程宏:《剑桥中国近现代留学史研究论文集》,波士顿:美亚出版社2018年版,第250页。

② 傅琳:《留美科协成立始末》,载《北京党史研究》,1998年第2期,第43页。

③ 《写在前面》,载《留美科协通讯》,1949年第1期,第1页。

美科协通讯》编辑工作也转交给了别人。"① 1950年7月14日《留美科协通讯》编辑委员会成立后,其编辑工作转至明尼苏达区会,由徐水月、蔡强康、钦俊德、蓝天、何诚志负责。"《通讯》每期发行数百份。"内容主要有以下几个方面:(1)代表大会,理、监事会,干事会的决议、通知、宣言等。(2)区会和学术小组活动情况以及会员动态。如报道区会关于回国问题的讨论,反映一些同学对回国的顾虑和徘徊的心情,以及走出困境的决心。(3)国内来信。包括已回国的会员和国内亲朋的来信,大多以亲身的感受赞颂新中国,令人置信;还刊登一些机关、团体、学校的来信,主要是邀请同学回国参加工作。(4)关于国内建设和其他情况的报导。包括工农业各方面的建设情况,科研、教育情况;关于东北各方面的报导尤为详尽。"②

(一) 登载归国相关问题

留美科协经常会组织一些讨论会,就留学生归国问题进行讨论和动员,《留美科协通讯》则每一期都会登载相关的讨论内容。留美科协的讨论会起到了一定的归国动员效果,《留美科协通讯》的刊载则进一步鼓舞了留美学人的归国。

讨论会对归国问题的讨论主要集中在:现在立即回国还是再多学习、研究两年再回国?不急于回国的理由是:认为自己学得还不够,担当不起祖国建设的重任,对自己的工作能力有所疑虑,需要继续学习以加强自身的知识储备和工作能力。主张立即回国的讨论则占了上风,其理由如下:一是,战争刚结束,国内百废待兴,国家迫切需要建设,各个岗位都亟需人才,应该立即回国;二是,大家已经赴美留学一两年甚至三四年了,已经学到了一些知识和技能,一定可以为国家建设做贡献的;三是,即便继

---

① 李恒德口述:《负责编辑〈留美科协通讯〉》,见王德禄等:《1950年代归国留美科学家访谈录》,长沙:湖南教育出版社2013年版,第200—201页。

② 傅琳:《留美科协成立始末》,载《北京党史研究》,1998年第2期,第43页。

续留在美国，所学的不一定与祖国建设相匹配，还是需要回国去参加实践，在实践中继续学习，而继续留在美国可能也就是浪费时间；四是，有会员谈到，跟其他留学生交流以后，内心中的疑虑消解了，大家相互支持和鼓励是立即回国的一个重要的条件；五是，对回国后工作安排的计划，主要还是要配合国家的需要，目前在美国也并不十分了解国内的情况，因此计划常常流于空谈，应回国去结合国情发挥自身的作用。①

攸他区会成立后召开的第二次座谈会，讨论的题目是"理论与实际的配合问题"，讨论涉及的内容包括：②

（一）什么是纯粹科学和应用科学？

（二）理论和实际是否可以划分？

（三）起初与实用毫无关系的理论，后来发生极大之应用，在科学史上不胜枚举，那又怎样评价？

（四）一个人是否可以同时学实际又学理论？

（五）应学中国立刻需要的，还是凭自己兴趣去学？前者是不是有"功利"眼光，后者是不是有"为学问而学问"之嫌？

（六）所谓与实际配合的理论，是否说只为实际问题而研究？许多基本的研究和理论的探讨是否也要推动？

这次因为牵涉太多很难下结论，但我们最少：（一）将科学分类讨论一番，大家都多知道了一点；（二）似乎大家都公认理论应该与实际配合，否则不是纸上谈兵便是盲人瞎马；（三）我们同意在现在国家没有整个计划之前，我们只好凭自己兴趣去学，我们觉得只要学得好学得通会对国家人民有利的，就怕学不通最糟糕。同时，我们认为还要多同其他人联系以求相互间的配合；（四）什么纯理论或纯实

---

① 旧金山海湾区会：《回国问题专载——欢送会上谈回国问题》，载《留美科协通讯》，1950年第5期，第2页。

② 《学习专页——攸他区会的三次讨论会》，载《留美科协通讯》，1949年第3期，第6页。

际都是不必要的偏见；（五）我们赞同最近国内发动"教学、研究配合生产"的趋向，我们也应设法适应这趋向。

《留美科协通讯》还刊载了许多关于国内建设情况的信息。刊载上海经济建设的情况，称"就是还留在上海的工业，也在走一条新的道路。重工业当已订立计划利用上海现有的生产能力，全力扶植内地农村，制造合适现阶段农村条件的生产工具。"① 介绍关于新中国民族工商业的情况，介绍了在新民主主义社会中的经济成分为：占领导地位的国家经济、由个体逐步向集体方向发展的农业经济以及独立的私人资本经济，并指出新民主主义社会是保护民族工商业发展的。② 报道中国铁道运输发展的消息，包括全国铁道运价的统一、浙赣路通车、淮河大铁桥的完工和津浦路通车、胶济路通车、中国交通大学成立、延长淮南煤矿铁路等。③ 报道国内的水利建设情况，包括修堤防汛、增开水田、挖出淤泥闸成河渠等。④ 介绍国内农业发展情况，包括农场生产、大草原开荒、医生下乡、农业生产计划、妇女参加生产的热情等。⑤ 报道国内各地煤铁工业的发展情况，包括本溪、鞍山、阜新、石景山、龙烟、开滦、门头沟、太原等地。⑥ 介绍东北化学工业⑦、东北电气工业⑧、上海棉纺织业⑨、江西钨矿⑩等的发展

---

① 《独立的新中国经济在成长中》，载《留美科协通讯》，1949年第2期，第1页。
② 《新中国的民族工商业》，载《留美科协通讯》，1949年第2期，第2页。
③ 《两月来的铁道运输》，载《留美科协通讯》，1949年第2期，第3页。
④ 《突飞猛进的水利建设》，载《留美科协通讯》，1949年第2期，第4页。
⑤ 《新工业的基石——农业》，载《留美科协通讯》，1949年第2期，第5页。
⑥ 《东北及华北的煤铁工业》，载《留美科协通讯》，1949年第2期，第6页。
⑦ 《东北化学工业介绍》，载《留美科协通讯》，1949年第3期，第9页。
⑧ 《东北电气工业在逐步发展》，载《留美科协通讯》，1949年第3期，第9页。
⑨ 《上海棉纺织业力求独立自主》，载《留美科协通讯》，1949年第3期，第10页。
⑩ 《江西钨矿的过去及现在》，载《留美科协通讯》，1949年第3期，第10页。

情况。

  明州科协作为留美科协在美国明尼苏达州的地区性分会，专门创办了《明州科协通讯》。其传播范围更为聚焦，其受众主要是明州科协的会员及明尼苏达州的中国同学，有更强的地区影响力。《明州科协通讯》从1949年10月22日第一期，到1950年9月19日第12期，时间基本与《留美科协通讯》一致。《明州科协》经常刊登明州科协召开座谈会的研讨内容，研讨的主题通常与新中国的科学技术建设以及回国问题密切相关。如第一次座谈会的主题为"配合国内建设需要我们应该怎样学习"①，第二次座谈会的主题为"如何促进新中国的科学发展？"② 除此之外，还刊登留美学人的文章，如陈椿庭的《今后中国的科学研究》，对新中国如何更好地开展科学研究提出了宝贵的意见，提出"中央必须有一个'全面的''唯一的''充实的'权威研究机构——'全面'指研究部门要分得细而全，'唯一'指目前不允许重叠（有地域性的当然可设分枝），'充实'指经费足、设备好、人才多，对于研究有兴趣的科学家，也都踊跃参加、精诚协作，学术权威即可渐渐建立，国家学术地位独立，进而中华新文化观重振世界的远景，也不难早日达到。"同时，他还提出了留美学人们应该如何完善自身才能为新中国的科学研究更好地发挥作用，即每个人的精力有限，应专攻自己感兴趣的专业领域去学习，并在这方面有所作为。同时表示，科协应在新中国的建设事业中发挥重要的作用，科学工作者应尽到自己的责任，他说："新中国已经诞生，新政府已经组成，政府今后工作重心将在各项建设，如社会建设、心理建设、文化建设，以及物质建设等，要建设就少不了经济与技术。物质建设需要用的技术应当由谁来负责，我想这是研究科学者的责任，这项建设工作应当由我们科学工作者协会会友们来担任。"③《明州科协通讯》还对会友动态进行报道，如1950年2月

---

  ① 周世勋：《关于区会》，载《明州科协通讯》，1949年第1期，第2页。
  ② 《第二次座谈会》，载《明州科协通讯》，1949年第2期，第1页。
  ③ 陈椿庭：《今后中国的科学研究》，载《明州科协通讯》，1949年11月12日，第2期，第1页。

25日第6期，刊登了以下会友动态：有新入会的成员动态，"新加入本会的会友，有土木系任超北同学，遗传育种系顾克清同学，机械管理系朱良漪同学"；有回国会员的动态，"又朱会友已伴同夫人及公子于上月返国"；有即将回国的会员动态，"会友涂光涵……现定下月十日回国，连日酬酢颇忙，预祝涂会友回国之后，本其一往精神，努力为国服务"①。

（二）刊登国内的来信

在《美中科协》第3期通讯上，就刊登了一封来自中国科协北平分会理事钱三强的来信，信中热情号召留美学人归国参加建设，信中写道："中国现在就希望非个人主义者来为大众服务，关于全盘科学建设，很需要新起的科学工作者来共同筹划，现在全国建设立即要开始，请有志者共同来参加这伟大工作。"②

《美中科协》第3期通讯刊登了一位留美学人写给另一位留美学人的信，表达了关于是否回国问题的想法，信中提到，"弟深感今造诣及学术地位较之整个民族国家之争生存的运动，实属无限渺小，思及吾人久滞国外，对于国内之伟大争生存运动有如隔岸观火，顿觉凄然而自惭。尊见如何"③，征求对是否回国问题的意见。

国内各地科协分会给美中科协的来信，希望在美的科协分会能够为国内的科学技术发展做出贡献，上海科协分会在信中提出，在美的科学工作者应当调查研究美国科学技术的发展情况，为中国科学技术的发展提供借鉴。信中说道：

> 我们希望对国内的科学研究及教育机构等情况有全面的了解，希望能提供出今后努力的道路，但这决不能闭门造车的，国外的研究情形及教育机构的了解是必须的，而且非常重要。这就必须求诸国外朋

---

① 《迎新送旧》，载《明州科协通讯》1950年2月25日，第6期，第2页。
② 《北平来信》，载《美中科协通讯》，1949年第3期，第5页。
③ 《关于回国的一封信》，载《美中科协通讯》，1949年第3期，第5页。

友的报道了。因此,我们向你们在美的朋友们提出请求,请你们调查一下,研究一下美国的研究机构的情形(包括制度、组织分配、设备、研究题材的选择,对政府及社会的关系……),报道给我们做借鉴。其他像一般教育和生产的资料亦十分需要。希望你们尽量提供意见,和搜集各种有关资料。(4月14日)①

1950年1月27日中国科学工作者协会给留美科协来信,该信向留美学人发出归国号召,信中写道:

(一)新中国诞生后各种建设已逐步展开,每方面都迫切地需要人才,诸会友学有专长,思想前进,政府方面亟盼能火速回国,参加工作。(二)在人民民主专政的制度下,我们的会友们应适当通过各种关系团结我们周围的朋友,即使他们过去政治上稍微落后,只要有一技之长,现在愿意为人民服务,我们都应当争取他们的归国,不要局限于会友。(三)现在政府很重视留学生,特设办理留学生回国事务委员会,并在北京设有招待所,供给留学生的临时食宿,负责介绍工作,留学生到北京教育部登记后,即可解决问题。②

清华大学化学工程系主任曹本熹等14名教授联名发表了给国外学化工的同学和工作者的公开信。信中说:

目前国家正走向工业化的途程中,时间的因素也很重要,如果国外同学都能及早回来的话,建设期间的困难必因此而减少,可以早日完成计划。每个人都应该把参加建设,当作迫切的任务,同时是在建设的过程中可获得经验,是异常的宝贵,也是值得每个人去

---

① 《上海科分来信——在国外怎样做》,载《美中科协通讯》,1949年第2期,第2页。
② 《国内科协来信》,载《留美科协通讯》,1950年4月,第7期。

争取的。

国外的同学对祖国的富强,对祖国的建设一定是特别的关切,希望能重视目前国家对你们迫切的需要,以往在革命过程中不曾有机会尽力过,现在正是贡献能力的机会,欢迎你们回来为祖国尽最大的努力,参加新中国的建设。①

已回国的留美科协会员也从国内寄信,一方面讲述自己回国途中的经历,为尚未归国的留美学人提供经验,一方面提供一些国内发展情况和实际需要的信息,为尚在美国的留美学人提供借鉴。如葛春霖在回国后,曾致信冯平贯转留美科协,信中写道:

霖于六月三日离美,至沪未能登岸,被戈登轮强迫载至香港,在港住了一月余,两次趁轮北上均失败。第三次方能渡过封锁线至天津,于上月廿日返抵青岛,所有经历足焉。兄等报道者亟多。但因工作过分忙碌,无暇写长信,只得挑重要的拉杂写些:

国内工业建设方面正在努力复兴和整理工作。新的建设亦在开始。这一阶段的工作是十分艰苦的。中国真正能担当工业建设的人才太少了。所以工作一开始便显出人才的缺乏,中级干部尤甚。今年化工系和机械系的毕业生供不应求,据说化工系的毕业生每人有十二个机会,东北需要人才尤急。

会友们在美国已学习完毕的宜早日返国,参加建设。没有学完的应当加紧学习,努力充实自己准备担当较大的建设工程。将来国内一切建设技术都是需要的,我们可以挑与自己兴趣及处境适合的学,不必怕学得太专。在工农业方面,我们必须尽量吸收美国人经营大企业的气魄和方法,将来我们的建设,有些方面,可能比他们更大。

共产党人的刻苦精神,以及虚心学习的态度已经博得国人一致的

---

① 《国内来信》,载《留美科协通讯》,1950年第11期,第6页。

敬仰,在短短数月内各地的社会风气已经完全转变,大家都在学习做新人,年青的一代变得尤其快。……①

(三) 报道会员回国情况

《留美科协通讯》第 1 期刊登了部分会员回国的消息及与回国相关的情况:

> 芝加哥大学金属研究所葛庭燧教授蜚声美国冶金届,已应清华大学之聘,订于 8 月 25 日乘威尔逊总统号邮轮返国工作。葛教授任美中区常务理事,领导留美科协运动贡献极大。
>
> 费城会员陈立、马骥二位已订 8 月 6 日启程返国。二会员皆攻习农业工程。抵港后均将立转华北工作。陈立会员任美中区理事,负责对外联络,为各地成立区会事奔走不遗余力。
>
> 费城区会前主席张治道医师业已离开费城西上,启程返国。
>
> 波士顿焦联星会员已赴旧金山,订 7 月 9 日乘货船赴港参加一纱厂建设工作后,将转返国内。
>
> 波士顿白家祉会员订 7 月 17 日返国,将返清华任教。
>
> 葛春霖、张大奇、钱保功会员均已抵港,船过上海特未能登岸,现已设法北上。
>
> 计苏华会员抵北平,参加全国科学会议筹备会来信称:会议目的在拟订全国科学教育研究工作等,以供政府之参考。将于 8 月底或 9 月初召开大会。……关于科工人员返国经济问题,此地详加研究不易得结论,深信此次全国科学会议中必将考实此一大问题,请诸位多注意报上报道,并请个人方面多写信与国内联络。
>
> 香港分会会员曹日昌教授写信称:愿代回国会员布置北上船位并

---

① 《一封回国会员的来信》,载《留美科协通讯》,1949 年第 3 期,第 4 页。

第三章　留美科协的发展及其影响

照料在港居住问题。①

《留美科协通讯》第 2 期刊登了两位会员回国的消息，分别是"叶选增会员乘八月卅日戈登轮返国"，"西雅图王业选会员返国"②。《留美科协通讯》第 3 期刊登部分会员回国的消息：

> 波城会员李华天乘本月七日船返国。波士顿会员白家祉已返清华执教。来信称祖国情形较理想还好。
>
> 侯学煜会友已在宾州立大学完毕，三年来农业土壤之研究工作，将于十二月间首途返国。
>
> 宾州立大学张继英会友七月离美，现已安抵北京。
>
> 凌佩弘会友得国内函电屡次催促，邀往开滦工作，正考虑中。其夫人自江西临川来信述及解放军到达后之实施等颇详，并被邀担任筹办该地托儿所及幼稚园工作。
>
> 葛庭燧会友全家订十一月十八日离芝赶船。③

《留美科协通讯》通过报道，向留美学人提供了关于国内建设情况、国内人才需求和社会风气等各方面的信息，同时传达了国内对留美学人归国的期盼，消除留美学人对归国的顾虑，促使他们作出归国的选择。

1950 年以后，随着美国国内麦卡锡主义的兴起，与共产党有关的组织面临着来自美国政府的威胁和压力。当时"美国通过了《史密斯法》，要求所有的团体都要登记、注册。比如说，一个刊物要发行多少份，寄给什么人，你有多少钱，钱是谁给的，这些都要登记，而且必须登记。任何团体都要发表声明：不是亲共的，跟共产党没有关系。我们这些中国学生做

---

① 《会员动态》，载《留美科协通讯》，1949 年第 1 期，第 8 页。
② 《会员动态》，载《留美科协通讯》，1949 年第 2 期，第 11 页。
③ 《会友动态》，载《留美科协通讯》，1949 年第 3 期，第 11 页。

不到"①。因此，为了保护会员的安全，避免不必要的麻烦，留美科协于1950年9月宣布解散，其活动随之取消，其创办的《留美科协通讯》也随之停刊，最后一期1950年10月的第13期编辑好后最终并未发行。

---

① 李恒德口述：《负责编辑〈留美科协通讯〉》，见王德禄等：《1950年代归国留美科学家访谈录》，长沙：湖南教育出版社2013年版，第201页。

第四章　北美基督教中国学生会的发展及其影响

北美基督教中国学生会即 Chinese Students Christian Association in North America（简称CSCA），是另一个争取动员留美学人归国的主要阵地。CSCA 是当时全美规模最大的中国留学生组织，其成员为来自美国和加拿大各地高校的中国学生。该组织早在1909年就成立了，受美国基督教总会资助，其活动以传播基督教的生活方式为初衷，"主要是团结中国学生，灌输亲美思想、宗教思想，引起对美的好感"①。自创立至20世纪40年代中期，该组织虽然也关注和讨论政治问题，但并不具有明显的政治性和明确的政治倾向，组织管理也较为松散，举办的活动多以文体娱乐为主，"有宴会、跳舞，就是大家一起出去玩"②。由于创立的时间长、影响范围广等原因，很多在美中国学生都加入了该组织，参加其活动。因此，CSCA 为在美中国学生提供了彼此联结的平台，为促进中美民间友好发挥了一定的作用，同时，在新中国成立前后，为动员留美学人归国发挥了重要的作用。

---

① 侯祥麟：《侯祥麟自述：我与石油有缘》，北京：石油工业出版社2012年版，第39页。

② 梅祖彦口述：《两封联合签名信》，见王德禄等：《1950年代归国留美科学家访谈录》，长沙：湖南教育出版社2013年版，第154页。

20 世纪 50 年代归国留美学人：困境、组织与贡献

一、北美基督教中国学生会的发展

CSCA 自成立之后，经历了中国国内从晚清到民国再到新中国的历史变迁。CSCA 迎来了一波又一波中国留学生的到来，并不断在发展中完善自身的机构制度。到 20 世纪 40 年代后期，CSCA 已成长为一个非常活跃的组织，它的"组织者都是中国人，而且大多数是正在上大学的学生，当然还有一些人已经参加工作了。这个组织完全是业余性质的，一年搞一次或者两次活动。聚会的场地都是租用的。我们曾经在新泽西州的麦德夫营地举办夏令营，当时住得很简陋，吃得也很便宜。每次举行活动一般两三天。"①

（一）CSCA 的组织结构

《留美青年》有多期刊载了对 CSCA 组织架构、成员构成、职能等的详细介绍，如 1943 年 11—12 月刊、1944 年 4—5 月刊、1945 年 3 月刊、1945 年 12 月刊等。综合各期的介绍，可以梳理出 40 年代中后期 CSCA 的基本运行情况。

CSCA 成立的目的或宗旨有三：一是为在美中国学生提供所需的任何服务和帮助；二是促进中美人民之间的相互理解和友谊，即帮助中国学生理解美国生活和文化，同时，向美国人介绍中国，从而促进东方和西方的互相欣赏和友谊；三是在学生中培养基督教品格、发展基督教的精神，帮助基督徒保持虔诚的信仰、丰富他们的精神生活，同时使他们能够在引导其他人加入基督教的过程中发挥作用。② CSCA 将自身定位为中国留学生在

---

① 李恒德口述：《负责编辑〈留美科协通讯〉》，见王德禄等：《1950 年代归国留美科学家访谈录》，长沙：湖南教育出版社 2013 年版，第 199 页。

② "The C. S. C. A. Yesterday and today", *The Chinese Christian Student*, Vol. 34, No. 1-2, Nov.-Dec. 1943, p. 9. "Constitution and By-laws of CSCA", *The Chinese Christian Student*, Vol. 35, No. 3, March 1945, p. 9. "What is CSCA?" *The Chinese Christian Student*, Vol. 36, No. 2, Dec. 1945, p. 20.

第四章 北美基督教中国学生会的发展及其影响

美国的"非官方友好大使"①，它一方面服务于中国学生，一方面也是培养和促进中美人民之间友谊的桥梁。

CSCA 的会员分为两种：一种是常规会员，通常指在美学习的中国留学生，二是友好会员，指非学生的中国人或者非中国人的学生。② 而常规会员又可分为活跃会员和附属会员，活跃会员必须是福音派教会的会友，附属会员则是具有良好品格的非基督徒学生。③ 但会员中只有常规会员有投票权，只有常规会员才能担任管理职务。④ 会员入会无需缴纳会费，CSCA 的活动经费来自会员和非会员朋友的自愿捐款。⑤

CSCA 由设在纽约的总部和各地区分会共同构成。

纽约总部由董事会（Central Board）和总干事（General Secretary）组成。⑥ CSCA 的董事会由主席、第一副主席、第二副主席、干事、财务秘书和四位全体成员的代表构成，董事会成员由三大区会管理层选举产生，候选人来自三大区会的管理层成员。选举时间一般为每一届任期即将结束前，由前一届主席领导下的总干事负责具体执行，以信件邮寄选票的方式进行选举。⑦

CSCA 董事会的权力和义务：一是监督 CSCA 的日常事务和活动，构建

---

① "What is CSCA?", *The Chinese Christian Student*, Vol. 36, No. 2, Dec. 1945, p. 20.

② "What is CSCA?", *The Chinese Christian Student*, Vol. 36, No. 2, Dec. 1945, p. 20.

③ "Constitution of the Chinese Students' Christian Association in North America", *China's Young Men (New Series)*, May 1910, Vol. 5, No. 1, pp. 42 – 43.

④ "Constitution and By-laws of CSCA", *The Chinese Christian Student*, Vol. 35, No. 3, March 1945, p. 9.

⑤ "Ambassadors of Good Will", *The Chinese Christian Student*, Vol. 34, No. 6 – 7, April-May 1944, p. 18.

⑥ "The C. S. C. A. Yesterday and today", *The Chinese Christian Student*, Vol. 34, No. 1 – 2, Nov.-Dec. 1943, p. 9.

⑦ "Constitution and By-laws of CSCA", *The Chinese Christian Student*, Vol. 35, No. 3, March 1945, p. 9.

CSCA 的政策和活动程序大纲；二是负责控制和管理 CSCA 的财务；三是任命 CSCA 的总干事；四是根据总干事的提名，任命助理干事和董事会的主编；五是与同类机构建立友谊关系。董事会每年至少召开两次会议，由主席召集。主席、干事、财务秘书和两位董事会成员构成执行委员会，至少每月召开一次会议。

CSCA 的总干事每年都到全美各地的高校探访，一方面与留学生会面，一方面拜访学习管理层，尤其是与留学生事务相关的学校官员。总干事通常与国家官员、专门委员会和地方分会商议他们各自的项目和问题，尝试协调整个 CSCA 的活动，总干事还与不同的群体进行对话，拜访 CSCA 会员和 CSCA 的朋友，与其他对 CSCA 工作感兴趣的组织进行合作。[①] "总干事负责该会的日常事务，由赞助该团体的美国基督教联合组织聘请教会方面推荐的中国人士担任。1947 年到 1951 年，总干事先后由加拿大籍爱国华裔林达光先生、哥伦比亚大学师范学院硕士郭秀梅女士、上海圣约翰大学助教孟繁俊先生担任。他们热心服务，接待来美的留学生，访问各地区分会、支会的同学，多方支持留学生的要求和自主的活动。"[②]

CSCA 的会务工作自 1914 年起，就由原来的受薪形式改为义务参与。[③] 各地区分会在日常运作中具有完全的自主性，只要在总体上不偏离组织原来的宗旨。[④] 这一改变使更多人更加自愿自觉地参与会务的服务工作，促使 CSCA 更好地运转。

地区分会则按照美国地域分为三大区会，即美国东部区会、中部区

---

① "The C. S. C. A. Yesterday and today", *The Chinese Christian Student*, Vol. 34, No. 1-2, Nov.-Dec. 1943, p. 9.

② 一鸣：《新中国成立前后的留美学生》，载《武汉文史资料》，2016 年第 8 期，第 35—36 页。

③ "Minutes of the First Meeting of the Central Executive Board", *Liu Mei Tsing Nien*, October 1914, p. 35.

④ Cheng-Fu Wang, "Preliminary Report of the President", *Liu Mei Tsing Nien*, May 1915, p. 164.

第四章 北美基督教中国学生会的发展及其影响

会、西部区会,三大区会之下在各个学校和城市设立小型地方性分会。①在 CSCA 成立的周年大会上,就设立了东岸部门、中岸部门、西岸部门和妇女部四个行政部门,各部门行政独立,由纽约总部负责统辖。② 这一制度一直延续下来。

三大区会的作用有三:一是鼓励地方建立地区性分会并帮助他们开展工作;二是协助董事会(Central Executive Board)开展工作;三是代表地区性分会的共同利益。三大区会的管理层由一名主席、一名副主席、一名干事、一名财务和一名编辑构成,每届任期一年,获再次提名可连任。管理层由各区会会员选举产生。③

CSCA 在不同的校园和城市组织地方性分会,是基督教影响当地中国学生生活的核心团体。目的是帮助基督教中国学生在学习期间增强他们的信仰,在毕业后能在各领域为基督教的需要而献身。④ CSCA 在中国留学生较多的城市都有地方性区会,如"美国东部的纽约、波士顿、哈特福特,中西部的芝加哥、伊利诺伊州、明尼苏达州、密苏里、克利夫兰、安阿伯、东兰辛、威斯康星州、艾奥瓦、印第安纳州,西部的加利福尼亚州等等",在一些学校中还有学生会等组织,如哈佛中国学生会、耶鲁中国学生会、麻省理工中国学生会等。地方性分会自行选举各自的执行委员会,为实现 CSCA 的目的和作用,各地区分会各自组织活动,自行草拟预算并由本地区会员筹措各分会开支。⑤ CSCA 为不同地域学生组

---

① "The C. S. C. A. Yesterday and today", *The Chinese Christian Student*, Vol. 34, No. 1-2, Nov.-Dec. 1943, p. 9.

② 梁冠霆:《留美青年的信仰追寻——北美中国基督教学生运动研究(1909—1951)》,上海:上海人民出版社 2010 年版,第 25 页。

③ "Constitution and By-laws of CSCA", *The Chinese Christian Student*, Vol. 35, No. 3, March 1945, p. 9.

④ "The C. S. C. A. Yesterday and today", *The Chinese Christian Student*, Vol. 34, No. 1-2, Nov.-Dec. 1943, p. 9.

⑤ "Constitution and By-laws of CSCA", *The Chinese Christian Student*, Vol. 35, No. 3, March 1945, p. 9.

织的大会和休养活动,由专门委员会或董事会资助,取决于会议是地区性大会还是全国性大会。① 地区性分会资助了很多不同的活动,包括放松晚餐和茶点、与发言人的会见、讨论小组、野餐、兴趣小组、中文课程、新生服务项目等。②

CSCA 还会为不同类型的团体和会议找演讲人,通过这种方式,CSCA 可以建立起与基督教学生和中国之间以及与美国文化和美国人之间广泛的理解和友好关系。常务秘书和其他干事亲自响应演讲的需求,并为一些想通过演讲挣些钱的学生牵线搭桥。③

(二) CSCA 的发展

自 1909 年成立起,无论时局如何,CSCA 一直维持着运行。CSCA 经历了 1911 年中国的共和制的兴起时期,经历了第一次世界大战,经历了一战后中国国内民众的觉醒时期,经历了国内战乱最终国民党取得统治地位。直到 1940 年代中期,无论国内国际上是繁荣还是衰落,CSCA 都保持着它存在的理由。当时局带给学生困难时,它帮助学生摆脱困境,建立东西方之间的理解,对抗种族歧视和狭隘的爱国主义,通过基督教伙伴关系和学生活动培养基督教品格。自第二次世界大战开始后,CSCA 团结起来支持经济困难的学生,与 FRC(Friendly Relations Committee)一道帮助很多学生归国。CSCA 已通过全国性和地方性的活动筹募数千美元帮助有需要的学生以及满足中国国内的其他救济需要。CSCA 的领导人贡献了自己诸多的时间和精力投入到对同学们的服务中,以往做出卓越贡献的主席包括陈维城、曹云祥、王正黼、刘廷芳、晏阳初、蒋廷黻、吴贻芳等,干事包括王正廷、郭秉文、张佩之、全绍文、Daniel Fu、

---

① "The C. S. C. A. Yesterday and today", *The Chinese Christian Student*, Vol. 34, No. 1 – 2, Nov. -Dec. 1943, p. 9.

② "The C. S. C. A. Yesterday and today", *The Chinese Christian Student*, Vol. 34, No. 1 – 2, Nov. -Dec. 1943, p. 9.

③ "The C. S. C. A. Yesterday and today", *The Chinese Christian Student*, Vol. 34, No. 1 – 2, Nov. -Dec. 1943, p. 9.

第四章　北美基督教中国学生会的发展及其影响

徐友渔、孟治等。①

虽然 CSCA 的成立是以宣扬基督教为初衷，但它与国家的政治生活之间存在着一贯紧密的联系。首先，从 CSCA 的机构运作方式以及其会员政治参与的民主意识中，都可以体现该组织及其会员与民主政治的关系。1915 年《留美青年》的社论就强调，CSCA 的会务运作本身就体现了民主精神，同时提出，虽然"民国"在现实中只是一个空洞的名词，但仍是一个值得人们付出任何代价而追求的理想。② 1920 年，蒋廷黻开始担任 CSCA 的会长，他强调，CSCA 是一个由中国人运作的组织，北美协会的财政支持从来没有影响组织的自主性，当中更没有任何无形的控制。③

其次，CSCA 对国内的政局不仅密切关注，而且发表自己的看法。1927 年，CSCA 针对国内局势表达了对国民党政权的支持，"中国人民在整体上乃团结一致的支持那个政党（国民党），他无论在对内和对外两方面，在废除侵犯中国主权的单边政策和不平等条约的问题上，都能够提供确切和具有建设性的措施"。④ 此时的留美中国学生对三民主义似乎充满期许，有留学生指出，孙中山所提倡的民族、民权、民生的三民主义实际上就是林肯的"民有、民治、民享的政府"（A government of the people, by the people and for the people）的中国版本。⑤ 20 世纪 30 年代，由于国内留学政策的调整，赴美留学的中国学生此时以研究生群体为主，为适应国家需要，所修学科以理工科为主，因此，这些留学生在价值观上普遍较为成熟，"属于文化成熟型"，"是相对可靠的文化诠

---

① "The C. S. C. A. Yesterday and today", *The Chinese Christian Student*, Vol. 34, No. 1-2, Nov.-Dec. 1943, p. 9.

② "Republic or Monarchy", *Liu Mei Qing Nian*, December 1915, p. 63.

③ Ting Fu Tsiang, "The Central Task of the CSCA", *Christian China*, November 1920, pp. 23-25.

④ "Declaration", *The Chinese Christian Student*, March-April 1927, p. 31.

⑤ Hsu and Chi, "Sun-Yat-Senism", *The Chinese Christian Student*, March-April 1927, pp. 22-24.

释者"。① 这些留学生通过 CSCA 所寻求的就不单是某种宗教的信仰了，而更多的是把 CSCA 作为中美文化交流的桥梁。此时的《留美青年》则发表了诸多介绍中国历史文化的文章，成为向美国读者介绍中国的代表刊物。② 到了 20 世纪 40 年代中后期，由于国共两党力量的变化，CSCA 会员中的政治观点逐渐产生分化，随着国民党实力的衰退和中国共产党实力的增强，CSCA 中支持共产党的政治立场逐渐占领话语高地，成为 CSCA 的主导政治立场。此时 CSCA 的政治立场较之以往有了更加明确的表达，会员对国家政治的思考和参与也更加深入。

  国内抗日战争初期，CSCA 对国内时局表现出了高度关注。吴耀宗作为当时的抗战常务委员会主席，每周带领讨论中日战争的问题。③ "为了争取美国的支持，留美中国学生一直协助从事抗日宣传活动"，而 CSCA "在学界充当精神动员和抗日宣传的领导角色"。④ 对于 CSCA 的这一贡献，宋美龄曾以第一夫人身份专门写信表示赞扬，同时感谢 CSCA 在国内抗战期间在美国留学生群体中所做的工作及所发挥的作用。⑤

  CSCA 作为以中国留学生为主的学生团体，致力于给予中国留学生各方面的帮助。在抗战时期的 1943 年，CSCA 为中国学生所提供的服务包括：寻求奖学金，帮助寻找工作机会，安排宿营活动，紧急贷款或补贴，为个人问题提供建议，提供高校和研究机构的信息并为学生提供介绍。总的来讲，如果学生在任何方面需要任何建议或帮助，都可以来找 CSCA。

---

① 梁冠霆：《留美青年的信仰追寻——北美中国基督教学生运动研究（1909—1951）》，上海：上海人民出版社 2010 年版，第 119 页。

② 梁冠霆：《留美青年的信仰追寻——北美中国基督教学生运动研究（1909—1951）》，上海：上海人民出版社 2010 年版，第 120 页。

③ "C. S. C. A. Discussion Leader Called Back to Shanghai 'Y'", *The Chinese Christian Student*, Vol. 28, No. 3, February 1938, p. 6.

④ 梁冠霆：《留美青年的信仰追寻——北美中国基督教学生运动研究（1909—1951）》，上海：上海人民出版社 2010 年版，第 140 页。

⑤ "Letter from Madame Chiang Kai-Shek", *The Chinese Christian Student*, Vol. 29, Nos. 6–7, June 1939, p. 3.

林达光作为1944年CSCA新上任的主席,在对未来工作进行展望的时候,提出了CSCA即将面临的挑战,也就是自1944年兴起的留学潮,美国将迎来大批中国留学生,这对CSCA的留学生组织工作也带来了挑战。①

自1909年创立至20世纪40年代,CSCA已发展成为全美规模最大的中国学生组织。1948年,CSCA的会员人数为951人,东岸占286人,中岸占225人,西岸则占440人,其中美籍华裔占西岸会员总人数的九成以上。②到1950年,会员人数已达1064人,其中"东岸317人,中岸占377人,西岸占370人,但组织实际接触的学生人数肯定超过会员的数目"③。因此,在新中国成立前后,CSCA甚至比留美科协更能够对在美中国留学生产生广泛动员和影响的作用。

(三) CSCA与美国华裔学生群体

CSCA不仅服务于在美的中国留学生,而且搭建与美国华裔学生群体和非学生的中国人之间的联系。

在1945年组织的北林夏令会中,CSCA邀请了美国华裔学生代表参加,从此开启了CSCA与美国华裔学生更加广泛而深入的交流。据加州大学伯克利分校的华裔学生Richard Wong讲,他当年夏天参加了3个会议,除了CSCA的北林夏令会外,还有华裔学生组织的太浩湖会议和银滩会议,相比之下,CSCA的北林夏令会是组织得最好、最有趣、最有智慧的。华裔学生组织规模更大,该群体所面临的问题与留美学生也有所不同,但两个群体可以进行合作。成立"留学生归国服务辅导会"(Placement Bu-

---

① "Presidential Voice of C. S. C. A.", *The Chinese Christian Student*, Vol. 35, No. 1, Nov. 1944, p. 2.

② Paul T. K. Lin, "The C. S. C. A. as a student Christian movement: A report, appraisal, and prospects," Archives of the C. S. C. A., June 4, 1948, p. 1, reel 1/777.

③ 梁冠霆:《留美青年的信仰追寻——北美中国基督教学生运动研究(1909—1951)》,上海:上海人民出版社2010年版,第191页。

reau）的想法非常好，可以帮助华裔学生回到祖国并为祖国做贡献。①

在北林夏令会上，邓如莺作为太浩湖群体的学生领袖，代表华裔学生群体提出，CSCA应与华裔学生群体建立更加深入的合作关系。在参加了北林夏令会后，邓如莺感受到，来自中国的留学生和美国华裔学生之间没有误解，大家在此次活动中没有距离，组成了一个团体。因此，她给CSCA提出了一些如何为华裔学生群体服务的建议，包括：第一，CSCA的月报应当更广泛地在中国学生中发行，让在美中国学生都能够了解到这样一个组织，尤其是美国西岸，在过去的十年甚至更长时间，CSCA在美国西岸地区并不活跃，西岸的学生应该了解CSCA这样一个服务于学生的组织。第二，应当广泛宣传CSCA即将成立的"留学生归国服务辅导会"，使中国学生知道，如果想要回国工作的话，在哪里可以获得信息和帮助。第三，应成立一个包括银滩会议、CSCA和太浩湖会议三方代表在内的联合议会，可以互派代表参加其他组织的会议以增进交流，同时三方之间可以互换年鉴材料，并在各自的刊物上刊登其他组织的专栏以增进交流。②

邓如莺后来成为CSCA总干事郭锡恩的夫人，二人于1946年4月15日订婚，订婚消息发布在《留美青年》上，同年8月举行婚礼，抗战胜利后，邓如莺与郭锡恩回到中国，郭锡恩在金陵女子大学任教务主任，邓如莺在社会学系任讲师。③

北林夏令会上，美国华裔学生群体与中国留学生群体之间建立了确实的合作关系。为帮助华裔学生顺利回国，CSCA正式成立了"留学生归国服务辅导会"，该会成立的初衷就是为愿意回国的华裔学生提供帮助，包括克服语言障碍、联系祖国的就业机会、协助安排回国的临时居所等。当然，该"辅导会"服务的对象不仅限于美国华裔学生群体，而是所有在美

---

① "Northwood Impression", *The Chinese Christian Student*（*Special Conference Issue*）, Vol. 36, No. 1, Nov. 1945, p. 17.

② Beulah Ong, "The Challenges of C. S. C. A", *The Chinese Christian Student*（*Special Conference Issue*）, Vol. 36, No. 1, Nov. 1945, p. 24.

③ "Miss Beulah Ong Betrothed", *The Chinese Christian Student*, Vol. 36, No. 6, Summer Issue 1946, p. 13.

第四章　北美基督教中国学生会的发展及其影响

中国学生。北林夏令会还通过了"辅导会"的决议,提出了该会的目标、服务范围、方式方法以及组织等一系列问题。该会的目标:作为非官方机构,帮助中国学生回国并参加国家重建。服务范围:(1)所有的中国学生,既包括留美中国学生,也包括华裔学生;(2)服务内容包括将中国国内的工作机会介绍给大家,创造新的机会;(3)除学生以外的能够服务中国的其他中国人,也可以申请该会的帮助。服务的具体方式方法则包括:利用现有的一些机构寻求帮助;与中国政府的机构进行合作;寻求国内大学为华裔学生提供资助;为回国的华裔学生提供住所以便帮助他们适应新的环境;为华裔学生回国提供学中文的服务;让学生了解中国国内的实际需求和国内的工作生活情况等。①

CSCA 对华裔学生的动员作用虽然有限,通过 CSCA 的工作回国的华裔学生有多少也不得而知,但 CSCA 积极扩展了自己的服务范围,为华裔学生搭建平台,为华裔学生认同新中国、回到新中国、服务新中国创造了可能。

二、北美基督教中国学生会政治立场的转向

CSCA 自创立之后,由于其成员组成主要是留学生或华裔学生,因此,虽然 CSCA 是一个以宗教信仰凝聚起来的学生团体,但它不可避免地与中国国内政局和时局发生着联系。从代表 CSCA 成员发声的刊物《留美青年》可以看出,CSCA 对于国内政治的关注到抗日战争兴起之后愈加明显,而到新中国成立前则逐渐达到高峰。"自 1945 年开始,CSCA. 的领导层开始有意识地表明政治中立的态度,这实际上是开辟了批判国民政府的言路。"② 20 世纪 40 年代中后期,伴随着中共党员的加入,该组织逐渐由中

---

① "CSCA Placement Service", *The Chinese Christian Student* (*Special Conference Issue*), Vol. 36, No. 1, Nov. 1945, p. 25.

② 梁冠霆:《留美青年的信仰追寻——北美中国基督教学生运动研究(1909—1951)》,上海:上海人民出版社 2010 年版,第 141 页。

共党员和倾向共产党的积极分子主导，CSCA 逐渐形成了左翼思潮的氛围。

（一）CSCA 政治立场的转折点

1945 年 9 月 CSCA 在美国东部举办的北林夏令会，可以说是 CSCA 在政治立场上的转折点。这次夏令会之后，CSCA 中偏向中国共产党立场的部分学生逐渐变得活跃，并在 CSCA 的活动中、在 CSCA 的刊物上，公开表达对国民党和国民政府的反对，表达对中国共产党和其所倡导的政治理念的向往。在这样的宣传之下，CSCA 的政治倾向发生了转变，越来越多的学生开始同情中国共产党，并公开支持中国共产党的政治主张。

据《留美青年》刊载的《北美中国基督教学生夏令营生活记略》一文的记录，此次北林夏令营年会于 1945 年 9 月 3 日举办，正值日本宣布无条件投降之际，与会者"无不满怀高兴"。大会的会员来自美国、加拿大、夏威夷各地的三十余所大学。大会讨论的总议题为"中国之新思潮与新目标"（China's new horizons and new purposes），《记略》记载称"本届年会中，研究精神特别高扬，集思广益，获益甚多"。此次大会具有与以往不同的一个鲜明特点，就是对政治问题的高度关注，讨论的主题变为中国当前的政治问题，宗教已不是主要关注的话题，因此《记略》中称"政治讨论最出色"，也是本届年会"最见精彩"的部分，不仅有拉铁摩尔教授等人的演讲，而且在演讲后举行讨论会，"唇枪舌战，为大会生色不少"。时任燕京大学代理校长的梅贻琦也参加了本次夏令会，并发表演讲称，未来 30 年是"尔等之时代"，大家有幸生于这样一个大时代，同时勉励大家应当努力，为国家服务。夏令会于 9 月 10 日闭幕，举行了全体会员大会，讨论本会本年度工作计划，大会一致通过了组织"留美学生归国服务辅导会"。《记略》还简要记载了此次夏令会除了演讲、讨论、宗教聚集以外，还举办了各项文体娱乐活动。①

《留美青年》1945 年第 11 期专号详细刊载了北林夏令营年会上的文体

---

① "北美中国基督教学生夏令会生活记略"，*The Chinese Christian Student (Special Conference Issue)*, Vol. 36, No. 1, Nov. 1945, p. 21.

第四章　北美基督教中国学生会的发展及其影响

活动等的情况。本期卷首，CSCA 主席林达光撰文总结概括了本次年会的大致情况，他认为此次夏令会必将成为与会者共同的一段"美好的回忆"，他还将这段时光描述成"非常和谐的一周"，有演讲、小型座谈会、圆桌会议、模拟议会这样的智力活动，也有桥牌、乒乓球、网球、羽毛球、排球、垒球这样的文娱活动。他指出，在此次夏令会以前，CSCA 的留美生们几乎没有严肃地专门讨论过社会公共性问题，也很少摒弃顾虑表达过自己的（政治）信仰。林主席还表达了对每一位与会者全心全意投入活动的感谢，同时表达了对未来 CSCA 举办活动的期待，希望接下来的活动都能够以北林夏令营年会为样本。①

夏令会的主席林达光（1944—1945 年 CSCA 的主席）、讨论委员会主席浦寿昌等负责人，积极鼓励开放式的政治讨论。其中，讨论委员会主席浦寿昌，1944 年 5 月加入美国共产党，1945 年转入中国共产党。林达光、浦寿昌专门为此次夏令会拟定了一份讨论大纲，在大纲的开头，林达光陈述了 CSCA 在任何公开问题上都不会代表任何党派的政治立场，他指出"他们所重视的是讨论的自由和基督徒的责任两方面"。这份讨论大纲所涉及的主要内容为"战后国民党实施宪政与经济发展方面的问题"，而林达光和浦寿昌"都分别就国民政府的政治和经济措施提出了不少质询"。梁冠霆认为，林达光"似乎有意为'异己人士'腾出了发表政见的空间"②。因此，即便林达光本人并非任何政治党派的代表，但作为主席的他对政治问题讨论的允许，使此次夏令会中持有不同政治观点的学生都能够发表自己的政见，甚至产生碰撞与争论。在此次夏令会上，倾向于中国共产党的留美学人，包括浦寿昌的弟弟浦寿山（后改名浦山），已开始更加明确地表达对国民党政府的不满，尤其针对国民党政府的滥权现象。蒲寿山还在会上公开反对国民党的一党专政体制，表达了支持组建各党派联合政府的

---

① "The Story of Northwoods", *The Chinese Christian Student* (Special Conference Issue), Vol. 36, No. 1, Nov. 1945, p. 2.

② 梁冠霆：《留美青年的信仰追寻——北美中国基督教学生运动研究（1909—1951）》，上海：上海人民出版社 2010 年版，第 161 页。

政治主张①，实际上表明了对中国共产党政治主张的公开支持。

浦寿昌与蒲寿山兄弟二人都是 CSCA 中支持中国共产党的进步学生，两人于 1944 年和 1945 年先后加入美国共产党，并先后转为中国共产党党员。他们是 CSCA 中的活跃分子，他们在 CSCA 日常活动中所表达的倾向中国共产党的政治观点影响和感染了 CSCA 的留学生，为留美学人群体了解和认知中国共产党及其政治立场起到了至关重要的作用，也为日后留美学人认同和支持新中国起到了重要作用。

CSCA 不仅为留美学人提供了交流平台，而且积极建立与美籍华裔学生的联系。CSCA 在美籍华裔学生当中发挥的最大作用，在于它弥补了华裔由于自身成长背景而导致的对中国认知的相对缺失，以及由于自身局限而造成的与祖国联系的相对困难。CSCA 与华裔学生组织之间，建立起了一定的联系，并尝试为华裔学生建立起联系祖国的纽带。

北林夏令营年会的成功举办，凝聚了留美学人的精神世界。它的成功在于，它不仅提供了讨论严肃话题的平台，而且开展了形式众多的文体娱乐活动，使与会者能够更加轻松愉快地融入这个集体，产生更多认同感和共鸣感，这也为 CSCA 自此以后逐渐发挥作用奠定基础。

（二）40 年代中后期 CSCA 的政治立场

自 1945 年北林夏令会以后，直至 CSCA 最终解散，在这期间的 CSCA 学生集会中，讨论的主题明显带有更强的政治色彩，与中国政局相关的问题、中国未来的发展以及中国与世界的关系等话题成为常规议题。1946 年，CSCA 在美国西部、中西部和东部分别举办了三场夏令会，其讨论的主题分别是"新时代的建设者"（Builders in a New Era），"再献身，再诠释"（Rededication, Reinterpretation）和"我们在重建中国中的责任"（Our

---

① "Plenary Sessions: Democracy for China Strongly Urged by Students", *The Chinese Christian Student* (*Special Conference Issue*), Vol. 36, No. 1, Nov. 1945, p. 5.

第四章 北美基督教中国学生会的发展及其影响

Responsibilities in China's Reconstruction)①,延续了 1945 北林夏令会对中国政治问题的关注。通过带有政治性的讨论,CSCA 成员开始更多地对国民政府产生失望情绪,转而积极了解中国共产党及其所代表的政治立场,实际上促进了 CSCA 成员产生出更多对中国共产党的认同感。

随着 1945 年抗日战争的胜利,中国国内迎来了短暂的和平时期,随之而来的问题,是战后建立一个什么样的国家、什么样的政府。此时,国内出现了三种建国方案:一是国民党方面,想要维持其一党独裁的政治体制;二是中国共产党,想要建立起各党派的联合政府;三是民主党派,想要建立一个资产阶级民主共和国。三种建国方案,随着国共内战的爆发,最终变为两个中国命运的较量,也就是国共双方所持的不同建国方案的较量。内战爆发之初,国民党仍是代表中国的执政党,中国共产党尚处在相对弱势的状态。此时,留学生对国民党政府多持支持或中立态度,但随着国民政府源自体制内的腐败逐渐暴露,中国人民以及海外留学生开始对国民政府愈渐失望,转而关注中国共产党的政治主张。而中国共产党在与国民党的战争中,逐渐取得优势,使中国国内局势逐渐发生深刻变化。伴随着对国民党的失望,此时的留学生中,逐渐有更多人开始同情中国共产党,并期望从各种渠道更多地了解中国共产党和它的政治主张。此时,CSCA 和它的刊物《留美青年》就为留美学生了解国内形势发挥了重要的作用。CSCA 在 1945 年后,开始放开政治讨论,为学生提供更多讨论政治的空间,为中国共产党的政治立场提供了展示的空间,《留美青年》也刊登了诸多对中国政治问题讨论和思考的报道和文章。

CSCA 在 1945 年之后,在政治立场上的逐渐开放与转向,与时任主席林达光有很大的关系。林达光 1944 年底开始担任 CSCA 主席。虽然 CSCA 是基督教学生组织,但林达光认为,基督徒没有理由回避政治问题。20 世纪 40 年代中后期,在美中共党员和一些左翼积极分子加入该组织,并开始在日常活动中谈论中国的国内局势以及他们个人的政治主张,CSCA 逐渐

---

① "Three R's for China's Future", *The Chinese Christian Student* (*Conference Issue*), Vol. 37, No. 1, 1946–1947, p. 3.

变为不仅仅是服务于学生们宗教传播的组织，而且成为中国留学生讨论中国问题的平台。

1945年抗战胜利后，CSCA逐渐展现出比以往更为强烈的政治色彩。此前的CSCA是以基督教为初衷，而南京国民政府的领袖蒋介石及其夫人宋美龄又与基督教有着特殊的关系，甚至蒋介石发起的新生活运动被美国人解释为基督教人格建设运动①。因此CSCA对国民政府带有一定的"预设性肯定态度"②。但抗战结束后，国内政局发生变化，国民政府逐渐暴露出其腐败堕落的一面，而中国共产党积极宣扬建立民主联合政府的政治主张，此时CSCA成员的政治立场也随国内政局变化开始逐渐趋向多元，对当权的国民政府开始有了公开的质疑，并开始怀疑国民政府是否能够完成他们心目中对基督教理想世界的创建任务。

1945年起CSCA开始频繁进行关于中国政治问题的讨论，起初留美学人所表达的政治立场是多元化的，甚至有时是对立的，导致意见不同的留美学人之间激烈的政治争论。随着国内全面内战爆发，CSCA的留美学人中逐渐开始出现政治立场的两派分化，一派倾向于中国共产党，一派倾向于国民党，双方各自宣传自己的主张，两派时常发生剧烈的争论。而此时的CSCA并不阻止留美学人之间的争论，它的包容性为留美学人之间的政治争论提供了平台和场所。而且CSCA本身不具有偏向于任何一方的政治倾向性，它中立的性质也决定了在CSCA中进行的政治争论可以有很大的讨论空间。

随着国共内战局势的发展，CSCA成员中的政治立场从多元逐渐趋向一元，即倾向于中国共产党的政治立场逐渐占据主要地位。有学者指出，"1947年以后，不少同情中国的学生领袖陆续参与核心的领导工作，他们

---

① C. T. Wang, "Christ is capturing China", *Christian Herald*, September 1937, p. 8. 转引自：梁冠霆：《留美青年的信仰追寻——北美中国基督教学生运动研究（1909—1951）》，上海：上海人民出版社2010年版，第140页。

② 梁冠霆：《留美青年的信仰追寻——北美中国基督教学生运动研究（1909—1951）》，上海：上海人民出版社2010年版，第161页。

第四章 北美基督教中国学生会的发展及其影响

在政治上的包容性为左翼思潮的传播制造了有利条件。"① 此处提到的同情中国的学生领袖，如哈佛大学的林达光、浦寿山，以及其兄浦寿昌等人，他们不仅在 CSCA 的活动中包容中国政治问题的争论，而且发表自己对中国政局的看法，并在 CSCA 的刊物《留美青年》上刊登政论性文章，表达自己的政治倾向。有学者研究指出，"1947 年后，CSCA 各领导层和很多中坚分子多为左翼进步学生，有的就是中共地下党员，如浦寿昌、陈一鸣、陈秀霞、孟繁俊、徐鸣等。1948 年后，美东分会会长先后有范家桢、陈辉、金诗箴等，美中西分会会长有刘静宜、张庆年等"。② 1948 年，CSCA 的美国东部夏令会上，浦寿昌和陈瀚笙等共产党员，更加明确地表明了中国组建包括各阶层人士在内的联合政府的主张，并强烈批判美国对中国内战的干预和介入，他们呼吁大家接受中国大陆政权即将更替的现实。③ 因此，随着中共党员在该组织中更广泛和深入的参与，他们也更加掌握了宣传其政治主张的这一阵地，CSCA 的政治倾向性也在他们的引导之下，逐渐转向倾向中国共产党。李恒德 1948 年、1949 年开始参加 CSCA 的活动，他回忆说 CSCA 已经从一个带有宗教色彩的组织，"改成了解国内的时事，学习共产党的理论，比如毛泽东的《新民主主义论》"，"CSCA 是一个非常活跃的组织，很多人都去参加，有的倾向于中国共产党，有的倾向于国民党。倾向于中国共产党的人多一些，倾向于国民党的比较少。辩论起来基本上是一边倒，都倾向于中国共产党。"④ 因此，CSCA 从 1945 年开始讨论中国的政治问题，逐渐从多元的政治讨论走向一致，即倾向于国民党的势力逐渐减弱，而随着国共内战局势逐渐明朗，倾向于中国共产党的 CSCA

---

① 梁冠霆：《留美青年的信仰追寻——北美中国基督教学生运动研究（1909—1951）》，上海：上海人民出版社 2010 年版，第 177 页。

② 程宏、姚蜀平、王作跃、刘志光：《1949 年前后留美学生组织及其期刊》，载《神州学人》，2015 年第 11 期，第 37 页。

③ "C. S. C. A. Eastern Conference Bulletin," *Archives of the C. S. C. A.*, 20 June 1948, pp. 1 – 2.

④ 李恒德口述：《负责编辑〈留美科协通讯〉》，见王德禄等：《1950 年代归国留美科学家访谈录》，长沙：湖南教育出版社 2013 年版，第 199 页。

成员和其中的中共党员也更加有话语权，逐渐占据争论的上风，更加有利于中共在 CSCA 中开展留美学人的归国动员工作。

李恒德回忆，CSCA 中，有的人倾向于中国共产党，有的人倾向于国民党，但大家并没有公开的冲突，"毕竟大家都是中国人。从个人角度来说，大家都是朋友，都是同学，差别就在于一个倾向于中国共产党，一个倾向于国民党，个人的政治观点不同而已，这并不影响彼此之间的关系。我们照样一起吃饭，一起学习，一起玩。"也有一些倾向于国民党的同学，明确告诉李恒德，"你回国是你的选择，我的组织关系在国民党，我认识的人都是国民党，无论如何我都不能回中国大陆啊。"[①]

直至 1949 年以后，国共内战的局势基本已定，CSCA 中倾向于国民党的留学生渐趋沉默，倾向于中国共产党的政治立场渐成主流，中共的归国动员渐成主导之势，中共地下党员在该组织中对留美中国学人的归国动员工作也更明确和有效。1949 年前后，CSCA 每年都会举行夏令会和冬令会等集体活动，召集中国留学生聚在一起，就关心的各种问题，特别是回国问题进行交流，对留学生回国起到了促进作用。1949 年 6 月在东部新泽西召开的夏令会和在芝加哥邓肯营召开的中西部夏令会，都以"我们对新中国的信念与行动"（Our faith and action toward a New China）为会议的主题，"参加者热烈交流了国内情况，研讨今后的方向。普遍反映了这样的信念：新政府和反动政府相反，是代表人民和为人民服务的进步的政府，我们回去是学有所用的。大家以主人翁精神对祖国建设的研讨，表现了关切、反思和行动的抉择。会中，已听到不少'我不久就要回国'的信息。"[②] 又如，"1950 年春，中西部分会又召开了冬令会，东部分会的冬令会在 4 月召开。会上的研讨，集中在三方面的问题：一是'新中国的建设'。交流各自所学与关心的专业在国内建设的现况、未来的方向、我们的意见。二

---

① 李恒德口述：《负责编辑〈留美科协通讯〉》，见王德禄等：《1950 年代归国留美科学家访谈录》，长沙：湖南教育出版社 2013 年版，第 199—200 页。

② 全国政协暨北京、上海、天津、福建政协文史资料委员会编：《建国初期留学生归国纪事》，北京：中国文史出版社 1999 年版，第 23 页。

第四章 北美基督教中国学生会的发展及其影响

是'我们的学习'。交流各自来美学习的目标与要求，在美的学习内容如何与祖国发展需要相适应等。三是'回国问题'。交流了不同想法、打算，探讨按哪些原则来确定为好。"① "从1949年10月起，留美学生回国的势头加大，1950年上半年已处于高潮。1950年暑假，东部与中西部夏令会，就以大家关心的'去建设一个新的中国'（To Construct a New China）为主题，先后召开。"② 可见，1949年前后，CSCA已成为中共动员留美学生学者回国的阵地之一。1949年到1950年间，CSCA每年举办的夏令会和冬令会，基本都是围绕着留学生回国问题展开的，这已与CSCA传播基督教的创立初衷有所差别，这也是中共地下党员在该组织中渗透的结果。因CSCA历史悠久，会员人数众多，在留美中国学生中的影响最广泛，因此，中共在该组织中进行的回国动员，从传播效果和影响范围、影响力来讲，都是可圈可点的。

之所以当时许多留美学人转向支持中国共产党，也是因为当时在美的中共党员，给留美学人传递了一些国内关于共产党的好消息，使留美学人对中国共产党产生了较好的印象。何国柱回忆："我离开中国的时候，国民党政府很腐败，我对他们失去了信心。……当时我们都看不到中国共产党能够取得胜利的迹象，只看到国民党的腐败，认为中国没有希望了。在美国，当听到中国共产党节节胜利的消息后，我们觉得中国有希望了。现在回忆起来，这都是因为我接触了一些中共地下党员，从他们那里得到一些好消息。……我们对中国共产党的印象很好，认为这是中国唯一的希望。我有很多同学是中共地下党员，他们向我们表明了身份，我们对中共的地下行动逐渐有所了解。"③

---

① 全国政协暨北京、上海、天津、福建政协文史资料委员会编：《建国初期留学生归国纪事》，北京：中国文史出版社1999年版，第26页。

② 全国政协暨北京、上海、天津、福建政协文史资料委员会编：《建国初期留学生归国纪事》，北京：中国文史出版社1999年版，第26页。

③ 何国柱：《给联合国秘书长写公开信》，见王德禄等：《1950年代归国留美科学家访谈录》，长沙：湖南教育出版社2013年版，第292页。

三、北美基督教中国学生会在留美学人中的主要活动

CSCA 每年都要举行大型的聚会活动，主要是暑假期间的夏令会、圣诞节寒假时的冬令会和复活节时的春令会。聚会通常选在环境优美的营地举行，会期通常一周左右。参加聚会的留美学人生活在一起，举办各种活动以促进交流和增进了解。通常会以留美学人共同关心的某个问题作为研讨主题开展交流，邀请专家、学者发表演讲，开展激烈的讨论和辩论。此外，还有形式多样的文体娱乐活动。

（一）CSCA 的聚会活动

1947 年以后，CSCA 在留美学人中的活动更加活跃起来，至 1950 年 CSCA 解散之前，每年都在美国各地举办一些大型聚会，其研讨交流的主题都与祖国密切相关，反映了留美学人对祖国命运的深深关切之情。

1947 年 9 月 7 日至 14 日，CSCA 在康涅狄格州的海森营地举行了东部年会。有 90 多位留学美国和加拿大的中国学生参加。此次研讨会的主题为"中美关系和中国的建设"。"在会上演讲的有加拿大基督教传教士文幼章（他长期在华，参与我国的民主运动）、美国记者爱泼斯坦（从事宋庆龄领导的保卫中国同盟的工作，《未完成的革命》一书的作者）；林达光讲中国政治问题；范家桢讲中美文化关系；浦寿昌讲中国经济危机；蒲寿山讲 1946 年 11 月缔结的《中美友好通商航海条约》。"①

1947 年暑期，CSCA 中西部地区也举办了大型聚会活动，在芝加哥附近的营地召开。"林达光总干事作了中国形势的讲话，他表示同情和支持中国高涨的学生反内战、反饥饿、反迫害的运动，强烈反对美国政府对国

---

① 全国政协暨北京、上海、天津、福建政协文史资料委员会编：《建国初期留学生归国纪事》，北京：中国文史出版社 1999 年版，第 17 页。

第四章 北美基督教中国学生会的发展及其影响

民党政权的政策，获得与会者共鸣。"①

1948 年，CSCA 也分别在东部和中西部举行了大型的聚会活动，讨论的主题为"我们在一个变革中的中国所担负的任务"。东部夏令会于 6 月 14 日至 20 日在新泽西州梅德福营地召开：

> 著名的经济史学家陈瀚笙博士，精辟地剖析了中国社会结构中代表封建大地主和官僚垄断资产阶级利益的四大家族的统治，及其与中国人民大众和社会生产力的基本矛盾。作家爱波斯坦对中国大变革的历史与社会性质作了论述，浦寿昌对当时的形势作了分析。这些报告具有学术思想的启迪性。一些参加过国内学运的同学，更以切身的体验，发表了中肯的认识和主张。在讨论中，与会的个别人提出了'划界而治'的主张。这实际是传达了南京政府玩弄假和谈，妄想阻止中国人民彻底解放的图谋。这一论调，理所当然地遭到大家的反对和批驳。该会东部与中西部会议的研讨发展到了一个新的水平。《团结就是力量》、《跌倒算什么》等爱国歌曲，在会中流传开来，鼓舞了大家，形成了新的氛围。②

东部的冬令会于 12 月 27 日至 30 日在宾夕法尼亚州的潘德尔山（Pendle Hill）举行，有 55 位同学参加，讨论的主题为"社会变革中的中国留学生"：

> 经过研讨，大家达到的共识是：中国正在发生巨大的变化，我们必须意识到知识分子在新中国中的责任和作用。知识分子过去为祖国和人民的利益，对推动社会进步作出过贡献，但他们也有弱点与不

---

① 全国政协暨北京、上海、天津、福建政协文史资料委员会编：《建国初期留学生归国纪事》，北京：中国文史出版社 1999 年版，第 18 页。

② 全国政协暨北京、上海、天津、福建政协文史资料委员会编：《建国初期留学生归国纪事》，北京：中国文史出版社 1999 年版，第 18—19 页。

足，也有的人并不为人民服务。留学生不应与人民隔离，应自觉成为人民的一部分，在人民中间工作，在共建光辉前途的新中国中发挥应有的作用，与时代共进步。

当年该会由东部分会编印的通讯《留美青年》，报道了会议情况与上述精神，还介绍称，有一些同学受到了鼓舞，对祖国的前途从原来的失望转为充满希望，大家决心要把会议的精神带回去学习，使其他中国同学分享收获。①

1948年的西部夏令会则通过了一项决议，这份决议表明了留美学人群体中占主导地位的政治立场，清晰地表达了留美学人对国内时局的看法：

> 我们认为在中国的这场斗争，并不只是两个政党之间的冲突，而是一场人民争取民主，反对封建主义、外国主宰和政府里特权家族垄断经济的斗争。我们支持"耕者有其田"的土地改革和建立一个代表所有不同经济利益阶层，包括所有参加这场斗争的力量的民主联合政府，并争取实现公正的国际秩序和持久和平。我们认为美国政府给南京政府军事、财政援助的政策，延长了中国的内战，增加了中国人民为建立一个强盛、独立和民主的国家而奋斗中所遭受的痛苦，危害了中美的友谊。我们促请美国公众重新考虑美国政府这一政策，要求中止援助南京政府。我们强烈谴责南京政府出卖民族主权与利益，以换取美援的行径。我们表示无保留地支持中国人民和学生反对美国重振日本战前经济、政治结构与军国主义的政策。我们认为，不畏强暴的中国学生运动，是中国人民争取建立一个强盛、独立、民主中国的斗争中的重要组成部分，我们完全支持他们的运动，愿肩并肩地和他们

---

① 全国政协暨北京、上海、天津、福建政协文史资料委员会编：《建国初期留学生归国纪事》，北京：中国文史出版社1999年版，第19—20页。

第四章　北美基督教中国学生会的发展及其影响

一起为建造一个新中国而奋斗。①

1949年CSCA又举行了一系列的聚会活动,包括春节的中国夜活动、东部和中西部地区的夏令营等。1949年春节,CSCA纽约支会在租借各国留学生活动的国际大厦,举办了规模盛大的"中国夜"(China Night)联欢活动。参加的不仅有中国留美学人,还有外国学生,以及受邀前来的哥伦比亚大学知名教授及外国友人。中国夜的节目丰富多彩:

> 纽约支会合唱团,首先演唱了中国爱国歌曲。有陶行知作词的《锄头舞歌》,有《毕业歌》《在太行山上》,还有《黄河大合唱》的选曲《黄水谣》和气势磅礴的《保卫黄河》。晚会上还有秧歌舞"朱大嫂送鸡蛋"和双人舞的"青春舞曲"。纽约"中国城"的中国剧团参加表演了民乐演奏。同学们还演出了国内流行的讽刺活报剧"蒋大娘补缸"。它描写蒋大娘打破了大粪缸,奇臭难当,她百般媚求美国补缸老人修补,而老人看到破洞太多,无法修补,但又舍不得丢了蒋大娘的破缸。
>
> 最后的压轴戏是话剧《江南小景》,这原是一部现代中国话剧,描述战祸中的人民的觉醒和团结。同学们请当时在美的中国知名电影导演司徒慧敏执导。那时演出此剧,也是象征江南人民渴望解放和重建家园。②

1949年新中国即将成立之际,CSCA于9月11日至14日在美国中西部地区召开了全国大会,此时的留美学人普遍感到欢欣鼓舞。CSCA还与其他中国留学生组织共同在国际大厦召开了庆祝中华人民共和国成立的

---

① 全国政协暨北京、上海、天津、福建政协文史资料委员会编:《建国初期留学生归国纪事》,北京:中国文史出版社1999年版,第19页。
② 全国政协暨北京、上海、天津、福建政协文史资料委员会编:《建国初期留学生归国纪事》,北京:中国文史出版社1999年版,第21页。

大会。

1949年东部分会的冬令会于12月26日至29日召开，与会者83人，主要是来自纽约地区、费城地区和波士顿地区各大学的中国留学生。"他们交流了国内的最新消息，通过介绍国内亲友和已回国同学的来函，了解新中国对知识分子、留学生的政策，也研讨了留学生如何发挥才能为祖国服务。"① 中西部地区在密歇根也召开了冬令会。

1950年暑假，东部和中西部夏令会先后召开，主题为"去建设一个新的中国"。

> 在东部夏令会的自由讨论中，有人提出这样一个疑问："根据现在公认的观点，中国有煤，但并无多少石油。没有石油，就难以有工业化，不能发展汽车、航空、公路交通等现代设施，中国又怎能现代化？"另一位同学对此进行了分析：第一，由于中国的落后，至今并没有进行过真正大规模的科学勘探，中国地域广大，何以知道就没有蕴藏的石油？第二，"中国贫油论"正是适合外国石油大王长期垄断我国市场、掠夺中国人民高额利润的需要。他们并不希望中国有自己独立的石油工业。第三，最重要的是，我们的科学家应决心在新中国的建设中从事科学实践和研究，去发现和开发沉睡的资源，中国现代化的建设是一定能实现的。
>
> 对于文化建设，曾有这样的问题：我们在美所学的，回国是否能被接受？在讨论中认为：我们学习西方的文化、艺术等，是可以也应该同中国的现实、人民的要求以至民族的优秀传统相结合，作出不断创造的。冼星海创作的《黄河大合唱》就是明证，现代中国新文化的发展经验也是这样。②

---

① 全国政协暨北京、上海、天津、福建政协文史资料委员会编：《建国初期留学生归国纪事》，北京：中国文史出版社1999年版，第25—26页。

② 全国政协暨北京、上海、天津、福建政协文史资料委员会编：《建国初期留学生归国纪事》，北京：中国文史出版社1999年版，第26—27页。

第四章　北美基督教中国学生会的发展及其影响

除了大规模的夏令会和冬令会以外，CSCA 在某些地区的分会也很活跃，组织一些同学进行定期的研讨学习。如纽约分会和波士顿分会，都有定期的读书会或聚餐会，为留美学人进行交流提供平台和机会。"参加过这些研讨会的同学，感到思想收益很大，不少人回顾这些经历，认为对自己人生道路的抉择和以后的事业起了很大作用。"[①]

CSCA 纽约分会自 1948 年夏起，就开始组织留美学人开展星期日聚餐会活动，每周星期日进行聚会，大家开展读书活动并交流学习心得。所读书目包括毛泽东的《新民主主义论》《论联合政府》《论人民民主专政》等。"通过这样的学习活动，留学生们对中国的新民主主义革命的性质、目的及政策有了较明确的认识。"[②]

CSCA 波士顿分会自 1949 年春起，开始进行读书会活动。读书会由侯祥麟、陈秀英、张钦楠等人发起成立，于每周日进行读书学习。据侯祥麟回忆：

> 每个星期天学习，在哈佛找房间开会，参加的人不少，大概有几十个。找了一些积极分子，像周廷冲（中科院院士、军事医学科学院教授）、黄翠芬（中国工程院院士、军事医学研究院教授）、卢肇钧（中科院院士、铁道研究院研究员）、张兴铃（中科院院士、中国工程物理研究院教授）、许少鸿（上海科技大学教授）等，学习资料能找到的像《新民主主义论》等，都学习过。礼拜天上午开会学习，中午就有少数人大概七八个人，到我住处来做饭，一边吃一边商量在 CSCA 具体做哪些事情，然后分头去做。我们 CSCA 波士顿分会搞得很活跃，通过文艺活动、郊游等联络感情。当时尽量向同学们宣传中国的情况，宣传中国共产党的方针政策，让大家了解中国的前途和方向。

[①] 全国政协暨北京、上海、天津、福建政协文史资料委员会编：《建国初期留学生归国纪事》，北京：中国文史出版社 1999 年版，第 20 页。

[②] 一鸣：《新中国成立前后的留美学生》，载《武汉文史资料》，2016 年第 8 期，第 37 页。

CSCA 采取的是活跃的方式,东部分会办夏令营,吸引的同学比较多,当时波士顿分会是起了作用的。美国许多公园里都有比较大的地方,可以开会。1949 年冬天,波士顿分会办了冬令营,公开号召大家回国参加建设。①

1948 年夏,CSCA 还与全美基督教协会联合举办了"纽黑文工业项目",为中国留学生提供实习和与美国学生交流的机会。项目为期两个月,有 14 名中国留学生和 14 名美国学生共同参加。他们被安排在纽黑文地区以制造体育枪械闻名的温切斯特机器兵工厂工作,住在耶鲁大学。项目的宗旨为:为学生提供一个有教育意义和经济上有帮助的暑期生活,并创造条件使学生了解美国工人的生活和思想。因此,这 28 名中美学生每天的任务一方面是从事 9 小时繁重的体力劳动,另一方面则是聚在一起进行座谈和其他联谊活动。但这一项目最终以中国留学生的抵制和退出告终:

一个月以后,留学生们发现这个工厂某些分厂警卫森严,制造的机关枪子弹都是大号的。有一次,一个车间负责人无意间对中国留学生钟昭华透露说,那些子弹是给你们中国政府的飞机上用的机关枪子弹。钟昭华听到后,十分震惊,她对同学们说:"我怎能在一个制造杀害我自己同胞的军火厂工作?我仇恨战争,我受到的战争灾难太多了。我也反对美国对中国的军事干涉,我不能忍受在此工作了。"消息传开,引起了学生们的共鸣。晚上的座谈会上,晏振东、梅汝和等熟知国内情况的同学,详细介绍了中国的局势,还运用幻灯机放映了国民党政府军警镇压学生群众的现场影像,其中有浙江大学学生自治会主席于子三烈士 1947 年 10 月 29 日被国民党特务杀害于杭州的照片。第二天,有 12 名中国留学生表示辞去军火厂的工作,以示抗议。其他美国学生虽然继续留在工厂,但他们表示非常同情和支持中国留

---

① 侯祥麟:《侯祥麟自述:我与石油有缘》,北京:石油工业出版社 2012 年版,第 44 页。

第四章　北美基督教中国学生会的发展及其影响

学生这一正义的举动。他们说要在工人中解释这一事件的真相,要把中国局势的真相告诉美国的工人。美国学生中有一名也辞去工作的华裔学生,他说:"我们身上流着中华民族的血,我忠于中华民族,愿为解除民族的苦难而做该做的事。我并没有在制造武器的车间劳动,但我辞去了工作,为的是要以个人的行动来告诉广大中国学生,告诉世界,我拥护和同情中国人民为粉碎封建枷锁的解放斗争!"①

1947年到1950年间,CSCA每年举办的夏令会和冬令会等大型聚会活动及地区性常规活动等,其主题常常与祖国有关,此时的留美学人密切地关注着祖国时局的动向。因CSCA在中国留学生中有着悠久的历史,也是当时在留美学人中影响力最广泛的组织,因此CSCA的活动和宣传,有效地促进了留美学人对祖国的关心、对国内情况的了解,同时也坚定了他们选择归国的决心。

(二)《留美青年》及其影响

CSCA的出版物总的来讲有三种:第一种是,目录册。CSCA每年出版目录册,提供关于美国高校、学科和地址的信息,为学生申请注册学校提供参考。这些信息是基于每年向大约1700个高校发放的问卷所获得的。第二种是月刊。CSCA还在学年之中发行月刊,即《留美青年》。第三种是小册子。CSCA为学生提供各种服务性的小册子供学生在需要时使用。② 其中,《留美青年》是CSCA记录自身发展及活动情况,进行对外传播的主要刊物。

《留美青年》于1909年创刊,伴随CSCA的创建和发展成长和发行起来。创刊之初的英文名为汉语拼音 *Liu Mei Tsing Nien*。该刊最初只是CSCA

---

① 一鸣:《新中国成立前后的留美学生》,载《武汉文史资料》,2016年第8期,第37—38页。

② "The C. S. C. A. Yesterday and today", *The Chinese Christian Student*, Vol. 34, No. 1-2, Nov.-Dec. 1943, p. 9.

的定期简报，主要宣扬的是基督教相关的内容，依靠会员们的资助，才得以发展成为一份定期出版的杂志刊物。① 1925年11月，《留美青年》再次成为CSCA的机关报，英文名称改为 The Chinese Christian Student。在五卅惨案之后，留美学生有责任促进中美两国的互相谅解，新的工作重点就是将中国政情如实向美国社会报道。②《留美青年》的英文名改为 The Chinese Christian Student 后，更易于英文读者理解，使它在美国读者中有更广泛的受众，增强了其在英语世界的传播力。40年代《留美青年》为月刊，并免费寄给会员。③

从1945年11月第36卷第1期开始，The Chinese Christian Student 将《留美青年》这一中文名称刊印在其封面上，中英文两个名称并用，在此之前的封面上则只有英文名称。根据CSCA的创办宗旨，《留美青年》长期以来以宗教传播为主要内容，《留美青年》这一中文刊名并不能直接表达出CSCA的宗教本质，与 The Chinese Christian Student 这一英文刊名的翻译"中国基督教学生"也并不一致。事实上，到了40年代中后期，《留美青年》逐渐缩减了刊物上的宗教内容，转而将更多目光投向政治性的报道。因此，封面刊名的变化也反映了CSCA及《留美青年》开始减少其宗教性，增强其政治性。

《留美青年》在1945年以前的政治立场相对中立，刊物对中国政治的讨论并不激烈。报道主要集中在两个方面：一方面是CSCA的日常活动，而日常活动多数为聚会、聊天、聚餐等活跃的形式；一方面是以基督教为基点的人生感悟、社会理解以及中国国内战况等内容。自1945年起，该刊的政治性逐渐增强，开始刊登政论性文章，如哈佛大学的林达光、浦寿山等人，经常在该刊上发表政论性文章，其政治观点较进步。

---

① "CSCA Annual Financial Campaign", *The Chinese Christian Student* (*New York City Issue*), Vol. 36, No. 3, 1946, p. 8.

② Y. F. Wu, "A Message from the President", *The Chinese Christian Student*, November 1925, p. 1.

③ "What is CSCA?" *The Chinese Christian Student*, Vol. 36, No. 2, Dec. 1945, p. 20.

第四章 北美基督教中国学生会的发展及其影响

《留美青年》记录了40年代中后期CSCA及在美中国学生对祖国时局的关心,同时真实记载了他们在政治立场上的交锋以及CSCA政治风向的转变。《留美青年》刊发了1945年11月CSCA举行的专题讨论会,主题为"宪政民主与我国的未来",会上有来自哈佛大学的林达光和浦寿山发言,讨论的焦点在于中国人民想从立宪政府得到什么,以及在中国如何建立这样的立宪政府。① 1945年CSCA北林夏令会后,左翼思潮在留美学人中的影响逐渐扩大。CSCA的学生领袖林达光、浦寿昌等人,更是鼓励留美学人表达自己的政治立场,自由的批判。他们在《留美青年》上发表关于组建联合政府的主张,并抨击美国政府对中国内政的干涉,抨击美国的对华政策,批判国民党政府。② 1946年初,《留美青年》在筹集资金的倡议中,提出计划在当年办3场夏令会,分别在西部、中西部和东部,为使每个地区的会员都能受益。③

---

① "Plenary Sessions: Democracy for China Strongly Urged by Students", *The Chinese Christian Student* (*Special Conference Issue*), Vol. 36, No. 1, Nov. 1945, p. 5.

② Shou-Chang Pu, "After the San Francisco Conference—What? A Chinese Youth Looks Ahead", *The Chinese Christian Student*, Vol. 36, No. 2, Dec. 1945, p. 7.

③ "CSCA Annual Financial Campaign", *The Chinese Christian Student* (*New York City Issue*), Vol. 36, No. 3, 1946, p. 8.

第五章 争取归国的努力及归国后的贡献

通过留美科协和 CSCA 在留美学人中的积极动员,许多留美学人了解了新中国的面貌和情况,最终选择了归国发展。然而由于美国对留美学人归国政策的限制,留美学人为归国探索出了多种渠道,同时新中国政府也积极通过外交手段与美国政府进行交涉,争取和捍卫留美学人归国的合法权利。最终归国的留美学人不负期待,在新中国各项事业的建设中发挥了至关重要的作用。

一、冷战格局下留美学生组织和中国政府协助留学生归国的策略

从 1948 年到 1956 年,中国共产党和新中国政府通过多种渠道和多方努力,积极开展动员留美学人归国的工作。一方面,对留学归国人员给予政策上的支持,并广泛发动留学生的国内关系,包括基层单位和留学生的亲朋好友,通过写信等方式动员留学生回国。另一方面,在海外积极广泛地开展留学生归国动员工作,通过中国留学生组织、中国留学生刊物等交流平台进行归国宣传,并为有意归国的留美学人提供实际的帮助,扫除他们归国的现实困难。但随着朝鲜战争爆发,美国麦卡锡主义盛行,留美学生组织遭遇了前所未有的危机,并最终相继解散,使留美学人失去了公开

交流的重要平台。为了争取自身的合法权利，留美学人中的活跃分子，仍积极团结在一起，与美国政府进行抗争，与新中国政府积极配合，争取留美学人归国的自由权力。

（一）冷战格局下留美学生组织的命运

1950年朝鲜战争爆发，美国国内麦卡锡主义盛行起来，美国国会通过了"麦卡伦法案"，要求有共产党行为的组织进行登记，以避免其进行非美的和颠覆性的活动①，一切与共产党有关的活动和组织都会被怀疑并遭到严密监控。"各个学校的留学生顾问也都召集中国留学生谈话，宣称中国留学生若留在美国学习是欢迎的，但参加外面的活动要注意，若参加'左'的组织，就不能允许，不予保护。"②"1950年七八月，报上——好像是《纽约时报》登消息说，中国学生办的留美科协、CSCA有非法活动，是颠覆性组织。"③ 随后，CSCA和留美科协两个留学生组织为了避免麻烦和保护会员的安全，在1950年9月后相继解散，在美中国留学生也因此失去了交流活动的两大平台，中国留学生的活动一度陷入沉寂。

美国政府并未直接宣布取消留美学生组织，而是用盘问、搜查、传讯、关押留美学生组织人员等方式，迫使这些组织解散。当时，"美国要求中国学生每年要到移民局谈话，续办手续（那时没有'绿卡'），留美科协会员每次都受到很多盘问，关于活动、负责人等。"④ "'非美活动委员会''联邦调查局'等组织对进步团体和人士进行迫害。一些地方政府移

---

① McCarran, Patrick A. "The Internal Security Act of 1950." *U. Pitt. L. Rev.*, Vol. 12, 1950, p. 487.

② 一鸣：《新中国成立前后的留美学生》，载《武汉文史资料》，2016年第8期，第40页。

③ 侯祥麟：《侯祥麟自述：我与石油有缘》，北京：石油工业出版社2012年版，第45页。

④ 侯祥麟：《侯祥麟自述：我与石油有缘》，北京：石油工业出版社2012年版，第45页。

20世纪50年代归国留美学人：困境、组织与贡献

民局对留美科协会员进行传讯"①。如李恒德因是留美科协骨干，他的家遭到美国移民局的搜查，移民局官员从他家带走的资料包括：留美科协的全部名单、《留美科协通讯》、李恒德的自购书籍《列宁传》以及别人从香港寄给他的《新建设》《新观察》杂志等。美国移民局还将李恒德叫去审问，问题包括"你为什么加入共产党？谁介绍你加入的？""你是什么时候加入留美科协的？为什么要搞留美科协？留美科协的成员都有谁？谁指使你做这些的？等等。"还询问了移民局从李恒德家里搜查出来的"东西是从哪儿来的？你收到中国的来信没有？家人在信中都跟你说了些什么？"② 此外，留美科协负责人颜鸣皋等被美国移民局关押，交纳保释金后才获释。1950年10月颜鸣皋预订了回国的船票，但在上船前两个星期，被联邦调查局以非法居留的名义带走，关押在纽约的埃利斯岛，并在他的名字旁边加了"Red"三个字母，即"赤色分子"。颜鸣皋在耶鲁大学的同学帮他交了2000美元保释金后才获释。据颜鸣皋分析，他被关押的原因，大概有两个，"一个原因是，我是留美科协的骨干，联邦调查局想杀一儆百。……留美科协出版了一个刊物《留美科协通讯》，李恒德担任编辑，我主要负责传递，因为只有我有汽车。……第二个原因是，我负责与国内联络、收集国内来信，了解国内情况。因为葛庭燧他们回国后经常给我写信，我就担任联络人。联邦调查局不喜欢我这样做。"③

为了保护会员的安全，避免不必要的麻烦，留美科协于1950年9月19日正式宣布解散，并通告全体会员"'本会自即日起解散，各区会、各学术小组亦随即停止活动'。通知最后说'我们愿在此重申本会之期望作为结束，希望各同学早日学成回国，不久的将来，我们在祖

---

① 傅琳：《留美科协成立始末》，载《北京党史研究》，1998年第2期，第44页。

② 李恒德口述：《负责编辑〈留美科协通讯〉》，见王德禄等：《1950年代归国留美科学家访谈录》，长沙：湖南教育出版社2013年版，第204—205页。

③ 颜鸣皋口述：《因留美科协活动被关押的"红色分子"》，见王德禄等：《1950年代归国留美科学家访谈录》，长沙：湖南教育出版社2013年版，第106—107页。

国再见!'"① 其创办的《留美科协通讯》也随之停刊。留美科协解散后,虽然不再组织集体活动,但许多会员之间保持着个人的交往与联系,团结起来与美国政府进行斗争,争取获得回国的自由。"留美科协在短短一年多的时间里,为推动新中国成立初期留美学生归国所做的工作,产生了不可估量的影响。"②

1950年,CSCA中倾向于共产党的会员的声音也逐渐减弱,"越到后来,倾向于共产党的人越不敢表明态度,越要隐藏他们的态度。因为我们是在美国,万一有人听到你说有倾向的话,到移民局、联邦调查局告一状,可能就会遇到麻烦。"③

因此,在麦卡锡主义和中美关系紧张的背景下,留美科协和CSCA已无法正常运转下去,其会员安全亦无法得到保障,为了使其会员避免受美国政府的进一步迫害,两个学生组织最终选择了解散。

(二) 留美学人为争取归国的抗争

留美学生组织虽然解散了,但其会员间的联络并未停止,留美学人为争取归国的努力亦在继续。1951年到1954年,美国政府禁止中国留学生归国期间,部分积极的留美学人在艰苦的斗争条件下,坚持与美国政府不懈抗争,积极开展自救,争取打破美国对中国留学生归国的封锁。

朝鲜战争爆发后,美国国内麦卡锡主义盛行,中美双方的敌对加深,导致美国政府对中国留学生的态度从友好变为敌视。1951年美国政府正式颁布禁止中国留学生出境的命令,留美学人回国的自由受到了极大的限制。自1951年到1954年,美国政府明令禁止学习自然科学的中国留学生和学者回到中国大陆。1951年10月,凡申请回国的学习自然科学的中国

---

① 傅琳:《留美科协成立始末》,载《北京党史研究》,1998年第2期,第44页。

② 傅琳:《留美科协成立始末》,载《北京党史研究》,1998年第2期,第45页。

③ 李恒德口述:《负责编辑〈留美科协通讯〉》,见王德禄等:《1950年代归国留美科学家访谈录》,长沙:湖南教育出版社2013年版,第200页。

20世纪50年代归国留美学人：困境、组织与贡献

留学生都收到了美国移民局颁发的"禁归令"，禁令中规定，如果离开美国国境，就要被处最高达五年的监禁或者最高达五千美元的罚款，或者同时受到两种处罚。直至1954年5月移民规划局才撤销这一禁令。在禁归令期间，留美学人的处境是投诉无门，美国移民局给留美学人的理由更是闪烁其词。因此，在美国颁布禁归令期间，以在美中共党员和原留美学生组织中活跃分子为主的留美学人，为美国政府对他们实行的不公正待遇进行了一系列抗争。他们设法通过各种外交或民间的手段，如：与中国政府联系、与美国媒体联系、与美国友好人士和友好社团联系、与联合国及其他国家大使馆联系等，尝试为中国留学生解除困境，争取中国留学生自由归国的权利，为中国留学生创造归国的可能。正是在他们的动员、鼓励和帮助之下，中国代表团才能在日内瓦会议上，以充足的证据揭露美方扣留中国留学生的行径，最终促成了1954年美国政府对禁归令的解除，留美学人最终获得了相对的回国自由，第二波归国潮也因此到来。

具体来看，他们的努力包括：一是向美国移民局写信提出抗议；二是通过美国友人的帮助，设法与国内取得联系，寻求来自新中国政府的帮助；三是接触美国进步团体，争取其同情、支持和帮助；四是求助于其他国家大使馆和联合国的外交援助和支持；五是通过媒体将中国留学生的遭遇公之于众。[①] 这些努力使国际社会了解到美国对中国留学生不公正的对待，为中国方面在日内瓦与美方进行谈判提供了有力的证据，为中国方面的谈判赢得主动。

留美科协的几位负责人也是组织留美学人进行抗争的主要领导人。但是，留美科协刚解散的初期，美国政府对留美科协的主要负责人采取了严密的封查措施，导致他们一时无法反抗，他们的活动也一度陷入停滞。当时李恒德作为留美科协的骨干成员，"银行存款也被扣了，美国不允许他离开费城。李恒德被软禁了，他可以上学，但是不能出去活动。黄葆同也被软禁了，也不允许他离开学校。黄葆同当年是留美科

---

① 李恒德口述：《负责编辑〈留美科协通讯〉》，见王德禄等：《1950年代归国留美科学家访谈录》，长沙：湖南教育出版社2013年版，第209—214页。

第五章 争取归国的努力及归国后的贡献

协的会计。"① 在美国政府的严密监控之下，中共党员在美的工作很难进行，直到美国国内麦卡锡主义逐渐缓和，这些中共党员才又开始为争取留美学人回国进行多方努力。

1952 年以后，留美学人逐渐开始行动起来，对抗美国政府对他们归国的禁止。他们采取了以下措施表达对美国政府的不满以及尝试突破美国政府对他们回国的封锁：

第一，他们避开美国当局的注意，逐渐秘密形成了规模不大的小团体，聚集了一些想回国但无法冲破美国禁令的留美学人，共同努力寻找回国的办法。他们举行了一些小规模的活动，聚会商讨回国的策略。如 1953 年，留美学人以 CSCA 的名义举行夏令会，由李恒德、张兴钤和师昌绪三人召集，聚集了 30 多位留美学人开会讨论如何冲破美国的阻拦实现归国。他们商量的对策是："第一，一定要联合起来向社会公开，让老百姓都知道美国不允许中国留美学生回国的事情；第二，要与国内取得联系，当时确实有不少美国老百姓给国会、报社写信，说他们不让中国人回国是非人道的。"②

第二，他们联络美国民间的友好人士寻求咨询和帮助。李恒德联系到美国律师高乐宾（Ira Gollobin），他为中国留学生提供了很多帮助，并提出了他们应该做的三件事："第一，你们要团结起来，给美国政府提出回国的要求；第二，你们一定要得到中国政府的支持；第三，你们要得到美国进步团体的支持，但是这些进步团体在美国能够给你们提供的帮助非常有限。"据李恒德回忆称："接下来的几年，我们就是按照这三个方向来行动的。"③ 当时为中国留学生争取归国权利的中共党员中，李恒德是最为活跃的人之一。

---

① 何国柱口述：《给联合国秘书长写公开信》，见王德禄等：《1950 年代归国留美科学家访谈录》，长沙：湖南教育出版社 2013 年版，第 293 页。
② 师昌绪口述：《干了 30 多年高温合金》，见王德禄等：《1950 年代归国留美科学家访谈录》，长沙：湖南教育出版社 2013 年版，第 261 页。
③ 李恒德口述：《负责编辑〈留美科协通讯〉》，见王德禄等：《1950 年代归国留美科学家访谈录》，长沙：湖南教育出版社 2013 年版，第 210 页。

第三，留美学人联名给周恩来写信，并通过美国人寄往中国。李恒德起草了给周恩来的信，陈述留美学人被美国政府阻拦不能回国的情况，一些有意回国的留美学人在信上签名。由李恒德、何国柱分别负责美国东部和中西部地区的留美学人在该信上签名。"当时参与签名的有何炳林、陈茹玉、王祖耆、周孝天等十几个人，可能不止这些人。"留美学人签名后，李恒德将信和签名一起，交付给一位美国人，请他帮忙把信转交给周总理。① 当时留美学人曾找了不止一位美国人帮助留美学人往国内带信件，但李恒德回忆说："他们是否带到了中国，我不知道。他们究竟跟中国有什么联系，通过什么途径把我们的信息带到中国，我们都不知道，也不方便问。这是一件很冒险的事情。"②

第四，向当时已与中国建交的印度方面寻求帮助。当时李恒德找到驻美印度大使馆，将中国留美学人不能回国的情况告知印度大使，希望印度方面能够转告给中国政府。同时，李恒德将中国留美学人写给中国政府的信转交给印度大使，希望印度方面能够将信交给中国政府，并承诺保守秘密，不泄露信上留美学人的名字。印度大使馆同意为中国留学生做这些事。③ 留美学人还"在信中注明，请印度大使帮我们把信转交给周总理。……李恒德说，我们要通过印度大使在联合国争取一下，把美国扣留中国学生的事情提出来，希望联合国允许我们这些被扣的中国学生回去。如果这些信都得不到回音，我们就直接给联合国写信"。④

第五，留美学人给爱因斯坦写信，请他出面帮忙，但爱因斯坦并未答应。当时写信给爱因斯坦的是虞俊，信上陈述了自己留学和被美国政

---

① 何国柱口述：《给联合国秘书长写公开信》，见《1950年代归国留美科学家访谈录》，长沙：湖南教育出版社2013年版，第295页。

② 李恒德口述：《负责编辑〈留美科协通讯〉》，见王德禄等：《1950年代归国留美科学家访谈录》，长沙：湖南教育出版社2013年版，第211页。

③ 李恒德口述：《负责编辑〈留美科协通讯〉》，见王德禄等：《1950年代归国留美科学家访谈录》，长沙：湖南教育出版社2013年版，第211页。

④ 何国柱口述：《给联合国秘书长写公开信》，见《1950年代归国留美科学家访谈录》，长沙：湖南教育出版社2013年版，第295—296页。

第五章　争取归国的努力及归国后的贡献

府扣留的经历，表达了希望爱因斯坦利用他的威望帮助中国留美学人发声的请求。信中写道："如果您会同情我们的遭遇，关注这件事情，我们将不胜感激。您和您的朋友们的呼声一定会比我们自己的更加有力。"爱因斯坦在回信中表示，他自己在这个国家的处境也已经很困难，而且也没有有影响力的朋友在这件事情上能够提供帮助。① 爱因斯坦也在麦卡锡主义盛行的这一时期，遭到美国当局的怀疑，不便为中国留美学人发声。

第六，留美学人给美国总统艾森豪威尔写公开信，并通过媒体将该信公开刊登，寻求广泛的同情。日内瓦会议以前，留美学人从美国报纸上得知，在日内瓦会议上，中美双方要谈判扣留人质的问题，一个是美国扣留中国留学生，一个是中国扣留美国战俘。留美学人意识到两国政府在美国禁止中国留学生回国的问题上已开始寻求解决，于是写了一封给美国总统艾森豪威尔的公开信，要求取消对中国留学生归国的禁令。② 同时将这封信发给美国各大媒体，通过媒体的力量揭露美国政府对中国留学生的不公正待遇。该信由梁晓天起草，26 人联合签名，信中写道，"唯一不能使我们回家的理由是我们获得了技术训练。我们谨此指出：我们所学到的技术训练一点都涉及不到秘密的东西……我们不相信这个大国的安全会因为我们回国而受到丝毫损害，相反地，我们认为这样会使我们两国人民间的友谊与了解更坚固地结合起来……"美国电台、报纸等新闻机构纷纷报道留美中国学生的情况，引起美国各界强烈反响，使美国政府一时间狼狈不堪。③ 美国东部和西部的留美学人先后于 1954 年 8 月 5 日和 1954 年 9 月 2 日给美国总统艾森豪威尔写了两封公开信，主要表达了他们对国内家人的思念，有的留美学人在国内有爱人和孩子，多数留美学人都有年迈

---

① 王德禄：《寻找爱因斯坦给中国留美学生的回信》，载《中国科技史杂志》，2014 年第 3 期，第 358—359 页。

② 李恒德口述：《负责编辑〈留美科协通讯〉》，见王德禄等：《1950 年代归国留美科学家访谈录》，长沙：湖南教育出版社 2013 年版，第 213 页。

③ 邱石编：《共和国重大事件决策实录》，北京：经济日报出版社 1998 年版，第 104 页。

的父母需要照顾，另外，留美学人表达了他们的回国并不会对美国的利益造成任何的损失，他们在美国所学的科学技术知识都不是机密或机要内容，相反，会促进两国人民的友好和理解。此外，一些留美学人听说已经有中国留学生被允许离开美国，因此恳请美国总统同意他们的回国请求。①

第七，留美学人给联合国秘书长写公开信，并在媒体上公开发表。信中呼吁联合国关注美国禁止中国留学生回国这件事，留美学人陈述了自己离开爱人、孩子和父母等家人来到美国求学的情况，表达了想回到国内与家人团聚的愿望，认为像美国这样的大国，不应该担心仅仅是一些中国留学生就会对美国安全构成威胁。信中引用了联合国的《世界人权宣言》，"每个人都有权利离开任何国家，包括离开他自己的祖国和回到祖国。"同时，表达了希望联合国秘书长将这一情况传达给联合国人权委员会和联合国成员国，并表达了相信联合国会采取适当的措施解决这一问题，同时表达了留美学人对联合国所做任何努力的感谢。②

给联合国秘书长的公开信写于给美国总统艾森豪威尔的公开信之后，这两封信都在媒体公开发表，不仅在美国国内的媒体公开发表，而且在其他国家的媒体也获得公开发表，美国政府的这一行为才被世人所知，并受到了广泛的谴责。

当时留美学人写公开信并将信投寄给媒体时，依然受着美国政府的严密监控，他们通过自己小心谨慎的努力才最终争得了美国政府对留美学人禁令的解除。何国柱回忆："当时我们做事情很慎重。有一次，他们打电话让我马上去趟费城，商量写公开信的事情，当时我在西部，他们在中部。我是连夜赶到的。李恒德、师昌绪我们几个比较热心也比较靠得住，

---

① 《中国留学生1954年致美国总统艾森豪威尔的两封公开信》，见全国政协暨北京、上海、天津、福建政协文史资料委员会编：《建国初期留学生归国纪事》，北京：中国文史出版社1999年版，第479—483页。

② 《中国留学生1954年致联合国秘书长哈马舍尔德的公开信》，见全国政协暨北京、上海、天津、福建政协文史资料委员会编：《建国初期留学生归国纪事》，北京：中国文史出版社1999年版，第484—487页。

我们在公开信上签了名。签字的时候我心里有点嘀咕，这相当于是跟美国翻脸了。我走的时候对我夫人刘豫麒说，将来美国有可能会扣留我，我们没有钱，你怎么办？当时犹太人在美国创办了一个犹太律师事务所，专门打抱不平，免费服务。无论什么民族纠纷，只要没有钱打官司，都可以去找他们。我给我夫人出主意，如果我被扣了，你就去找犹太人，请他们帮忙。我认为，这件事情我处理得比较好。后来，给联合国写的信没有回音，给周总理的信有了反应。"①

在留美学人的共同努力下，美国政府禁止中国留学生归国的不正当行径遭到了美国国内和世界上的广泛谴责，美国政府迫于压力，逐渐放开了对中国留学生回国的限制。中美双方在日内瓦的谈判则将这一问题摆上台面，经过双方的交涉，美国终于取消了对中国留学生回国的禁令。

（三）中美日内瓦谈判与留美学人归国问题的解决

留美学人在禁归令期间的积极抗争，为中国政府在日内瓦与美方谈判争取了主动。为了在日内瓦会谈中拿出有力的证据证明美国政府扣留中国留学生，在美国执行对留美学人的禁归令期间，王炳南曾通过别人给留美学人写信，请他们收集一些想回国的中国学生的名单。当时信上的署名不是王炳南，而是用了另外一个名字。何炳林等一些留美学人在芝加哥找了一些中国学生签名，把名单收集起来后，为了不引起美国政府的注意，到一个小地方去把信寄出。当时信封上写的是寄给欧洲某个饭店的杨太太。②

中美在日内瓦就双方侨民问题进行谈判分为两个阶段：一个阶段是1954年的日内瓦会议期间的四次中美谈判，尝试接触，双方并未达成共

---

① 何国柱口述：《给联合国秘书长写公开信》，见王德禄等：《1950年代归国留美科学家访谈录》，长沙：湖南教育出版社2013年版，第296页。

② 何炳林、陈茹玉口述：《与化学的不解之缘》，见王德禄等：《1950年代归国留美科学家访谈录》，长沙：湖南教育出版社2013年版，第322页。

识；第二个阶段，1955年双方达成的唯一成果为《中华人民共和国和美利坚合众国两国大使关于双方平民回国问题协议的声明》。

具体来看，第一，中美双方通过第三方进行间接接触的尝试。中美在1954年日内瓦会议期间尝试接触的最初动因，是美方想要解决在华美侨回国的问题。1954年5月日内瓦会议期间，美方因避免与中方做直接接触，委托第三方英国代表团成员、英国驻华代办杜维廉就释放在华美侨问题与中方尝试接触。在与中方外交部司长宦乡接触时，杜维廉"纯粹以私人身份"向中方提出了"许多美侨在中国不能回美国"以及"许多华侨在美国不能回中国"的问题，表示"很愿意居中斡旋"。[①] 为了争取到留美学人回国的权利，中方通过杜维廉向美国释放了愿意直接谈判的信号，宦乡向杜维廉说："只要美国方面愿意谈这类问题，我们是不拒绝谈的。中国代表团和美国代表团都在这里，只要有谈的意愿，那么美国代表团尽可以直接向我们代表团提出；或者经过杜维廉先生介绍接谈也可以。"杜维廉也表示"完全同意最好由美国与中国直接商谈"[②]。但美国对于直接与中国接触充满了顾虑，日内瓦会谈期间中美双方尚未建交，在这一情况下，美方一开始不同意与中方进行直接接触，在不愿意承认新中国政权合法性的情况下，美方担心中美的直接接触会使中方获得更多的政治资本。美国代表团团长、副国务卿史密斯，将情况向美国国务院报告时指出，英国认为仅凭英方单独的进一步努力，对于中美侨民问题的解决无济于事，希望中美能够直接接触，并提出美方面临的选择：直接与中方谈判或在日内瓦会议

[①] 《宦乡与杜维廉关于中美两国侨民回国问题的谈话记录（节录）(1954年5月19日)》，中华人民共和国外交部档案馆档案，案卷编号：206-Y0012，见中华人民共和国外交部档案馆编：《中华人民共和国外交档案选编（第一集）1954年日内瓦会议》，北京：世界知识出版社2006年版，第379页。

[②] 《宦乡与杜维廉关于中美两国侨民及留学生回国问题的谈话记录（节录）(1954年5月27日)》，中华人民共和国外交部档案馆档案，案卷编号：206-Y012，见中华人民共和国外交部档案馆编：《中华人民共和国外交档案选编（第一集）1954年日内瓦会议》，北京：世界知识出版社2006年版，第382页。

期间在此事上无进展。① 美国国务卿杜勒斯在给美国日内瓦会议代表团的回复中,认为中共试图通过侨民问题达成中美两国的直接沟通,这将会使美国走向对中共政权的认同步骤,因此建议美国代表团避免与中共的直接谈判,仍通过杜维廉来居中斡旋。② 尽管美方对于直接与中方谈判顾虑重重,甚至在美国国务院与美国代表团之间产生了分歧,中方仍然保持着随时愿意与美方代表团就此事进行谈判的态度。周恩来向中央报告此事时说:"如美方果真来谈,我们即按既定方针和他们进行接触并以接触情况决定在何处举行谈判。谈判中当然首先要联系到中国留美学生被扣问题,并区别对待犯法美侨和其他美国人。如美方确实不愿与我方接触,则我们即拟发表申明说明我方惩处犯法美侨及保护守法美侨的一贯政策和实际情况,同时揭露和驳斥美方扣留我留学生的无理行为。"③ 因此,新中国政府准备了两套方案,一方面做好直接与美国谈判的准备,一方面做好了美方仍不肯直接谈判的准备。

第二,中方就美国政府无理扣留中国侨民和留学生问题向各国记者发表讲话,通过媒体途径向美国提出抗议,对美方施压。中国代表团发言人黄华于1954年5月26日向新华社、塔斯社、路透社、合众社、法新社、国际新闻社等通讯社的记者发表了关于中美两国侨民问题的讲话,指出,关于在华美侨的问题,中国政府并未阻止美国侨民离开中国,仅对少数犯了法的美国人依法予以逮捕。而相反,"美国政府对于在美境内的中国侨

---

① U. S. Department of State, "The Under Secretary of State (Smith) to the Department of State, Geneva, May 27, 1954 – 9 p. m.", *Foreign Relations of United States*, 1952 – 1954, Volume 14: China and Japan, p. 435.

② U. S. Department of State, "The Secretary of State to the United State Delegation at the Geneva Conference, Washington, May 28, 1954 – 2: 09 p. m.", *Foreign Relations of United States*, 1952 – 1954, Volume 14: China and Japan, pp. 436 – 437.

③ 《周恩来关于美国要求中国释放在华犯罪侨民事致毛泽东、刘少奇并中央的电报(1954年6月3日)》,中华人民共和国外交部档案馆档案,案卷编号:206 - Y0050,见中华人民共和国外交部档案馆编:《中华人民共和国外交档案选编(第一集)1954年日内瓦会议》,北京:世界知识出版社2006年版,第383页。

民,尤其是对于五千余中国留学生,自一九五零年以来,横加压迫,强迫扣留。有许多留学生和侨民,当他们申请离美返国时,他们接到了美国移民局的通知说:'无论你是否已有离境证,命令你不得离开或企图离开美国,直到你接到通知取消此项命令为止。'美国移民局并威吓他们说,如果他们违犯这一命令,'将被判处五千美元以下的罚金或五年以下的徒刑,或同时予以两种处分。'他们有不少人竟因要求返国而遭到虐待、逮捕、监禁。自一九五一年以后,美国政府甚至将中国留学生的护照全都收去,使他们无法离开美国。中华人民共和国中央人民政府收到许多中国留美学生的来信,诉说美国政府毫无理由地强迫扣留他们。有许多留美学生的家属也向中央人民政府请求援助,期望通过政府交涉迫使美国方面允许他们被扣留的家人回国。中国留美学生并没有犯什么罪,美国政府却剥夺了他们的离开美国的自由,剥夺了他们返回祖国的自由,剥夺了他们返回家乡与家人团聚的权利。这不仅是违背了国际法原则,而且完全不符合人道主义。""美国政府如果尊重国际法原则和人道主义,就应该立即停止强迫扣留和虐待中国的留学生和侨民,恢复他们离美返回祖国与家人团聚的不可被剥夺的权利。"[①] 黄华的这一谈话经媒体发表后,美方日内瓦会议代表团认为,中方已经表达了希望与美方直接接触谈判的意愿,如果美方拒绝,则要在在华美犯的问题上负行动不力之责,因此建议进行直接谈判。[②] 可见,中国对美国的外交施压起到了成效,推动美国不得不认真考虑和中国在侨民问题上进行直接的谈判。

第三,迫于压力,美方终于在1954年日内瓦会议期间与中方进行了四次直接会谈。第一次会谈,虽然美方希望直接进入侨民问题的讨论,但中

---

① 《黄华关于美国政府无理扣留中国侨民和留学生问题对记者发表的谈话(1954年5月26日)》,中华人民共和国外交部档案馆档案,案卷编号:206 - C064,见中华人民共和国外交部档案馆编:《中华人民共和国外交档案选编(第一集) 1954年日内瓦会议》,北京:世界知识出版社2006年版,第380—381页。

② U. S. Department of State, "The Under Secretary of State (Smith) to the Department of State, Geneva, May 30, 1954 – 11 a. m.", *Foreign Relations of United States*, 1952 – 1954, Volume 14: China and Japan, p. 438.

第五章 争取归国的努力及归国后的贡献

方以主管这个问题的何柏年当天要启程前往柏林参加会议为由，坚持双方的第一次会谈并不进入实质性的话题，仅仅作为"初步接触"。① 美方认为这种行为是中共通过拖延直接会谈来获得最大的政治资本，美国代表团认为，美国必须衡量多次的直接会谈所带来的政治不利影响与达到至少释放一些美国人这一愿望之间的利弊。② 从第二次直接会谈起，中美双方就双方的侨民问题展开讨论。第二次直接会谈中，主要议题是美方提出的在华美侨的问题，并未直接涉及在美华侨问题。双方同意进行第三次直接会谈。第三次会谈中，中方陈述了留美学人在美国被阻止回到中国大陆的事实，并举出了钱学森、赵忠尧、赵民调、汪良能、黄葆同等人被美国政府限制出境甚至遭到监禁的情况，而美方指出，从1951—1954年之间，在美的约5000个留美学人中，只有434人申请过离开美国，而只有120名留美学人被拒绝离开美国，并表明这些人并未遭到任何虐待。而中方提出双方可以发表一个联合声明，宣布双方的侨民都可以获得出境许可，享有出境的自由。但美方并未同意。③ 第三次会谈虽然未取得直接的进展，但中方

---

① 根据美方对外关系档案和我方外交部档案显示，中方无意在第一次谈判进入正题，而美方显然急于在第一次谈判就直接进入侨民问题的谈判，但在中方的坚持下，正式的会谈将从第二次谈判开始，而第一次仅作为"初步接触"。参见：U. S. Department of State, "The Under Secretary of State (Smith) to the Department of State, Geneva, June 5, 1954 – 1 p. m.", *Foreign Relations of United States*, 1952 – 1954, Volume 14: China and Japan, pp. 462. 以及《王炳南与美方代表约翰逊关于中美两国侨民及留学生回国问题第一次会晤谈话记录（1954年6月5日）》，中华人民共和国外交部档案馆档案，案卷编号：206 – C063，见中华人民共和国外交部档案馆编：《中华人民共和国外交档案选编（第一集）1954年日内瓦会议》，北京：世界知识出版社2006年版，第384页。

② U. S. Department of State, "The Under Secretary of State (Smith) to the Department of State, Geneva, June 7, 1954 – 10 a. m.", *Foreign Relations of United States*, 1952 – 1954, Volume 14: China and Japan, p. 464.

③ 《王炳南与约翰逊关于中美两国侨民及留学生回国问题第三次会晤谈话记录（1954年6月15日）》，中华人民共和国外交部档案馆档案，案卷编号：206 – C063，见中华人民共和国外交部档案馆编：《中华人民共和国外交档案选编（第一集）1954年日内瓦会议》，北京：世界知识出版社2006年版，第390—396页。

将留美学人的回国问题做了详细交代,而美方也表示会对中方提出的问题进行调查。第四次会谈,中方提出了双方发表联合公报的草案,而美方拒绝达成双方一致的联合声明,仅会对会谈成果做单方面的声明,中方多次提出联合发表声明,都遭美方拒绝。中方提出双方可委托第三国代管一方在他方国家中的侨民及留学生的利益,美方则认为超出了双方讨论的范围。① 中美双方虽然在1954年日内瓦会议期间进行了四次直接会谈,并未达成一致的声明,但双方都以解决侨民问题为出发点,并且四次直接会谈确实对于解决该问题具有一定的推动作用。

第四,1955年中美大使级会谈达成的中美关于双方平民回国问题的协议的声明为留美学人归国提供了外交保障,该声明对于留美学人归国问题的解决具有里程碑式的意义。美国国务院、国防部、司法部等部门对于是否释放中国侨民回国的意见有所不同。美国国防部认为像钱学森这样的重要人物,掌握美国的涉密信息,回到中国将对美国安全构成威胁。在美国国务卿杜勒斯与美国总统艾森豪威尔的谈话中,可以看到,杜勒斯指出,美国防部认为两位留美学人可疑(钱学森和王大卫),因为他们掌握高度涉密信息,而美国总统艾森豪威尔则认为这不应该成为障碍,认为留美学人掌握的信息现在已经没有那么有价值了,应该让他们都回去。② 因此,在中美大使级会谈开始之前,美国政府间各部门已经协商决定解除对留美学人归国的限制,而1955年中美大使级会谈则是一个实施的契机。在中美多方的努力之下,中美两国在1955年再次开启直接接触,7月25日,中美双方通过新闻通告宣布将于8月1日在日内瓦举行大使级会谈。经过第一阶段的一系列艰难谈判,中美双方终于在1955年9月10日达成了《中

---

① 《王炳南与约翰逊关于中美两国侨民及留学生回国问题第四次会晤谈话记录(1954年6月21日)》,中华人民共和国外交部档案馆档案,案卷编号:206-C063,见中华人民共和国外交部档案馆编:《中华人民共和国外交档案选编(第一集)1954年日内瓦会议》,北京:世界知识出版社2006年版,第397—401页。

② U. S. Department of State, "Memorandum of a Conversation Between the President and the Secretary of State, Washington, June 10, 1955," *Foreign Relations of United States*, 1952 – 1954, Volume 2: China, pp. 588 – 589.

华人民共和国和美利坚合众国两国大使关于双方平民回国问题协议的声明》，声明中称："美利坚合众国承认，在美利坚合众国的中国人愿意返回中华人民共和国者，享有返回的权利，并宣布已经采取、且将继续采取适当措施，使他们能够尽速行使其返回的权利。"此声明发布前，留美学人已陆续收到美国移民局告知其可以离开美国的通知。此外，中美双方达成一致，由印度驻美大使馆代为处理中国留美学人离境时遇到的困难，"印度共和国政府将被委托对愿意回国的中国人返回中华人民共和国提供协助如下：（1）如果任何在美利坚合众国的中国人认为同美利坚合众国所公布的政策相反，其离境受到了阻碍，他可以通知印度共和国驻美利坚合众国大使馆，要求代为向美利坚合众国政府交涉。如果中华人民共和国愿意的话，印度共和国政府并可对任何此种事件的事宜进行调查。（2）如果任何在美利坚合众国的中国人愿意返回中华人民共和国而筹措回国旅费有困难，印度共和国政府可给予所需的财政援助，使其回国。"[①]

此外，在日内瓦会谈中，在第一波归国潮中回国的留美学人已经参与进了新中国的外交工作中。如中美直接接触的四次会谈中担任翻译的李肇基（1951年回国后在外交部任职），第四次会谈中担任速记的冀朝铸（1950年回国，1954年起在外交部任职）。他们已参与进新中国的外交事业，并在日后成为新中国外交工作中的重要人物。

二、留美学人冲破阻挠回到新中国的途径

在美国政府对留美学人归国设置重重障碍的情况下，仍有众多留美学人通过各种渠道想方设法离美归国。其中多数人是在美国政府颁布对中国留学生的禁归令之前归国的，少数人在美国政府禁归令期间经过斡旋离开美国。无论是在哪个时期归国的留美学人，普遍都遇到

[①]《中华人民共和国和美利坚合众国两国大使关于双方平民回国问题的协议的声明》，见《中华人民共和国国务院公报》，1955年第16号（总第19号），第788—789页。

了或多或少的阻挠，但他们依然坚定归国的决心，并为此做出了不懈的努力。

（一）在朝鲜战争爆发前，趁中美通航的机会回国

一些留美学人敏锐地察觉到了中美关系的变化可能使美国政府对中国留学生采取一定的措施，因此在美国政府尚未颁布禁归令时，就设法尽早地返回了祖国，如傅君诏、罗沛霖等中共党员。傅君诏本来打算在美国读完研究生，先到美国的工厂工作，学习实际经验再回国。但在朝鲜战争爆发后，预感到将来美国将与中国对立，就下定决心回国，怕不回去，以后回不去了。① 罗沛霖在美国时与钱学森过从甚密，在钱学森1949年去加州后，罗沛霖每周都去钱学森家里，与钱学森夫妇关系密切，当时美国联邦调查局已经开始对钱学森、钱伟长等人进行调查，钱学森回国也受到了美国政府的阻挠，罗沛霖意识到美国政府可能会对中国留学生采取进一步的迫害行动，必须马上离开美国。当时他还没有拿到博士学位，他的导师许诺他优厚的工资和奖金待遇，劝说他留在美国，他却说"战火烧到我的家门口了，我能不回家吗？！"并表示无论能否拿到博士学位，都坚持要回国。在导师的安排下，他匆忙完成了博士答辩，就踏上回国旅程，在船上完成了博士论文的写作。而他当时买船票时票已售完，美国轮船公司为了做生意，让他坐飞机到夏威夷，补一位在夏威夷下船的乘客的空位，这才得以趁早回国。②

王守武在朝鲜战争爆发后发现形势越来越紧张，美国开始限制中国留学生回国，他想要尽快回国，但他与学校签的教书合同未到期，不便马上走，他向校领导提出要回去看母亲，才获得批准。他通过印度大使馆办理

---

① 刘志光、姚蜀平、王德禄、陈丹、程宏：《剑桥中国近现代留学史研究论文集》，波士顿：美亚出版社2018年版，第173页。

② 罗沛霖口述、王德禄整理：《罗沛霖：党派我去留学，我要对得起党》，载《中共党史研究》，2011年第1期，第98页。刘九如、唐静：《罗沛霖传》，北京：高等教育出版社2013年版，第99—104页。

第五章 争取归国的努力及归国后的贡献

了回国手续。① 汤定元1951年5月10日离开美国，在申请离美时，他担心学校或移民局阻拦，编造了"因未婚妻担心战争将来可能会阻断交通，要他尽快回国完婚"的理由，不论学校的留学生顾问和移民局如何质疑，他都坚持回国结婚的说法。美方当时也派人来劝他留在美国，如一位从国民党中央政治学校毕业的老同学以同乡的身份劝他不要走，一位认识汤定元的传教士在他面前竭力渲染外国人在中国被关押、被驱逐的情景。汤定元都未动摇。② 严东生在博士毕业后，虽然已与伊利诺伊大学签了三年博士后研究的合同，但得知新中国成立后，依然在1950年毅然提前辞去了聘约，通过香港大学的曹日昌担保，办理了取道香港回国的手续，他从芝加哥南面的小城搭乘长途汽车到旧金山，再坐船途经日本、菲律宾走了40天到达香港，又乘了五六天的慢船回到家。③

当时中美没有建立外交关系，印度驻美大使馆受新中国政府的委托代办中美间的民间事宜。中国留学生可以到印度大使馆办理回国手续，甚至可以向印度大使馆申请回国路费。印度使馆也同意垫付路费。王守武和夫人葛修怀及未满周岁的女儿于1950年9月搭乘"威尔逊总统号"回国，回国手续是通过印度政府办的，以难民身份回国。④ 王守武通过印度驻美使馆办理了以难民身份回国的手续，出境证是一张难民身份证。因王守武夫妇二人已在美国工作，有所积蓄，并未申请印度使馆垫付旅费，而是自己支付了全部费用。⑤ 到了香港附近海面，按英国政府的规定，非福建和两广（广东、广西）藉的人员，不准许上香港海岸。新中国的九龙海关派

---

① 王守武口述：《以难民身份回国》，见王德禄等：《1950年代归国留美科学家访谈录》，长沙：湖南教育出版社2013年版，第59页。

② 宓正明：《汤定元传》，北京：科技出版社2011年版，第76—78页。

③ 黄辛：《持之以恒 推陈出新——科学家严东生》，北京：科学出版社2010年版，第22页。

④ 王守武口述：《以难民身份回国》，见王德禄等：《1950年代归国留美科学家访谈录》，长沙：湖南教育出版社2013年版，第60—61页。

⑤ 李艳平、康静、尹晓东：《硅芯筑梦：王守武传》，北京：中国科学技术出版社2015年版，第54页。

来了一条小船，将回国的留美学人接到九龙车站。① 鲍文奎回忆说："在国门之外我们像被押送的犯人。进了国门之内，政府就派人来接，陪着我们到广州并安顿下来。"②

这一时期较具代表性的归国航程有：1950年8月31日启程的"威尔逊总统号"，船上有120多位中国留美学人，是中国留学生人数最多的一次航行。③ 余国琮认为该航程归国人数较多的原因有三个方面："一是朝鲜战争已经爆发了；二是留美科协做了大量的宣传工作，一些人已经有了回国的打算；三是那时候学校都放了暑假，我们回国比较方便。"④ 此次航程途经日本横滨时，发生了赵忠尧、沈善炯、罗时钧三位中国留学生遭美国官方拦截并扣留的事件，引发国内外轰动，该船其余留美学人顺利抵达祖国。1951年9月，"克利夫兰总统号"邮轮搭载着一批留美学人启程回国，轮船途经檀香山时，美国政府将船上9名留美中国学人拦截并扣押，向他们出示了美国政府刚颁布的禁止中国留学生出境的命令，将9人全部遣返回美国，此后留美中国学人的回国开始受到明确限制。

（二）设法取道香港回国

当时的留美中国学人多数是乘坐美国总统轮船公司（American President Lines）的邮轮回国，而在1949年9月以后，该轮船公司原本开往中国上海的邮轮，目的地改为香港，此后回国的留美学人都不得不经过香港再回到中国大陆。1949年9月，"克利夫兰总统号"邮轮载着留美学人开

---

① 王守武口述：《以难民身份回国》，见王德禄等：《1950年代归国留美科学家访谈录》，长沙：湖南教育出版社2013年版，第60—61页。

② 鲍文奎口述：《"威尔逊总统号"邮轮上的真实故事》，见王德禄等：《1950年代归国留美科学家访谈录》，长沙：湖南教育出版社2013年版，第39—40页。

③ 涂光炽口述，涂光群访问整理：《涂光炽回忆与回忆涂光炽》，长沙：湖南教育出版社2010年版，第258页。

④ 余国琮口述：《从中央工业试验所到匹兹堡大学》，见王德禄等：《1950年代归国留美科学家访谈录》，长沙：湖南教育出版社2013年版，第52页。

第五章　争取归国的努力及归国后的贡献

往香港,此后开往中国大陆的轮船都只停靠香港。

在美国颁布禁止中国留学生出境的命令以前,留美学人遭遇的阻挠较少,但50年代美国到中国的交通并不十分便利,一般要由旧金山上船,途径檀香山—横滨—马尼拉—香港—天津,才能到达北京①,香港是必经之地。一开始,香港当局以香港人多为由,不允许留美学人过境,不给办理过路签证。而当时从美国回国的轮船只能到达香港,因此拿不到香港的过境签证就无法途经香港回国。有的学生乘坐其他国家的货轮,兜了一个大圈子,花了很长时间才回到中国。当然也有人在香港有亲戚或者别的关系,可以拿到过路签证。此时加拿大太平洋运输公司为了赚钱,给中国留学生提供了从加拿大到香港的途径,即从美国飞到加拿大,再乘船到香港。后来,这一经济利益刺激了美国政府,美国最终放开了中国留学生赴香港的途径。此后,开往香港的每一班轮船都有很多中国留学生,自此掀起第一波归国潮。② 回国的阻力不仅来自美国政府,还来自港英政府。徐亦庄回忆港英政府对留美学人的故意刁难,称"我们回国途中要经过香港,香港故意拖延很长时间才给办理过境签证。我办过境签证花了好几个月,还是朋友帮我办的。即便有了过境签证,香港也不允许我们停留。到了香港,船一靠岸,马上要换乘小船,转到广州"③。

在美国对中国留学生颁布禁归令期间,闵恩泽和陆婉珍夫妇一直抱有回国的打算,但当时受到禁令的限制回国非常困难。陆婉珍向时任香港中国印染厂厂长的潘其迪求助,聘请闵恩泽到印染厂担任研究室主任,并帮他们办好了在香港的居留证。在闵恩泽拿到证件向移民局申请去香港时,实际上他已在日内瓦谈判后的美国放行中国留学生的名单中了,移民局为

---

① 许珑:《奔向光明的时刻——记建国前后的留学生回国潮》,载《神州学人》,1998年第10期。

② 罗沛霖口述:《党组织资助我留美》,见王德禄等:《1950年代归国留美科学家访谈录》,长沙:湖南教育出版社2013年版,第27—28页。

③ 徐亦庄口述:《芝加哥大学的教育模式好》,见王德禄等:《1950年代归国留美科学家访谈录》,长沙:湖南教育出版社2013年版,第136页。

他开具了"允许轮船公司出售闵恩泽去香港的船票证明",他们得以回国。①

有的留美学人不惜花费巨额的机票钱,从美国飞往香港回国。杨纪珂一家,1955年11月1日搭乘前往香港的飞机启程回国,经36个小时达到香港,当时的机票很贵,杨纪珂一家四口花了4000美元。到达香港后,中国在香港的派出机构中国旅行社协助他们办理回国事宜,给他们买了火车票,并派人送他们过境罗湖。②

(三) 设法绕道欧洲、苏联等国家回国

由于美国政府对留美中国学人前往中国大陆的限制,不少留美学人设法取道欧洲回国。在美国颁布禁止中国留学生出境的命令后,留美中国学人离开美国国境,无论去哪个国家都会受到限制,不仅仅是不允许回中国,因留美学人一旦离境后,就难以受到美国政府的限制了。但少数留美学人找到了一些美国政府和欧洲国家大使馆办事的漏洞,可以说是钻了空子,逃离了美国国境。

绕道法国的有梅祖彦等人。梅祖彦是1954年4月离开美国前往法国的。他当时因听说申请新签证会被移民局没收护照,就没有申请,从而一直保留着过期的护照和签证,使他在争取办理离美手续时勉强有所凭证。当时虽然他的护照和签证都还有,但都早已过期了,他"持有的重庆政府发给的护照那时已过期两年,留学签证已三年没发了"。若要离开美国,只有寻求其他国家的入境签证,他在寻求途经欧洲回国的方法时,利用当时法国大使馆"办事比较马虎",他拿到了法国签证。他称自己要前往法国探访友人汪德昭,法国大使馆同意为他办理访问签证,在梅祖彦两次催

---

① 杨岩:《人生如炬:闵恩泽传》,北京:中国科学技术出版社2013年版,第64—66页;褚小立:《新青胜蓝惟所盼:陆婉珍传》,上海:上海交通大学出版社2013年版,第65—69页。

② 杨纪珂:《杨纪珂自述》,长沙:湖南教育出版社2011年版,第148—150页。

第五章 争取归国的努力及归国后的贡献

促下,以及支付了两次共20美元海底电报钱后,法国大使馆终于将签证办了下来,在梅祖彦对工作人员说了很多好话后,终于得到了法国政府在签证上的盖章。而仅有法国签证章和过期护照依然无法购买机票,但航空公司为了挣钱,还是将机票卖给了他,梅祖彦得以飞往法国,绕道欧洲回国。因中国代表团当时已在日内瓦进行会谈,将梅祖彦和另一位从美国逃离的留美学人柴俊吉一同,请到瑞士去了解了一些关于美国方面的情况。梅祖彦和柴俊吉跟随日内瓦会谈中国代表团的信使,乘坐军用飞机飞往苏联,又乘坐苏联民航回到北京。梅祖彦自离开美国到回到国内用了两个多月。①

绕道英国回国的有谢希德、吴仲华和李敏华夫妇等人。谢希德以赴英结婚为由拿到了英国的"旅行通行证",吴仲华和李敏华夫妇则是以赴英国旅游为借口,趁周日机场检查疏漏乘飞机飞往英国。谢希德本打算在1951年获得博士学位后,曹天钦赴美与她结婚,然后一起回国,但1951年谢希德博士毕业后,美国已经颁布了禁归令。于是两人将婚礼地点转移到英国,在曹天钦好友李约瑟的担保下,谢希德获得了进入英国的"旅行通行证",赴英国与曹天钦完婚,两人于1952年8月从英国剑桥登上"广州号"轮船回国。② 吴仲华和李敏华夫妇1954年8月1日星期天乘飞机离开美国前往英国。当时乘船回国检查较严,而星期天坐飞机出境,只需要在航空公司登记即可。而且当时已有留美学人坐飞机离境,梅祖彦回国时,丁儆把他送到机场,后来丁儆告诉他们星期天机场不检查护照,于是他们一家四口在星期天坐飞机离开,对机场工作人员称要去英国旅游。他们当时已在美国工作了四年,到了瑞士才写信辞掉了在美国的工作。他们在瑞士大使馆办理了新的签证,在大使馆的建议下,从瑞士途经莫斯科回

---

① 梅祖彦口述:《两封联合签名信》,见王德禄等:《1950年代归国留美科学家访谈录》,长沙:湖南教育出版社2013年版,第158—160页;全国政协暨北京、上海、天津、福建政协文史资料委员会编:《建国初期留学生归国纪事》,北京:中国文史出版社1999年版,第194—195页。

② 谢希德口述:《父亲不赞同我回大陆》,见王德禄等:《1950年代归国留美科学家访谈录》,长沙:湖南教育出版社2013年版,第148页。

国。他们在回国前不敢透露风声,只对个别要好的中国人说过回国的打算,对不回国的留美学人不敢讲,只说要去别的地方工作。甚至在回国前不敢请保姆照顾孩子,不敢教孩子说中文,避免惹人注意引来麻烦。①

绕道瑞士的有郑哲敏等人。郑哲敏在日内瓦会谈后,绕道欧洲回国。若要办理去瑞士的签证,需要说明去哪里,郑哲敏称去日本,于是先办了去日本的签证,才拿到去瑞士的签证,后又办了法国、意大利的签证。为了拿到进入香港的证件,郑哲敏在瑞士等待了近三个月。为了能顺利离开,郑哲敏买了到日本的船票,但中途从香港登岸后,就将去日本的船票作废了。②

美国政府对有意加入美国国籍的留美学人警惕性较低,陈荣悌因申请了美国的"优先移民",具有了加入美国国籍的意向,拿到了德国的旅游签证,得以绕道德国回国,但美国移民局仍派官员在法国将他拦截,但他并未乖乖听从美国移民局的要求立即返回美国去,绕道日内瓦拿到了新中国的护照后回国。陈荣悌当时因为想要参加芝加哥大学原子能委员会的科研工作,但不是美国公民不能参加,委员会的工作人员帮他申请了"优先移民",获得批准。但他去芝加哥移民局要拿回护照时,依然遭到了拒绝。后来,他在德国驻芝加哥领事馆以赴德国旅游为由申请旅游签证,领事馆官员给他办理了两个星期的旅游签证,然后他又在法国、瑞士等国家驻美大使馆申请到了过境签证。办好签证后,他找到旅行社,请旅行社安排了他的行程、购买船票等具体事宜。当他到达巴黎时,美国驻法国领事馆找到他,要求他当晚返回美国。为了避免麻烦,陈荣悌取消了在德国游玩的计划,在巴黎游玩了三天后直接去了日内瓦,在中国驻日内瓦领事馆拿到了新护照后,在领事馆官员的建议下,坐飞机途经苏联回国。③

---

① 吴仲华、李敏华口述:《国人不知道我做的工作》,见王德禄等:《1950年代归国留美科学家访谈录》,长沙:湖南教育出版社2013年版,第176—177页。

② 熊卫民、张志会:《加州理工学院的中国留学生——郑哲敏院士访谈录》,载《科学文化评论》,2012年第6期,第113—114页。

③ 陈荣悌口述:《躲在瑞士农村写自传》,见王德禄等:《1950年代归国留美科学家访谈录》,长沙:湖南教育出版社2013年版,第187—189页。

(四) 被美国政府驱逐出境得以回国

中美日内瓦会谈后,美国政府对少数美方认为对美国不利,或会对美国构成威胁,或不遵从美国意志的留美学人,采取了驱逐出境的措施。陆孝颐1955年被驱逐出境,押送回国。他1955年9月与钱学森同船回国,船上共24位留美中国学人,轮船途经檀香山、横滨、马尼拉等地时,其他乘客都可以上岸游玩,而陆孝颐只能待在船舱里,不准上甲板和登岸。陆孝颐是船上24人中唯一一个中共地下党员。① 王莹和谢和赓夫妇被美国政府驱逐出境,并一路押送回国。王莹和谢和赓都是中共地下党员,于1942年作为国民政府选派的留学生赴美留学,王莹在美国曾担任美国民间组织"东西文化协会"董事兼中国戏剧部主任,并组织在美的中国文艺工作者到美国各地演出抗战戏剧。1949年后,美国移民局将他们逮捕入狱,经过中国政府的严正交涉,于1955年元旦回到北京。他们是被美国政府押送回国的,在回国的"威尔逊总统号"轮船上,他们被作为犯人同其他犯人一起被关在一个船舱里,不被允许出来,没有人照顾。② 颜鸣皋1951年被驱逐出境。他因是留美科协骨干成员,被美国联邦调查局关押在埃利斯岛4天,出狱后不被允许回国。他将美国联邦调查局违法关押他并阻止他回国的事情告上法庭,并获得胜诉,后美国移民局将他驱逐出境,颜鸣皋于1951年2月乘坐由旧金山启程的"克利夫兰总统号"回国。③

(五) 设法将重要科研设备运回国

美国对中国留美学人归国的限制不仅限于人身自由,而且对他们的行李和托运物品进行审查。但美国移民局官员的工作存在着一定的漏洞和懈

---

① 程宏、刘志光:《"克利夫兰总统号"第60次航程的归国学子》,载《百年潮》,2015年第3期,第66页。

② 李恒德口述:《负责编辑〈留美科协通讯〉》,见王德禄等:《1950年代归国留美科学家访谈录》,长沙:湖南教育出版社2013年版,第215页。

③ 颜鸣皋口述:《因留美科协活动被关押的"红色分子"》,见王德禄等:《1950年代归国留美科学家访谈录》,长沙:湖南教育出版社2013年版,第108页。

息，留美学人凭借机智与美方斗智斗勇，将一些重要设备和科研资料带回中国。

赵忠尧曾购置并托运了一些重要设备回国，为新中国开启核物理研究奠定了基础。赵忠尧在回国前，趁1949年底到1950年初中美还通航的时间，通过运输公司将"已经加工好的静电加速器部件以及费尽心思采购来的核物理实验器材"运回国。当时美国联邦调查局注意到了这批器材，在赵忠尧不知情的情况下，对这批器材进行了开箱检查，并派人前往加州理工学院调查器材的来历和用途，得知与原子武器无关才作罢。但依然随意扣留了部分器材，绝大部分器材幸运地运回了新中国。① 赵忠尧运回国的这批重要器材，是1946年受南京中央研究院物理研究所委托在美国购买和筹措起来的，原本找了一家国民党官僚资本经营的轮船公司运送，但后来新中国成立，他打算回到新中国，并将这批器材一并运回。几经周折，他将器材从原轮船公司仓库转运出来，交由另外的轮船公司运送回国，其间才被美国联邦调查局盯上。②

萧光琰乘船回国时，为了防止美国政府搜查行李，他将重要的研究资料想办法寄到日本横滨，船在横滨短暂停留时，他带着常沙娜下船去取了这些资料，并由常沙娜以"圣诞礼物"为由带回了船上，顺利带回了祖国。常沙娜当时并不知情，直到她顺利将"礼物"带上船后，才知道这是美国严格保密禁止出境的重要资料。③

美国政府对留美中国学人的不公正对待以及对他们的不信任，使众多留美学人对美方非常失望，使他们坚定了归国的决心。归国留美学人普遍对新中国充满了希望，期待在这个充满活力和新气象的新的中国做出一番

---

① 段治文、钟学敏：《核物理先驱：赵忠尧传》，杭州：浙江人民出版社2007年版，第137—138页。

② 丁晓禾：《中国百年留学全纪录（三）》，珠海：珠海出版社1998年版，第1199—1200页。

③ 刘志光、姚蜀平、王德禄、陈丹、程宏：《剑桥中国近现代留学史研究论文集》，波士顿：美亚出版社2018年版，第239页；常沙娜：《黄沙与蓝天：常沙娜人生回忆》，北京：清华大学出版社2013年版，第127页。

事业,实现他们的理想抱负。

三、归国留美学人对新中国的贡献

新中国成立前后归国的留美学人普遍具有深厚的学养,他们是国民政府时期经过严格选拔而派出的优秀学子,在科学技术领先的美国接受高等教育后回国,是新中国急需的宝贵人才。20世纪50年代归国留美学人群体中,有约73%[①]的留美学人是学习自然科学的,回国后从事科学技术领域的工作。在新中国科学技术发展的未来规划方面,部分归国留美学人参与了"十二年科技规划"的制定工作,该规划为新中国科学技术事业的发展奠定了重要的基础。在新中国重大科学技术工程中,留美学人贡献最为突出的是"两弹一星"的研制工作,为"两弹一星"做出杰出贡献的归国留美科学家是这一群体的杰出代表。此外,归国留美学人在其他科学技术发展领域也发挥着领导和典范的作用,他们是"中国经济发展和科技发展的主力军,对中国科学技术由起步到发展到赶超,做出了重要的贡献"[②]。同时,50年代归国留美学人群体中,有约27%的留美学人是学习人文社会科学的,他们回国后因接受过西方思想的教育而得不到重用,人文社会科学群体发挥的作用远不如科学技术领域的归国留美学人突出和显著。但他们在各自的领域和工作岗位上,也不遗余力地贡献了自己的力量,他们的贡献也应当被历史牢牢铭记。

(一)参与制定和实施新中国科技发展的"十二年科技规划"

许多50年代归国留美学人进入中国科学院、各高等院校等工作,还有

---

① 学习自然科学的1950年代归国留美学人占约73%,学习人文社会科学的占约27%。这一数字是笔者根据北京市长城企业战略研究所提供的未刊稿《1950年代归国留美学生学者人名录》中统计的归国留美学人计算得出。

② 刘志光、姚蜀平、王德禄、陈丹、程宏:《剑桥中国近现代留学史研究论文集》,波士顿:美亚出版社2018年版,第178页。

一些进入工业部门的研究所或者工厂工作。他们致力于新学科的创建、科技人才的培养，为新中国的经济和国防建设服务，尤其在"1956—1967年科学技术发展远景规划"（简称"十二年科技规划"）的制定和"两弹一星"的研制方面发挥了重要作用。

新中国成立初期，国家科学技术水平较为落后，1956年，国家在有了七年发展基础的条件下，提出了制定未来科学技术发展的远景规划，即"十二年科技规划"，制定规划的核心问题是怎样引导我国的科学技术更快地赶上世界先进水平。① 1956年，我国的科学技术事业已经有了一定的发展，"研究人员已由1949年新中国成立时的几百人发展到九千多人，研究机构由40多个发展到380多个，学科门类有所增多。"② 但"七年来在科学技术上的进步，只是围绕着经济恢复和生产建设开展了某些研究工作，严格讲，它是属于配合性的。那些系统的、突破性的和独创性的研究工作，特别是一些科学技术的新领域，我们都还没有涉足"③。

1956年1月25日，毛泽东在最高国务会议上说："我国人民应该有一个远大的规划，要在几十年内，努力改变我国在经济上和科学文化上的落后状况，迅速达到世界上的先进水平。为了实现这个伟大的目标，决定一切的是要有干部，要有数量足够的、优秀的科学技术专家"。④ 随后召开的全国政协二届二次全体会议上，周恩来发出了"向现代科学技术大进军"的号召，要求国家计划委员会、中国科学院和国务院各部门制定1956年到1967年我国科学发展的远景规划，并指示："这个远景规划的出发点，是要按照需要和可能，把世界科学的最先进成就尽可能迅速地介绍到我国来，把我国科学事业方面最短缺而又最急需的门类尽可能迅速地补足起来，根据世界科学已有的成就来安排和规划我国的科学研究工作，争取在

---

① 《聂荣臻回忆录》（下），北京：解放军出版社1984年版，第772页。
② 《聂荣臻回忆录》（下），北京：解放军出版社1984年版，第765页。
③ 《聂荣臻回忆录》（下），北京：解放军出版社1984年版，第766页。
④ 《毛泽东文集》（第七卷），北京：人民出版社1999年版，第1—2页。

第三个五年计划期末使我国最急需的科学部门能够接近世界先进水平。"①同时,在中央宣传部指导下,中国科学院哲学社会科学部组织一批专家,还编制了十二年哲学社会科学发展的远景规划。我国科学技术事业从此进入了一个有计划的蓬勃发展的新阶段。②

国家以高度集中的方式,调拨了全国大批优秀的科技人员和各科技行业专家参与制定"十二年科技规划"。"规划"先由中国科学院、各高等院校、产业部门和国防部门分别制定出各自的规划,然后交国务院汇总,由集中起来的一批专家,对各部门的规划初稿进行审查综合和汇编。③"规划文件,由几百个中国科学家和近百个苏联专家经过半年多的时间讨论写成,尽了现有条件下的最大努力。编制规划的方法,是主要按照国家所需要的重要科学技术任务来进行的。……通过规划工作,全国科学家都实际看到了党和政府对科学事业和科学家的重视,几百个直接参加规划工作的科学界骨干体会更深,这对党团结科学家和组织科学队伍是有巨大作用的。"④ 当时集中了六百多名国内各方面的科学家和技术人员,其中包括一些50年代归国留美学人,如钱学森、任新民等人。"十二年科技规划"代表了这一时期党的科学技术政策,表明了国家发展科学技术的决心和迫切需要,这为50年代归国留美科技工作者提供了良好的机遇,给他们提供了发挥作用的舞台。规划的制定还凝聚了科技工作者的信心,使他们看到了国家发展科学技术的良好前景,给他们的工作注入动力。

"十二年科技规划""提出了国家建设所需要的五十七项重要科学技术任务,和六百一十六个中心问题,并指出了各门学科的发展方向。对我国

---

① 周恩来:《政治报告》,载《人民日报》,1956年1月30日。
② 中共中央党史研究室:《中国共产党的九十年——社会主义革命和建设时期》,北京:中共党史出版社2016年版,第469—470页。
③ 《聂荣臻回忆录》(下),北京:解放军出版社1984年版,第772页。
④ 《中共中央文件选集》(一九四九年十月——一九六六年五月)(第24册),北京:人民出版社2013年版,第468页。

科学事业的发展画出了轮廓,并作出了初步的安排。"① 五十七项任务中又综合出了十二个重点:(1)原子能的和平利用。(2)无线电电子学中的新技术(指超高频技术、半导体技术、电子计算机、电子仪器和遥远控制)。(3)喷气技术。(4)生产过程自动化和精密仪器。(5)石油及其他特别缺乏的资源的勘探,矿物原料基地的探寻和确定。(6)结合我国资源情况建立合金系统并寻求新的冶金过程。(7)综合利用燃料,发展重有机合成。(8)新型动力机械和大型机械。(9)黄河、长江综合开发的重大科学技术问题。(10)农业的化学化、机械化、电气化的重大科学问题。(11)危害我国人民健康最大的几种主要疾病的防治和消灭。(12)自然科学中若干重要的基本理论问题。② 此外,"十二年科技规划"对特别重要而在我国又比较薄弱的环节,采取了紧急措施,即四大紧急措施,包括电子学、半导体、自动化和计算机。

50年代归国留美学人在"十二年科技规划"的制定和实施中都做出了杰出贡献。

为了更好地实施十二年科技规划,中科院成立了与四大紧急任务相对应的半导体所、电子所、计算机所和自动化所。罗沛霖参与了四大紧急措施中的电子学发展规划的制定,他说:"要说我有什么贡献,就是1956年参与了《1956—1967年科学技术发展远景规划纲要》的制定。当时,国务院成立了科学规划委员会,并邀请近百名苏联专家,帮着我们搞科学规划。这就要求我们的人与苏联专家配合,我开始主要是做与苏联专家配合的工作,并且是专职的。……当时有四大紧急措施,除了电子学,还有半导体、自动化和计算机。电子学组的组长是王士光,副组长有四个,孟昭英、马大猷、钱文极和我。"③

---

① 《中共中央文件选集》(一九四九年十月—一九六六年五月)(第24册),北京:人民出版社2013年版,第468页。

② 《建国以来重要文献选编》(第九册),北京:中央文献出版社1994年版,第430页。

③ 罗沛霖口述、王德禄整理:《党派我去留学,我要对得起党》,载《中共党史研究》,2011年第1期,第101页。

第五章　争取归国的努力及归国后的贡献

半导体研制方面，中科院从事半导体研制工作的归国留美科学家有王守武、林兰英、成众志等人。"十二年科技规划"中将半导体列入新技术的重要项目，中科院应用物理所半导体研究组扩建为半导体研究室，到1960年成立半导体研究所。1957年底，半导体研究室成功拉制了我国第一根锗单晶；1958年研制出了我国第一根硅单晶。王守武参与了半导体学科的规划，他说："中央有关部门决定，拟建应用物理所半导体研究室。为此，我全身心投入到规划工作中，将电学组扩建为半导体研究室，并担任负责人。"① "十二年科技规划"制定前后，中国的半导体研制汲取苏联的经验，但苏联当时的半导体研究"没有生气，也没有新意"，而美国的研制方法比较先进。中苏关系破裂后，我国的半导体研制大部分使用了美国的技术和方法，这有赖于归国留美科学家带回国内的技术资料和技术情报。② 林兰英1957年底回国，王守武聘请她进入中科院应用物理所半导体研究室，从事我国半导体材料的研制。林兰英认为，十二年规划对半导体的研究规划太笼统，既没有说明是要研制出锗单晶还是硅单晶，也没有单晶的参数设定，她认为目标不明确，弹性很大。事实上，他们完成的工作超越了规划的范围，分别在1957年和1958年研制出了我国第一根锗单晶和硅单晶。1958年半导体研究室将N型、P型两种锗单晶各拉出了1千克，符合大型电子器件厂生产晶体管的要求。正是使用他们的锗单晶制作出的晶体管，我国才有了自制的半导体收音机。③ 成众志作为半导体专家，1955年回国后，在中科院应用物理所任副研究员，后到半导体所任电子学实验室主任。参加"十二年规划"的电子学、半导体两个规划小组，并亲

---

① 王守武口述：《以难民身份回国》，见王德禄等：《1950年代归国留美科学家访谈录》，长沙：湖南教育出版社2013年版，第64页。

② 王守武口述：《以难民身份回国》，见王德禄等：《1950年代归国留美科学家访谈录》，长沙：湖南教育出版社2013年版，第67页。

③ 林兰英口述：《女性当自强》，见王德禄等：《1950年代归国留美科学家访谈录》，长沙：湖南教育出版社2013年版，第350—351页。

自执笔编写"晶体管电子学"的规划内容。①

自动化研究发展方面,疏松桂参加了"十二年科技规划",写了自动化学科相关的材料。1956—1960年疏松桂在中科院自动化所工作,当时的工作重点就是执行十二年科技规划,疏松桂主要负责自动电力拖动这一课题。中科院成立新技术部门,包括半导体小组、计算机技术小组、自动化小组和电子学小组。自动化所筹备委员会的主任委员是钱伟长,是钱学森推荐的;副主任委员有沈尚贤、陆元九、杨嘉墀、屠善澄、武汝扬等人,其中陆元九、杨嘉墀、屠善澄都是50年代归国留美科学家。②

此外,"规划"中确定的12项重点任务,将"原子能的和平利用"排在第一位。为配合与原子能相关的工作的实施,更多留美学人的贡献体现在人才的培养上,他们在北京大学、清华大学、南开大学等高校的教学科研岗位上,为培养国家科技人才做出了重要贡献。北京大学技术物理系、清华大学工程物理系以及南开大学核物理教研室是当时主要的培养单位。

为了快速培养出能够参与核武器研制的科学技术人才,在周恩来的指示下,1955年,教育部在北京大学成立物理研究室(后改为技术物理系),并调来东北人民大学的朱光亚等人参与筹建,开展原子弹理论的研究。1955年至1958年,教育部从各高校中选调了几百名学生在北京大学、清华大学和兰州大学进行原子能专业知识的集训,而任课教师则不少都具有留学美国的经历。如朱光亚亲自给学生上课,将他在美国所学的原子能技术,及他对当时世界原子能技术发展的了解,传授给学生。③北大技术物理系在当时培养了很多优秀的人才,为中国的"两弹一星"研制输送了关键人才。又如1958年,在中国科学院近代物理研究所工作的邓稼先就主持

---

① 王德禄、刘志光、程宏主编:《1950年代归国留美学生学者人名录》,北京市长城企业战略研究所提供,未刊稿。

② 疏松桂口述:《研制核武器自动引爆装置获特等奖》,见王德禄等:《1950年代归国留美科学家访谈录》,长沙:湖南教育出版社2013年版,第284—285页。

③ 顾小英、朱明远:《我们的父亲朱光亚》,北京:人民出版社2009年版,第55—56页。

第五章　争取归国的努力及归国后的贡献

了原子弹的理论学习班，带领一批大学毕业生研究和探索原子弹的理论基础。①钱学森回国后的第一年，每周都在力学所主持学习班，培训来自地方大学院校和天津的科学家②。虞福春1951年回国后，在北大任教，1955年技术物理系成立后虞福春担任副主任并给学生授课，为国家培养了一批优秀的工作者，参与到"两弹一星"的研制工作中。他回忆称："我在北大教过很多学生……这批学生中有些人的成就比我高很多。"北大技术物理系，当时也集中了几位卓有成就的归国留美科学家，如建系之初就有虞福春和朱光亚，虞福春担任副系主任，后来又有复旦大学的卢鹤绂调入该系。该系起初非常保密，后来才逐渐为人所知。③

同时，1956年清华大学成立工程物理系，进行原子能的教学和研究工作，培养核专业的技术人才。李恒德筹建了清华大学的核材料专业，并在教学岗位上培育了大量核材料技术人才。李恒德回国后在清华大学机械系任教，为配合原子弹的研制，国家计划培养原子能方面的人才，1956年李恒德参与了清华大学工程物理系的筹建工作，主要负责筹建核材料专业，担任教研组主任，后担任副系主任、系主任④，为国家原子能领域输出了大批人才。

1957年，南开大学也筹备成立了核物理教研室。何国柱是南开大学核物理教研室的筹办人，他不仅带领南开大学研制出了核物理加速器，而且为中国的核物理专业培养出了第一批毕业生。南开大学是四年制，北京大学是五年制，清华大学后来才开始培养核物理方面的人才，因此中国第一届核物理系毕业生来自南开大学。在核工业部工作的，年龄较大的基本都

----

① 刘戟锋等：《两弹一星工程与大科学》，济南：山东教育出版社2004年版，第46页。

② [美]张纯如：《蚕丝：钱学森传》，鲁伊译，北京：中信出版社2011年版，第238页。

③ 虞福春、田曰灵口述：《留学俄亥俄州立大学的夫妻》，见王德禄等：《1950年代归国留美科学家访谈录》，长沙：湖南教育出版社2013年版，第125页。

④ 李恒德口述：《负责编辑〈留美科协通讯〉》，见王德禄等：《1950年代归国留美科学家访谈录》，长沙：湖南教育出版社2013年版，第216页。

是南开大学的毕业生，因为前两批搞加速器的都是南开毕业的。何国柱还带领南开大学核物理系研制出了中国前三台核物理加速器，这一成果在国内产生了很大的影响，《人民日报》在头版头条刊登了这一重大成果。①

童志鹏1956年参加了"十二年科技规划"的制定，主持研制了我国第一代微波中继通信接力机和我国第一代机载火控雷达。为满足国家对无线电通信方面的需求，从1957年到1965年，童志鹏主持完成了新一代军用电台、航空专用电台、航空雷达、地面微波接力通信设备等众多电子设备与系统的设计、生产。他主持研制成功的地面微波脉冲接力机、中国第一代机载雷达等电子设备与系统，后来成为"两弹一星"电子系统的核心装备。1972年，童志鹏被派往酒泉卫星发射基地，按照中央要求，圆满完成了有关电子测控系统的调试任务。1974年，童志鹏担任卫星通信工程测控系统总体任务负责人，期间主持研制的测控系统达到国际同期先进水平，为"两弹一星"事业作出重要贡献。②

（二）参与新中国"大科学"工程"两弹一星"的研制

"两弹一星"③的研制计划在1955年启动，1956年"十二年科技规划"制定时，将原子弹和导弹作为两项保密的紧急措施列入其中。1956年1月，毛泽东在中央政治局扩大会议上提出："我们不仅要有更多的飞机和大炮，而且要有原子弹。在今天的世界上，我们要不受人家欺负，就不能没有这个东西。"④随后的"十二年科技规划"将"原子能的和平利用"排在12项重点任务中的第一位。

---

① 何国柱口述：《给联合国秘书长写公开信》，见王德禄等：《1950年代归国留美科学家访谈录》，长沙：湖南教育出版社2013年版，第302—304页。

② 何玉玲：《童志鹏中国综合电子信息系统的开拓者和奠基人》，载《国防科技工业》，2018年第2期，第59—62页。

③ "两弹一星"的提法最初是指原子弹、导弹和人造地球卫星，后来将原子弹和氢弹合称为"一弹"，导弹为"一弹"。"两弹一星功勋奖章"中的"两弹"指原子弹和氢弹。

④ 《毛泽东选集》（第五卷），北京：人民出版社1977年版，第144页。

第五章　争取归国的努力及归国后的贡献

随着冷战格局的形成，20世纪50年代中后期，美国对中国的核讹诈不断升级，威胁着新中国的安全。"1953年美国曾想用核武器攻击中国的援朝部队，'应该考虑使用小型原子弹和火炮屏障……新发起的攻击应该包括对中国大陆的封锁，并允许攻击敌人的东北基地'，并在战争结束的前一个春天，美国已经把核导弹运往冲绳。1954年，美国、英国等国曾考虑用核武器进攻中国。"① 当时，美国、英国、苏联等国都拥有了核武器，新中国若不研制出自己的核武器，则将面临着来自世界的核威胁。我国为了维护自身安全和利益，决定研制核武器。核武器对中国具有重要的战略意义。中国制造核武器并不是为了威胁他国安全，而是为了自身防御。1955年初，中共中央提出"以核制核"的战略方针，决定"进行原子能的研究工作"②。邓小平指出："如果六十年代以来中国没有原子弹、氢弹，没有发射卫星，中国就不能叫有重要影响的大国，就没有现在这样的国际地位。这些东西反映了一个民族的能力，也是一个民族、一个国家兴旺发达的标志。"③

"两弹一星"是中国大科学的典型案例，是国家在新中国成立初期搞的大工程，需要动员国家各方面的力量和各方面的配合。20世纪50年代中国的发展尚处于起步阶段，国家积贫积弱，国力并不强盛，科研力量和科研设备等资源都处于急缺的状态。而"两弹一星"是需要强大人力和物力保障的大工程，中共中央对此高度重视，对全国资源进行了高度统一的集中式调配，汇集了全国科学技术领域的大批优秀工作者，加入"两弹一星"的各方面工作中，其中包括众多留欧留美科学家，如留美归国的钱学森、邓稼先、赵忠尧、陈能宽、郭永怀等，留欧归国的钱三强、彭桓武、周光召、程开甲等。他们中不仅有在核心理论和技术上做了关键性工作

---

① ［美］约翰逊·W.刘易斯、薛里泰：《大漠深处——中国原子弹秘闻录》，王德禄、刘戟锋等译，长沙：国防科大出版社1990年版，第12—13页。

② 岳庆平主编：《中南海三代领导集体与共和国科教实录》，北京：中国经济出版社1998年版，第183页。

③ 《邓小平文选》（第三卷），北京：人民出版社1993年版，第279页。

的科学家,还有为"两弹一星"研制提供辅助性、协作性工作的科学家。

在新中国成立之初,苏联曾在中国的科技发展中给予了"相当大的援助"①。苏联先后派出了800多名专家到中国任教,开设150个新专业,建立500多个实验室,援助中国156个重点企业的建设,累计向中国提供科学技术资料8400多项。② 1953年1月到1956年8月,中苏两国在核领域签订了4个协定,苏联将援助中国进行铀矿探测、核科学技术研究以及核工业的建设。③ 1957年10月15日,中苏双方签订了"中苏国防新技术协定","其内容是苏联在火箭、航空技术和原子弹技术等方面给中国以援助"④,苏联将向中国提供导弹模型、技术文件、研发的工程设计、发射基地以及技术专家,帮助中国仿制导弹并培训火箭研究领域的人才。⑤ 但随着中苏关系的恶化,苏联在1959年6月单方面撕毁了"国防新技术协定"⑥,在1960年7月28日至9月1日期间,单方面撤走了在华的全部专家,并同时带走了全部图纸资料和文献,单方面停止了对中国核工业发展的援助。这使中国刚起步的原子弹研制事业遭到了重创,为了铭记苏联撕毁中苏合同的耻辱,中国第一颗原子弹的工程代号定为"596"⑦,即1959年6月。新中国的核武器研制,正是在这样的艰苦条件下展开的。"在发

---

① 《聂荣臻回忆录》(下),北京:解放军出版社1984年版,第800页。
② 武衡、杨浚:《当代中国的科学技术事业》,北京:当代中国出版社1992年版,第9—12页。
③ 刘戟锋等:《两弹一星工程与大科学》,济南:山东教育出版社2004年版,第40页。
④ 廖盖隆、庄浦明:《中华人民共和国编年史》(1949—2009),北京:人民出版社2010年版,第162页。
⑤ [美]张纯如:《蚕丝:钱学森传》,鲁伊译,北京:中信出版社2011年版,第241页。
⑥ 廖盖隆、庄浦明:《中华人民共和国编年史》(1949—2009),北京:人民出版社2010年版,第162页。
⑦ 刘戟锋等:《两弹一星工程与大科学》,济南:山东教育出版社2004年版,第47页。

第五章 争取归国的努力及归国后的贡献

展科学技术,尤其是国防尖端技术的事业中,如何对待外国援助问题,我们党的一贯方针是'以自力更生为主,争取外援为辅'"。①

在苏联对中国的援助并无诚意的情况下,党中央更加认识到争取海外留学生回国的重要性。1956年,中国代表团访问苏联时,向苏联提出导弹方面的技术援助,但随后苏联方面给出的答复是,只能在培养干部上提供援助,而且只能接受五十名留学生。这就使中国认识到,要发展尖端国防科技,更多的只能依靠自己,因此主管科技工作的聂荣臻给周恩来的报告中提出:"我们对导弹的研究制造应采取自力更生为主,力争外援和利用资本主义国家已有的科学成果",并指出我国目前"分散在全国各方面的工程技术人员和目前仍在资本主义国家待争取返国的留学生、科学技术人员也还有一定数量和一定水平",而且有"曾在外国参加过火箭、导弹研究设计的人员,他们都具有信心",因此即使没有苏联的外援,我们也能够独立开展研制。②可见,在核武器的研制中,留学归国科学家发挥着重要的作用。

1956年10月,国防部成立第一个导弹研究机构"国防部第五研究院"("五院"),直接管理并组织领导导弹研制工作,下设导弹总体、空气动力、发动机、弹体结构、推进剂、控制系统、控制元件、无线电、计算机、技术物理10个研究室,钱学森为院长。③ 1965年1月,以五院为基础成立第七机械工业部("七机部")。五院是科研机构,而七机部不仅包括导弹科研设计,还统筹了导弹的具体研制生产。1956年,设立第三机械工业部,1958年改为第二机械工业部("二机部"),负责主管核工业建设和核武器研制工作。④ 1958年1月三机部九局设立,1958年2月改称二机部

---

① 《聂荣臻回忆录》(下),北京:解放军出版社1984年版,第800页。
② 周均伦主编:《聂荣臻年谱》(上),北京:人民出版社1999年版,第591页。
③ 刘戟锋等:《两弹一星工程与大科学》,济南:山东教育出版社2004年版,第87页。
④ 刘戟锋等:《两弹一星工程与大科学》,济南:山东教育出版社2004年版,第74页。

九局，1958 年 7 月九局建立核武器研究所（"九所"），1960 年，九所设立了四个部，即理论部、生产部、实验部、设计部。① 理论部主任是邓稼先；实验部主任是陈能宽，负责爆轰试验，是物理性质的；设计部主任是龙文光，疏松桂是副主任，设计部后来分成两个部分，其一是核武器自动引爆控制系统，由疏松桂兼任主任。疏松桂的工作是工程技术设计，包括结构、控制、所有工程设计、技术设计，总的来讲就是核武器自动化引爆控制系统。② 其中，除龙文光是留学英国以外，邓稼先、陈能宽、疏松桂都是 50 年代归国的留美科学家。

"两弹一星功勋奖章"的 23 位获得者中，有 10 位是留美归国的科学家，他们分别是邓稼先、屠守锷、钱学森、郭永怀、杨嘉墀、陈能宽、吴自良、任新民、朱光亚、王希季。③ 他们都具有良好的科研能力，怀抱着振兴中华的理想抱负，在"两弹一星"的研制中发挥了关键性的作用，成为我国核武器发展的奠基人。

有学者将钱学森回国后在中国核武器制造方面的贡献归为四点：一是钱学森给中国政府带来了信心，而信心是最重要的东西，据张纯如对一位曾在钱学森手下工作过的导弹科学家林津的采访，"最重要的是他（钱学森——引者注）的全局观点和组织能力。他是能够向毛泽东和周恩来提出方案和建议的人。……如果没有钱学森，国家领导人可能根本不会作出开展导弹研究项目的最终决定"。二是钱学森对于研究人员的作用是启发性的，他"总是能够一次又一次地启发手下人做出至关重要的成果"；三是钱学森反复强调在书里可以找到许多问题的答案，他自己就是这么做的，他的办公室堆满了书，他的秘书为了让这些书发挥更大的作用，秘密地将它们借给其他技术人员阅读；四是钱学森的组织能力，他为中国聚集

---

① 刘戟锋等：《两弹一星工程与大科学》，济南：山东教育出版社 2004 年版，第 79 页。

② 疏松桂口述：《研制核武器自动引爆装置获特等奖》，见王德禄等：《1950 年代归国留美科学家访谈录》，长沙：湖南教育出版社 2013 年版，第 286 页。

③ 王德禄、刘志光：《1950 年代归国留美科学家的归程及命运》，载《科学文化评论》，2012 年第 1 期，第 83 页。

了众多科学家和技术人员，共同完成导弹的研制工作。他领导成立了中国第一所导弹设计研究所，即国防部第五研究院，中国最早的几枚导弹、最早的人造卫星、导弹跟踪和控制遥感系统以及"春蚕"导弹，都是在钱学森的倡导和主持下研发成功的。此外，也正是因为钱学森，系统工程在中国成为一门科学，以其为基础建立的管理结构令工程师们可以在将误解和官僚主义最小化的情况下彼此顺畅交流沟通。① 此外，1956 年 2 月，钱学森起草了《建立我国国防航空工业的意见书》，事实上"国防航空工业"是指火箭和导弹，这份意见书从航空工业的部门、组织、国内现状分析，提出了未来的发展计划，第一次系统地提出了发展我国火箭和导弹技术的重要意见。② 在五院的筹备中，钱学森发挥了主要作用，钱学森担任了中国第一个导弹研究院的首任院长。而人才队伍建设是研究院能否开展工作最重要的要素。钱学森向中央打了三份报告，请求中央进行人员调集，附上请求调来五院的专家名单，中央高度重视，随后，全国各地的专家、教授、大专以上毕业生开始进入五院工作。③ 五院的第一个规划是"三大任务"，1957 年 3 月，钱学森向全院部署了研制地地导弹、地空导弹和无人驾驶飞机"三大任务"。④ 1960 年，钱学森推荐自己的弟子郭永怀从事秘密的核武器开发工作。这使得五院和从事原子弹研究的第九研究院之间建立了密切的私人联系。两个研究机构的合作使得中国自制的导弹可以与核弹头更好地协调工作。⑤

----

① ［美］张纯如：《蚕丝：钱学森传》，鲁伊译，北京：中信出版社 2011 年版，第 238 页。

② 石磊：《钱学森的航天岁月》，北京：中国宇航出版社 2011 年版，第 117—123 页。

③ 石磊：《钱学森的航天岁月》，北京：中国宇航出版社 2011 年版，第 200—207 页。

④ 石磊：《钱学森的航天岁月》，北京：中国宇航出版社 2011 年版，第 239 页。

⑤ ［美］张纯如：《蚕丝：钱学森传》，鲁伊译，北京：中信出版社 2011 年版，第 256 页。

朱光亚在新中国的核武器研制中也起到了统领性的作用。"曾经担任过核武器研究院院长的胡思得院士说：'在高层决策领导岗位，从技术的角度看，我个人认为他起着诸葛亮式的重要作用。'核武器理论研究所原科技委主任郑绍唐研究员说：'如果把理论部主任邓稼先比做"中国的汉斯·贝特"，那么，当时作为主管科研工作的领导，朱光亚可以被称为"中国的奥本海默"。'"而朱光亚将自己比做一个瓶子口，"上面的方针和下面的意见都要经过他这个'瓶子口'来承上启下，有的还要筛选、过滤，择其主要归纳上报。"朱光亚处于核武器研制的高层决策岗位上，"在技术上负全面责任，参加制定并亲自撰写科研计划和规划，撰写有关技术问题的报告向二机部和中央汇报；领导和指导核武器研制任务，确定研究的主攻方向和关键技术；设置重大课题并制定重大课题实施方案；选择解决问题的技术途径；对于科研、生产上出现的各类重大问题，总是亲自解决。"①朱光亚1946年赴美留学时，即是带着学习研制原子弹的初衷去的。当时国民政府派出由吴大猷、曾昭抡、华罗庚三位科学家和几位年轻助手组成的考察组秘密前往美国，学习原子弹技术，几位年轻助手即包括朱光亚。但他们在美国并不能接触到原子弹的任何机密。朱光亚不改初衷，在美国从事实验核物理研究工作并获物理学博士学位。②朱光亚于1950年回国，日后成为研制"两弹"科学家中的重要一员，他说："我就这样，从20世纪50年代末投身于核武器的研制工作，到如今已经几十年了。我这一辈子主要做的就这一件事——搞中国的核武器。"③

邓稼先1958年担任核武器研究所理论部主任，负责领导核武器的理论设计，为原子弹的理论设计选定了三个主攻方向：中子物理、流体力学和高温高压下的物质性质，并依次组成三个小组。理论设计的任务主要是从

---

① 顾小英、朱明远：《我们的父亲朱光亚》，北京：人民出版社2009年版，第70—71页。
② 王建柱：《朱光亚：毕生精力献给"两弹"》，载《中国人才》，2004年第12期，第62—63页。
③ 顾小英、朱明远：《我们的父亲朱光亚》，北京：人民出版社2009年版，第61页。

理论上深刻掌握以浓缩铀为装料的原子弹的反应过程及其性能。例如，各反应阶段的关键物理量、爆轰产物全压力范围内的状态方程、链式反应的能量释放过程等一系列问题。① 邓稼先历任中国科学院近代物理研究所副研究员，二机部第九研究院理论部主任，二机部第九研究院副院长、院长，领导开展了爆轰物理、流体力学、状态方程、中子运输等基础理论研究，对原子弹的物理过程进行了大量的模拟计算和分析，迈出了中国独立研究核武器的第一步，为我国原子弹、氢弹的成功研制做出了重要贡献。②

陈能宽主持爆轰物理试验，主要为验证原子弹的理论设计、动态考核各部件性能、摸索物理参数的测定方法等。通过这些试验，他们研制出性能良好的高压电雷管、电测装置和起爆元件等。③ 为了节省实验时间，节约当时稀缺的宝贵资源和战略物资，陈能宽等人结合中国的实际情况，发明了"冷实验"的实验方法。陈能宽作为"冷实验"委员会副主任委员，在冷实验工作上做出重大贡献。"冷实验"是不使用铀-235等裂变材料进行实验，利用方法论，先从概念入手，从理性分析出发，用相对简单、安全的实验代替复杂的、危险的实验。"冷实验"的实验方法在我国原子弹和氢弹研制中起到了至关重要的作用，为当时物质匮乏的新中国节约了大量资源。④

郭永怀主持结构设计工作，主要是设计原子弹结构，他们从爆轰和力学结构方面开展研究，配合爆轰试验进行了多种不同试验装置的结构设计，并根据理论设计、爆轰试验的要求及武器化的特殊需要，到1962年，

---

① 刘戟锋等：《两弹一星工程与大科学》，济南：山东教育出版社2004年版，第80页。

② 李迅：《共和国的脊梁："两弹一星"功勋谱》，哈尔滨：黑龙江教育出版社2000年版，第58页。

③ 刘戟锋等：《两弹一星工程与大科学》，济南：山东教育出版社2004年版，第80页。

④ 刘志光、王磊："东方巨响 大漠天苍朗"——访"两弹一星"功勋奖章获得者陈能宽院士》，载《中共党史研究》，2009年第10期，第31页。

设计出了核装置的理想结构。① 郭永怀负责核武器的力学部。在原子弹和氢弹的研制中,他领导和组织爆轰力学、高压物态方程、空气动力学、飞行力学、结构力学和武器环境实验科学等的研究。他组织大家对核武器的结构力学、结构强度、压力分布等进行具体的研究和计算,指导大家进行核装置的静态力学试验。② 1968年郭永怀乘飞机前往北京汇报工作,飞机失事时,他和警卫员紧紧抱在一起,将研究资料用两个人的身体保护起来,郭永怀和警卫员都牺牲了,而宝贵的资料得以幸存。

吴自良的贡献在于将制造原子弹的铀–235成功分离出来,为原子弹提供了核炸药。原子弹研制成功的重要条件之一,是得到含量足够大的铀–235,吴自良主持研究工作,完成了气体扩散法分离铀同位素的"甲种分离膜的制造技术",将铀–235从自然界存在的铀中分离出来,为核武器的成功研制提供了核炸药。吴自良还在金属合金材料、半导体材料和氧化物超导材料的研究中取得重要成果。③

杨嘉墀1963年负责研制的原子弹爆炸试验配套仪器——火球温度测量仪、冲击波压力测量仪和地震动测量仪,为原子弹的爆炸试验提供了保障,火球温度测量仪帮助计算出原子弹爆炸时的亮度,使摄影师能够准确而清晰地拍摄原子弹爆炸时的照片,为我国掌握第一颗原子弹爆炸的原始资料立下了大功。④

何炳林回国后,主要从事农药研制和离子交换树脂的研究工作。离子交换树脂主要用于从矿物质中提取铀,而铀是当时国家研制原子弹的重要原材料,因此他的工作受到了二机部的重视,1958年二机部资助500万开

---

① 刘戟锋等:《两弹一星工程与大科学》,济南:山东教育出版社2004年版,第80页。

② 李迅:《共和国的脊梁:"两弹一星"功勋谱》,哈尔滨:黑龙江教育出版社2000年版,第248—257页。

③ 李迅:《共和国的脊梁:"两弹一星"功勋谱》,哈尔滨:黑龙江教育出版社2000年版,第110—121页。

④ 李迅:《共和国的脊梁:"两弹一星"功勋谱》,哈尔滨:黑龙江教育出版社2000年版,第150—161页。

办了离子交换树脂厂。当时苏联还没有研制出离子交换树脂,而何炳林的工厂在1960年已经生产出了产品。①

在导弹、火箭和卫星的研制和发射方面,王希季、屠守锷、任新民、杨嘉墀、张存浩等50年代归国留美学人也做出了杰出的贡献。

王希季是第一枚液体燃料火箭、气象火箭、生物火箭和高空试验火箭的技术负责人,倡导并参与发展无控制火箭技术和回收技术两门新的学科。他担任了12种探空火箭研制的负责人,并在探空火箭的基础上,主持完成了我国第一颗人造卫星运载火箭的设计方案,主持"长征一号"运载火箭和核试验取样系列火箭的研制工作,担任返回式卫星的总设计师,主持采用新技术,使我国第一颗返回式卫星发射并回收成功,使我国成为继美国、苏联之后,第三个掌握卫星返回技术的国家,他因此获得国家科技进步奖特等奖。王希季1950年回国后,进入大连工学院任动力工程教研室主任;1955年进入交通大学先后担任涡轮机教研室主任、工程力学系副主任;1958年兼任中国科学院上海机电设计院技术负责人;1960年正式调入该院,担任总工程师;1965年上海机电设计院迁到北京,改为七机部八院,担任八院总工程师;1968年八院更名为中国空间技术研究院508所,担任总工程师;1978年担任该所所长;1979年担任中国空间技术研究院副院长;1980年担任七机部总工程师;1981年担任返回式卫星系列总设计师;1983年担任中国空间技术研究院科技委主任;1987年当选为国际宇航科学院院士。② 王希季为我国的火箭和卫星的研制和发射做出了卓越的贡献。

屠守锷领导和参加了我国地空导弹初期的仿制和研制工作。50年代,在钱学森的推荐下,屠守锷从北京航空学院调到国防部五院从事导弹研制

---

① 何炳林、陈茹玉口述:《与化学的不解之缘》,见王德禄等:《1950年代归国留美科学家访谈录》,长沙:湖南教育出版社2013年版,第332页。

② 朱晴:《王希季院士传记》,北京:中国宇航出版社2014年版,第348—349页;李迅:《共和国的脊梁:"两弹一星"功勋谱》,哈尔滨:黑龙江教育出版社2000年版,第30—43页。

工作，负责导弹结构强度与环境条件的研究、试验工作，试验成功了第一枚仿制的导弹。在此基础上，中国又开始了独立自主研制导弹的历程。他先后担任液体弹道式地地中近程导弹、中程导弹的副总设计师，洲际导弹和长征二号运载火箭的总设计师。80年代后期，中国火箭要走向国际市场发射外国卫星，就需要研制出捆绑火箭技术，这一技术难度大，在屠守锷的推动下，中国成功研制了捆绑式火箭"长征二号E"，其运载能力是"长征二号"的三倍，并成功将五颗外国卫星送上预定轨道。1999年，其改进型将中国"神舟号"试验飞船送上太空。①

　　任新民1949年8月就回到了祖国，回国后就参加了国家的军事研究工作。1955年，任新民与金家骏、周曼殊合作完成了《对我国研制火箭武器和发展火箭技术的建议》。1956年，任新民参加了"十二年规划纲要"的研究、论证和编制工作，在钱学森的主持下，他与沈元、王弼共同编制了规划纲要的第37项《喷气与火箭技术的建立》。1956年，他调入五院参加五院的筹建工作，担任五院六室（总设计师室，即总体技术研究室）主任。1956年，任新民带队到满洲里接收苏联援助的两枚P-1液体近程弹道导弹，顺利送回北京，并作为中方代表在交接协议上签字。他担任P-2液体中近程导弹的设计委员会副主任兼发动机的总设计师，组织了液体火箭发动机的仿制工作。担任我国改型研制的东风二号导弹设计委员会副主任委员兼发动机总设计师，经历了东风二号第一次发射失败到1964年6月29日第一次发射成功。② 任新民参与制定了"八年四弹"规划（即《1965—1972年地地导弹发展规划》）的制定，担任"四弹"（即中近程、中程、中远程、远程四种液体地地弹道导弹）研制的技术带头人。组织领导了从中远程导弹衍生出的长征一号运载火箭的全部研制工作，从远程导

---

　　① 李迅：《共和国的脊梁："两弹一星"功勋谱》，哈尔滨：黑龙江教育出版社2000年版，第258—267页。

　　② 谭邦治：《任新民院士传记》，北京：中国宇航出版社2014年版，第54页。

弹衍生出的长征二号运载火箭的部分研制工作。① 1978年改革开放后，他担任了试验卫星通讯工程（"331"工程）的总设计师，1984年，担任实用卫星通信工程（"331甲"工程）的总设计师，1986年5月，担任东方红三号卫星通信工程总技术顾问，1986年11月，担任发射外国卫星工程（"867"工程）总设计师。②

杨嘉墀是中科院早期开展航空技术研究的专家之一。他参与中国空间技术发展规划的制定，领导和参加了我国第一颗人造卫星姿态测量系统的研制。1975年11月，我国第一颗返回式卫星发射成功并按原计划安全着陆，杨嘉墀主持研制的卫星的姿态控制系统为第一颗卫星的成果运行发挥了至关重要的作用。1981年9月，我国用一枚火箭同时成功发射三颗卫星，其中一颗"实践二号"的总设计师是杨嘉墀。他在更早期的原子弹研制中也发挥了重要作用。此外，"863"计划（即国家高技术研究发展计划）的出台，是通过杨嘉墀与王大珩、王淦昌、陈芳允四人上书邓小平提出建议，后被采纳而开始实施的，为我国发展高科技追赶世界水平立下功劳。③

张存浩为火箭推进剂的研究做出了关键性的贡献，破解了当时我国亟待解决的火箭推进剂燃烧过程中的关键问题。火箭是导弹的基础，火箭推进剂是火箭的重要燃料来源。张存浩等人在硼烷高能燃料、固体推进剂、固液推进剂等方面进行了大量实验，提出固体推进剂燃速的多层火焰理论模型，第一次比较全面完整地解释了固体推进剂的侵蚀燃烧和临界流速现象。这一成果在1982年获国家自然科学三等奖。④

除了理论研究和不断的试验以外，另一个重要的步骤就是核武器部件

---

① 谭邦治：《任新民院士传记》，北京：中国宇航出版社2014年版，第96—97页。

② 谭邦治：《任新民院士传记》，北京：中国宇航出版社2014年版，第150—151页。

③ 李迅：《共和国的脊梁："两弹一星"功勋谱》，哈尔滨：黑龙江教育出版社2000年版，第150—161页。

④ 龙巧玲：《大国院士》，北京：人民出版社2016年版，第275—277页。

的生产加工,这是最终决定理论和试验是否成功、核武器是否制造得出来的决定性环节。姜圣阶任酒泉原子能联合企业总工程师,负责指导核部件的加工工作,在姜圣阶的指导下,技术人员通过摸索,1964年5月1日由工人原公浦在小厂房圆满完成核部件的加工,① 为核武器研制提供了核心部件。姜圣阶在即将调入二机部时,对于快50岁了还要面临转行充满了犹豫,担心自己不能胜任。周总理亲自找他谈话,说苏联专家撤走了,请他去404厂(即原子能燃料厂)"挑大梁",主要负责研制原子弹的核心部件所用的材料。他在工作中发现,苏联为中国设计的后处理厂,是20年代的老方法,即"沉淀法",姜圣阶建议采用"萃取法"这一现代化工常用的方法。在当时普遍相信苏联的观念下,他顶住压力,最终用"萃取法"代替了苏联提供的方法。②

除了直接参与"两弹一星"研制工作的科学家以外,还有众多50年代归国留美学人参与了外围的、间接的、辅助性的工作,为"两弹一星"工程的完成提供了保障。他们还培养了众多优秀人才和科技工作者,在短时间内投入研制工作,提供了人员上的补给和保障。赵忠尧虽然不是"两弹一星元勋",但他不仅亲自参与了"两弹一星"的研制,他多年来所培养出的学生中,许多成为参与"两弹一星"的著名科学家,其中王淦昌、彭桓武等人还成为了"两弹一星元勋"。

关于"两弹一星"及其参加者的研究,是基于军方的一些学术研究和向大众公开的资料,以及少许当事人的回忆。关于50年代归国留美科学家在"两弹一星"研制中的贡献,因"两弹一星"工程本身的复杂性和该领域科学技术的复杂性而难以一概而论,在此只能做一些简单的交代。"两弹一星"之所以能够成功,依靠的不是个人的力量,而是所有参与者的辛勤努力,我们无法颂扬每一位参与者的功劳和贡献,在此仅将50年代归国

---

① 刘戟锋等:《两弹一星工程与大科学》,济南:山东教育出版社2004年版,第81页。

② 姜圣阶口述:《受侯德榜先生提携》,见王德禄等:《1950年代归国留美科学家访谈录》,长沙:湖南教育出版社2013年版,第77—81页。

留美科学家中贡献卓著者做一梳理,展现该群体中科学家的杰出贡献和他们艰苦奋斗的精神。

"两弹一星"的研制工作对每一位参与者来说都是一段艰辛的历程。首先,该工作属于高度机密,为了保密,科学家不仅要与家人长期分离,而且家人不能知晓他们的去向和从事什么样的工作。他们的朋友和同事,与他们长期失去了联系,直到他们工作结束后,才再次出现在世人面前。其次,国内的实验工作条件很差,与美国的良好实验和科研条件形成鲜明对比。陈能宽进行爆轰实验的实验场"17号基地",自然条件十分艰苦。实验场自然条件恶劣,春天黄沙漫天,夏天晴雨不定,冬天没有防寒措施,遇到极端天气时,还会对实验场简陋的基础设施造成严重损害;生活条件非常艰苦,基础设施十分简陋,多数科研人员与工人、战士同住30多人的大通铺,三年困难时期还面临着吃不饱肚子的生存威胁;科研设备奇缺,研究工具匮乏,融化炸药混合剂所使用的设备是一口普通的锅和几只旧军用桶,为了保障实验进度和实验人员的身体健康,陈能宽、王淦昌等科学家也参与到搅拌炸药的基础工作中。陈能宽说:"物质是贫乏的,但精神却是富足的。"① 归国留美学人放弃了美国优厚的生活待遇和实验条件,在艰难的条件下为祖国的科技和国防事业默默做贡献,以实际行动诠释了真正的爱国精神。

事实上,由于美国对国防机密领域的严格限制和封锁,留美学人在美时是无法直接进入相关领域从事学习或研究的,因此没有人回国前在美国直接学习过关于核武器制造的专业或直接参与过核武器的研制工作。他们加入中国核武器的研制队伍中来,都可以说是进入到了一个新的领域,都是为了适应祖国国防科技发展的需要而放弃了自己原本熟悉的专业领域,这也是那一代人实现报国理想的表现方式。

"两弹一星"和"十二年规划"都是新中国成立后,中共中央集中全国力量重点开展的工作。国家以高度集中的方式,调拨了全国大批优秀的

---

① 刘志光、王磊:《"东方巨响 大漠天苍朗"——访"两弹一星"功勋奖章获得者陈能宽院士》,载《中共党史研究》,2009年第10期,第30页。

科技人员参与"两弹一星"的研制,调配各科技行业专家参与制定"十二年规划"。50年代归国留美学人中的科学技术人才在这两项工作中都发挥了重要的作用。他们用从美国学习到的世界先进的科学技术知识,凭借自身的能力和艰苦奋斗的精神,为白手起家的新中国科技领域贡献了自己的全部力量,同时也实现了他们回国之时怀抱的振兴祖国的壮志。

(三) 开创新中国科学技术的新学科和研究的新领域

新中国成立初期,"往往是一个或几个在发达国家学成归来的留学生,就引导带动了一门学科的引进传播与普及"①。50年代归国留美学人不仅在国家重大科技规划的制定和重大科技项目的实施中发挥了重要的作用,而且开创了新中国科学技术的新学科和科研的新领域,为新中国的科学技术事业发展起到了良好的奠基作用。

从中国科学院院士和中国工程院院士的人选中可以看到众多50年代归国留美学人。中国科学院学部1955年成立,至1981年共选出4批学部委员。1993年后,学部委员改称"院士",随着中国工程院的成立,部分中科院院士同时也为中国工程院院士。学部委员以及后来的院士,都是我国"最优秀的科学家"。"被遴选的学部委员是'在各个学科上有较高的成就,或是对我国科学事业有着重要的贡献'的人"②,他们代表着中国最优秀的科学家群体,掌握着中国最顶尖的科学技术。据统计,在1955—1999年中国科学院八届院士(学部委员)增选的913名院士中,有留学背景的学部委员共计498人,其中留美院士多达259人,占所有留学院士的52%;"除8人留学时间在1978年后以及少量由香港留学外,其他留美人员出国留学时间均在1949年前"。③

---

① 徐飞、卜晓勇:《中国科学院院士特征状况的计量分析》,载《自然辩证法研究》,2006年第3期,第71页。

② 武衡:《科技战线五十年》,北京:科学技术文献出版社1992年版,第148页。

③ 李喜所主编:《中国留学通史》(新中国卷),广州:广东教育出版社2010年版,第190页。

第五章　争取归国的努力及归国后的贡献

从中科院院士的人选来看，根据《中国科苑英华录》（新中国之部）记录的 1955 年、1957 年、1980 年所选出的前三批中科院学部委员总共 473 人，其中 243 人具有 20 世纪 40 年代留美经历①，其中至少 111 人是五六十年代（包括 1949 年）回国的，占当时学部委员总数的 23.4%（见表 5.1）。可见，50 年代归国留美学人在新中国的科技领域长期占据着重要的比重。他们不仅产出高质量的科学技术成果，还指导和培养了大批优秀的后起科技人才。姚蜀平指出："中国科学院在 1950 年建院时，仅有二百九

表 5.1　50 年代归国留美学人中的中国科学院院士名单

	年份	名单
50年代归国留美学人中的中国科学院院士（共139人）	1955（14人）	傅鹰、葛庭燧、侯祥麟、胡宁、华罗庚、黄鸣龙、黄子卿、柳大纲、唐敖庆、童第周、王湘浩、叶渚沛、余瑞璜、赵忠尧
	1957（7人）	蔡镏生、郭永怀、陆元九、钱学森、吴仲华、张文裕、张香桐
	1980（92人）	鲍文奎、蔡启瑞、曹建猷、陈冠荣、陈家镛、陈能宽、陈茹玉、陈荣悌、程民德、池际尚、邓稼先、丁舜年、高小霞、郭慕孙、何炳林、洪朝生、侯学煜、黄宏嘉、黄量、黄维垣、蒋丽金、李敏华、李荫远、李正武、梁晓天、梁植权、林兰英、林同骥、林为干、刘恢先、刘建康、刘有成、吕保维、罗沛霖、马世俊、毛汉礼、闵恩泽、钮经义、蒲蛰龙、彭少逸、钱保功、钱宁、任新民、沈善炯、师昌绪、施履吉、谈镐生、唐有祺、唐仲璋、涂光炽、王补宣、王承书、王德宝、王仁、王世真、王守武、王志均、汪堃仁、汪闻韶、魏荣爵、吴良镛、吴汝康、吴式枢、吴自良、吴中伦、武迟、肖纪美、肖健、肖伦、谢家麟、谢希德、谢义炳、熊毅、徐冠仁、徐光宪、徐仁、严东生、杨嘉墀、杨简、叶笃正、业治铮、张炳熹、张存浩、张致一、郑国锠、郑哲敏、周明镇、周廷冲、周廷儒、朱光亚、朱祖祥、庄逢甘
	1991（18人）	胡聿贤、黄葆同、蒋锡夔、姜圣阶、廖山涛、林秉南、卢肇钧、陆婉珍、钦俊德、汤定元、吴承康、徐僖、薛社普、颜鸣皋、余国琮、张兴钤、周同惠
	1993（5人）	陈鉴远、梁思礼、王希季、殷之文、应崇福
	1995（2人）	席承藩、朱起鹤
	1997（1人）	侯虞钧

数据来源：根据《1950年代归国留美学生学者人名录》（北京市长城企业战略研究所提供，未刊稿），《中国科苑英华录（新中国之部）》（北京：科学普及出版社，1988年）及中国科学院网站院士信息等资料综合统计得出。

---

① 《中国科苑英华录》（新中国之部），北京：科学普及出版社1988年版。

十一名科学人员,回国科学家被分配到科学院工作的就有一百二十九人,其中副研究员以上的人有一百零五人,他们都成了重要的学科带头人。1955年第一届学部委员(后称院士),归国留学生占91%;1981年第四届学部委员中的归国留学生比例仍然高达82%。"①

李喜所根据《中国科苑英华录》(新中国之部)记录的1955年、1957年、1980年所选出的总共400多名中科院学部委员的资料,分析了留美归国科学家与新中国科技的关系,认为"有着留学经历的科学家,尤其是国民政府时期的留美生,在1949年以后的中国科学界,直到80年代初,长期占有着最重要的比重,发挥着巨大的作用。他们学习了欧美较宽广、先进的科学知识和从事研究工作的思想和方法,受到了坚持科学态度和科学精神的良好熏陶,回国后致力于新中国科技事业的开创和发展,并培养和指导了我国科技队伍的后续力量。其中的学部委员无愧于'国家在科学技术方面的最高荣誉称号',而留美科技群体对新中国科技的突出贡献更是任何其他群体无法比拟的"②。

中国工程院院士中,也有一定比例的50年代归国留美学人。1993年中国工程院成立,1994年开始增选中国工程院院士,自1994年起,共有至少30位50年代归国留美学人增选为中国工程院院士(见表5.2)。进入20世纪90年代后,50年代归国留美学人已普遍步入暮年,进入中国工程院院士名单的50年代归国留美学人虽然不多,但却依然在晚年对中国的科学技术事业的发展具有相当的影响力。

此外,"国家最高科学技术奖"从2000年设立起,获得者中有8人是50年代归国留美科学家,分别是叶笃正(2005年)、闵恩泽(2007年)、徐光宪(2008年)、师昌绪(2010年)、吴良镛(2011年)、谢家麟(2011年)、郑哲敏(2012年)、张存浩(2013年)。

---

① 姚蜀平:《伴随中国现代化历程的十次留学潮》,波士顿:美亚出版社2015年版,第87页。

② 李喜所:《近代中国的留美教育》,天津:天津古籍出版社2000年版,第156页。

表 5.2 50 年代归国留美学人中的中国工程院院士名单

	年份	名单
中国工程院院士（共29人）	1994（13人）	侯祥麟（1955）、姜泗长、李恒德、陆元九（1957）、罗沛霖（1980）、闵恩泽（1980）、钱学森（1957）、师昌绪（1980）、屠善澄、严东生（1980）、郑哲敏（1980）、周镜、朱光亚（1980）
	1995（10人）	陈秉聪、高鼎三、顾懋祥、顾夏声、韩德馨、李正名、陆孝彭、吴良镛（1980）、许国志、周炯槃
	1996（2人）	黄翠芬、彭司勋
	1997（3人）	杜庆华、童志鹏、朱尊权
	2001（1人）	刘源张

* 表中姓名后括号内的年份为其当选中科院院士的年份

数据来源：根据《1950年代归国留美学生学者人名录》（北京市长城企业战略研究所提供，未刊稿），《中国科苑英华录（新中国之部）》（北京：科学普及出版社，1988年）及中国工程院网站学部院士名单等资料，综合统计得出。

20世纪50到60年代，归国留美学人中涌现出大量科技人才，为新中国的高等院校开设了一些新的学科，开辟了一些新的科研领域，为我国科学技术的发展做出了长足的贡献。

在新中国的抗生素研制方面，张为申被称为"中国抗生素之父"。1951年，张为申带着他在美国的导师赠送的最新青霉素菌种启程回国。我国在抗美援朝后，大批志愿军伤员亟需对抗细菌感染的药物治疗，研制国产青霉素成了当务之急。1952年，张为申从西北农学院借调到卫生部中央生物制品研究所抗生素室，他凭借在美国所学的新技术，根据我国实际情况建立起一些新方法，完成用廉价棉籽饼粉末代替玉米浆的研究。1953年5月，我国研制的青霉素开始在上海第三制药厂正式投入生产。张为申也就此接管了抗生素室。1952年他被评为北京市一等劳模。青霉素的产量因受国内乳糖原料产量的限制而无法大规模生产，无法满足需要。而当时国际上也尚未找到代替乳糖的有效方法，张为申仅用了一年多的时间，设计出了用白玉米粉作碳源的培养基配方，成功取代了昂贵的乳糖，彻底解决了青霉素生产的原料问题，并由此奠定了具有中国特色的青霉素发酵工业的基础。1955年张为申出席"国际抗生素问题会议"，他的研究成果获得了国际学术界的认可。回国后,他利用波兰专家赠送的土霉素菌种,在三四个月内完成了土霉素的试制。1958年张为申利用苏联专家赠送的菌种,在短时间内完成了红霉素的试制。张为申还参与制定了"十二年科技规划"中的第五十项国家重大科技任务,与此相配合,中央卫生研究院更名为中国医学科学院(医科院),组建抗生素系,由张为申担任系副主任。1958年10月,医科院抗生素系扩建成为抗菌素研究所,张为申担任了第一任所长。1959年国家科委成立抗菌素专业组,张为申担任常务副组长,由此开始主持全国抗生素的研制工作。到1962年时,我国抗生素的发展已提前完成了"十二年科技规划",能够生产青霉素、青霉素V、链霉素、双氢链霉素、土霉素、红霉素、金霉素、氯霉素、新霉素、四环素、环丝氨酸等十多个抗生素品种,基本满足了国内临床用药的迫切需求。而医科院抗菌素研究所在他的领导下,相继找到了灰黄霉素、万古霉素、曲古霉素、多粘霉素、巴龙霉素、卡那霉素和创新霉素的本土菌种,这些新抗生素的试制工作也富有成效。张为申将一生奉献给了新中国的抗生素研制事业,是新中国抗生素事业的奠基人。[1]

在工程热物理学方面,吴仲华1956年在清华创立了全国第一个燃气轮机专业,任教研组主任。后创建了中国科学院动力研究室,该研究室为中科院与清华大学共建,吴仲华任研究员和室主任,并积极制订规划,筹建动力研究室实验基地。1958年,中国科学技术大学成立,兼任物理热工系(设3个专业)主任,创建了工程热物理专业。1958年2月,吴仲华参与制定1958年科学技术发展远景规划,提出重点研究项目(交通运输)"运输工具用燃气轮机",负责单位为中国科学院动力研究室,吴仲华为负责人。该规划描绘了在我国研发工业燃气轮机的蓝图。[2] 1974年中国要研制

----

[1] 宋铭恩:《中国抗生素之父——张为申》,见唐杰主编:《校友文稿资料选编·第二十二辑》,北京:清华大学出版社2017年版,第63—68页。(张为申为作者宋铭恩的舅公。)

[2] 《吴仲华先生年表》,中国科学院网站,2007年7月25日,http://www.cas.cn/zt/jzt/yszt/jnwzhysdc90zn/spsj/200707/t20070725_2671523.shtml

发动机，派人去英国参观访问，英国人说他们的发动机是应用了吴仲华的理论设计而成的，此时中国人才知道吴仲华的重要性。①

在运筹学方面，许国志回国后，进入中科院力学所，当时钱学森认为运筹学会对中国的经济建设产生很大的帮助，请许国志负责筹建运筹学研究室。1957年，许国志开始正式负责创建了中国第一个运筹学研究室，1958年招收了第一批运筹学研究生。"十二年科技规划"中，运筹学也是其中的项目之一，当时许国志负责制定的运筹学规划，请苏联专家做评议，得到了"无条件赞成"的评价，当时的苏联在运筹学方面实力很强。②

在数学领域，华罗庚1950年放弃了美国优越的生活条件和大学终身教授的荣誉职位，回到了新中国，并发表了著名的给中国留美学生的公开信，动员留美学人回国参加建设。华罗庚自1965年起在工农群众中推广"两法"——优选法、统筹法，并写出了通俗易懂的《优选法平话》《统筹法平话》，并把"双法"送到群众手中，为国家创造了价值亿万元的财富。他因此被称为人民的科学家。③

徐光宪院士1951年获得物理化学博士学位回国后，为了国家需要四次改变研究方向，同时在各领域都取得了杰出的成就。第一次是他在北大指导本科生毕业论文的时候，因本科生做毕业论文的时间只有半年，以及国内研究条件有限，量子化学对于他们来说难度太大，为了指导论文，他从量子化学方向转到了配位化学方向。第二次是在"全民办原子能"的时期，钱三强将他调到北大的技术物理系，技术物理系当时其实就是原子能系，因此他转向放射化学方向。第三次是"文革"期间，在江西干校劳动改造后，组织上把他分配到化学系，他接受了分离错钕两种稀土元素的军工任务，因此从放射化学转到稀土化学。第四次是在1978年左右，国际

---

① 吴仲华、李敏华口述：《国人不知道我做的工作》，见王德禄等：《1950年代归国留美科学家访谈录》，长沙：湖南教育出版社2013年版，第182页。

② 许国志口述：《钱学森要我负责筹建运筹学研究室》，见王德禄等：《1950年代归国留美科学家访谈录》，长沙：湖南教育出版社2013年版，第312—313页。

③ 丁晓禾：《中国百年留学全纪录》（三），珠海：珠海出版社1998年版，第1118—1119页。

国内形势发生变化,技术物理系放射化学专业不再招生,国家也开始强调科学研究要针对更基础的科学问题,他就又回到了最初的量子化学领域。他与黎乐民一起,开始招收量子化学研究生,量子化学研究工作和人才培养逐渐展开。对于四次研究方向的转变,都是随着国家需要而发生的,徐光宪讲起研究方向转变时说,"那时候的大环境是国家需要,所以你还要有适应国家需要的能力。国家需要你改变方向,你就要服从国家需要。"①

此外,还有王天眷在中科院武汉研究所创建了波谱学研究室,培养了一批波谱学科研人才。这个研究所是在他回国以后专门为他创建的,主要从事原子钟、氨分子钟、波谱、核磁共振、光磁共振等研究工作。②涂光炽回国后,进入清华大学地质系任教,开了两门课分别是地球化学和矿物学,当时中国的理工大学,还从未开设过地球化学这门课。③ 杜连耀1956年辗转回国后,做了很多开创性的工作,参加"十二年科学规划"的制定,组建无线电物理教研室,开设声学专业,担任声学所学术委员等。④

(四)人文社会科学领域的贡献

归国留美学人在人文社科方面的贡献,并不像自然科学方面的贡献那么突出。人文社会科学的学科性质本身就决定了其对社会的影响更多的是潜移默化,而不像"两弹一星"等自然科学的成果,会对社会造成巨大的轰动。因此50年代归国的留美学人群体中人文社科工作者的声音显得有些

---

① 叶青、朱晶、黄艳红访问整理:《科学研究方向的转变与选择——徐光宪院士访谈录》,载《科学文化评论》,2012年第3期,第109页。

② 王天眷口述:《武汉物理所为我而建》,见王德禄等:《1950年代归国留美科学家访谈录》,长沙:湖南教育出版社2013年版,第399页。

③ 涂光炽口述,涂光群访问整理:《涂光炽回忆与回忆涂光炽》,长沙:湖南教育出版社2010年版,第47页。

④ 刘志光、姚蜀平、王德禄、陈丹、程宏:《剑桥中国近现代留学史研究论文集》,波士顿:美亚出版社2018年版,第186页。

第五章 争取归国的努力及归国后的贡献

微弱,这一方面与他们的学科性质本身有关,另一方面也因为他们回国后所处的时代,使他们能够发挥作用的空间较小。但这并不代表他们没有贡献,也并不能说明他们的实际贡献是微弱的。可以看到,人文社科领域的归国留美学人在回国后,为了国家发展的需要,对自己的研究和工作方向做出调整,以适应新的环境,一些留美学人在所从事的领域中成为了重要的带头人,为学科发展做出了重大贡献。

人文社科的问题在于,如何将西方舶来品、西方理论与中国本土相结合,形成具有中国特色的学理构架,是人文社科回国留学生需要解决的问题,也是他们不同于自然科学留学生的学科复杂性。学文科的留美学人选择回国本身就需要一定的勇气和驱动力,涂光楠作为一个社会科学家,坦然地承认,如果不是因为他的哥哥涂光炽的影响,他也有可能不回国,因为"从事哲学等社会科学,任何一个政权夺权之后,一般要观望一个时期"①,毕竟不同政权自身具有不同的政治意识形态或倾向,人文学科在国家政治意识形态中又相对敏感。

但也有众多人文社会科学的归国留美学人,在其所从事的领域中做出了重要的贡献。在新中国的外交领域,50年代归国留美生也发挥了重要作用。留学经历使他们拥有良好的语言能力,又了解西方国家及其文化,在新中国外交人才紧缺之时,他们成为一代杰出的外交家。曾留学于哈佛大学的冀朝铸、浦山、浦寿昌等,都成为新中国的杰出外交家。冀朝铸听闻国内解放,立即放弃了在哈佛大学的学业回到祖国,后成为新中国重要的外交家,为周恩来做英文翻译长达十七年,1979年陪同邓小平访美,1985年出任南太平洋斐济、瓦努阿图和基里巴斯三国大使,1987年出任驻英国大使,1991年出任联合国副秘书长,见证了新中国与西方世界的外交历程。②

---

① 刘志光、姚蜀平、王德禄、陈丹、程宏:《剑桥中国近现代留学史研究论文集》,波士顿:美亚出版社2018年版,第179页。

② 冀朝铸口述、苏为群采访整理:《从红墙翻译到外交官:冀朝铸口述回忆录》,太原:山西人民出版社2012年版,第41—236页。

在教育学领域,傅统先1948年赴美留学,进入纽约哥伦比亚大学师范学院学习教育哲学,并旁听了教育心理学课程,1949年获得文学硕士学位。后进入研究生院攻读哲学,1950年取得哲学博士学位后就回国了。1950年进入人民革命大学政治研究院,学习马列主义、毛泽东思想,进行思想改造。1952年被分配到山东师范学院任教授,1953年任教育系主任。承担教育学和心理学的教学任务,并建立起教育实习制度,为改革教育、帮助中小学教师提升教学质量做出贡献。他还曾担任中国人民政治协商会议山东省委员会委员,后改选为常务委员。傅统先回国后,因国内引用苏联的教育体制,不设立教育哲学课程,他中断了在美国所做的教育哲学方面的研究。直到"文革"后,国内各师范院校才开设教育哲学课程,他才又开始这一领域的工作。当时没有这一专业的课本,教育部指派华东师范大学的张文郁和傅统先一同编写了教育哲学的教科书,他在晚年为教育科学理论的建设事业贡献了自己的力量[①]。

在语言文字领域,语言文字学家周有光,为汉语拼音方案的制定以及汉语拼音与国际接轨等工作做出了重要贡献。周有光50岁以前从事金融研究,同时对语言学抱有兴趣,在业余时间研究汉语拼音。1955年被调入中国文字改革委员会参加汉语拼音方案的拟定工作,他自己称这是"计划以外的",并自称为语言学和文字学的外行。[②] 但事实证明,周有光为汉语拼音方案的制定做出了诸多突出的工作,并参与推动汉语拼音从中国标准发展成为国际标准。后被称为"汉语拼音之父"。周有光从金融领域转到汉语拼音的研究,是应国家需要转行,他的孙女戏称他"经济学半途而废,语言学半路出家,两个半圆,合起来不是一个'O'吗?"

在历史学领域,王毓铨对新中国明史学科体系有着"开拓之功","他

---

① 高增德,丁东:《世纪学人自述》(第三卷),北京:北京十月文艺出版社2000年版,第429—433页。

② 高增德,丁东:《世纪学人自述》(第三卷),北京:北京十月文艺出版社2000年版,第82页。

的科研视野宏大,具有鲜明的理论特色,成为明史研究中的新的学说体系,确立了在明史学界的重要地位"。① 王毓铨回国后,在中国历史博物馆陈列部工作,1955年调到中国科学院历史二所新成立的明清史研究室,当时明清两朝的历史还无人研究,就由白寿彝任组长,王毓铨任副组长,负责新中国明史学科的建设工作。王毓铨1938年赴美,参加美国太平洋学会主持的"中国历史编纂计划",承担秦汉史部分的研究工作,汇编秦汉的历史社会经济资料。除明史研究以外,王毓铨在中国古钱币研究方面也做出了重要贡献,但这一工作主要是在美国时做出的。1948年王毓铨进入了美洲古钱学会,开始对商周古钱进行研究,出版《中国古钱币》(*Early Chinese Coinage*)一书,并由此成名。回国后,他将此书写成中文,并增加了马克思关于人类货币发生发展的理论,以《我国古代货币的起源和发展》为书名出版,奠定了他在古钱币学史上的重要地位。② 古史专家李学勤评价此书"将先秦钱币的研究推进到一个前所未有的阶段"③。

在逻辑学领域,李匡武1952年在美国获得哲学博士学位后即回国,进入华南师院任教,担任逻辑学和逻辑史的教学和研究工作,在教学和教材编写上做出重要贡献,他编写的教材,经过修改、重编、再印,共有十多个版本。改革开放后,我国逻辑学人才奇缺,李匡武深感时间紧迫,为培养逻辑学研究生努力工作,为中国逻辑学的发展储备了后续人才。他的著作有《中国逻辑思想史资料选编》《西方逻辑史》《略论形式逻辑的发展》等,在逻辑学界产生了重要影响。④

---

① 中国社会科学院历史研究所明史研究室:《王毓铨先生的生平与学术成就》,见《明史研究第8辑》,合肥:黄山书社2003年版,第1—3页。
② 高增德、丁东:《世纪学人自述》(第四卷),北京:北京十月文艺出版社2000年版,第38—40页。
③ 中国社会科学院历史研究所明史研究室:《王毓铨先生的生平与学术成就》,见《明史研究第8辑》,合肥:黄山书社2003年版,第2页。
④ 高增德、丁东:《世纪学人自述》(第五卷),北京:北京十月文艺出版社2000年版,第357—362页。

在艺术学领域，常沙娜与父亲常书鸿，将毕生贡献在了我国宝贵的民族文化敦煌壁画中。常沙娜自小就跟随父亲常书鸿在敦煌临摹历代壁画，留美回国后仍然从事敦煌文化的事业。常书鸿曾留学法国，在留学期间偶然发现了祖国的敦煌文化，从此开始了研究和守卫敦煌文化的事业，常沙娜12岁就跟随父亲在敦煌临摹壁画，打下了坚实的绘画和艺术功底。常沙娜于1948年赴美国波士顿美术博物馆美术学院攻读绘画专业，1950年12月学成回国后进入清华大学营建系成立的工艺美术组，担任林徽因的助理。全国院系调整后，1953年，她进入中央美术学院工作。1956年，在周恩来的指示下，中国成立了唯一一所中央级的工艺美术最高学府——中央工艺美术学院，常沙娜自此在工艺美术学院任职。1958年首都开始建设新中国成立后的第一批"十大建筑"，常沙娜被分配在人民大会堂的设计组，她还参与了民族文化宫大门的装饰设计。① 直到晚年，常沙娜依然在为中国的敦煌艺术工作，她说："我一直觉得我的时光有限，能做多少事情就做多少，我现在仍然在整理敦煌历代的装饰图案，用在人民大会堂的都是敦煌的壁画，图案用在哪里，都是有根有据的。"②

在人口学领域，邬沧萍是我国人口学和老年学的开拓者和奠基人。邬沧萍1948年考取国民政府自费留学资格赴纽约大学学习，1950年获纽约大学工商管理研究院MBA学位，转哥伦比亚大学攻读经济学博士学位。1951年回国后邬沧萍被分配到北京辅仁大学经济系任教，1952年院系调整时被安排到新成立的中央财经学院任教，1953年由于中央财经学院的大部分老师并入人民大学，邬沧萍从此进入人民大学任教。1971年起邬沧萍开始专门从事人口学教学和研究，先后参与筹建人口研究所、《人口研究》

---

① 常沙娜：《黄沙与蓝天：常沙娜人生回忆》，北京：清华大学出版社2013年版，第161—163页；王丹红：《"敦煌守护神"父女两代留学生归国记》，载"知识分子公众号"，2018年1月28日。

② 刘志光、姚蜀平、王德禄、陈丹、程宏：《剑桥中国近现代留学史研究论文集》，波士顿：美亚出版社2018年版，第241页。

杂志、人口学系、老年学研究所，曾任副所长、副系主任、所长和学术委员会主任等。20世纪70年代，在人口学沉寂20多年后，邬沧萍教授等率先意识到人口问题将长期是中国最突出、最特殊的问题，在《人民日报》上发表了人口学的第一篇理论文章《人口非控制不可》。1987年邬沧萍在《中国人民大学学报》发表《老年学的形成、研究对象和学科性质》一文，对老年学学科的研究范畴、研究特点进行了系统阐述，成为我国老年学的创始人。[1]

在经济学领域，张培刚1941年到1945年在美国哈佛大学工商管理学院和文理学院学习，获经济学硕士学位和哲学博士学位。1945年回国后历任国立武汉大学经济系教授兼系主任，此间他聚集了一批经济学方面的人才进入武汉大学经济系，包括哈佛的谭崇台、吴纪先、刘涤源，耶鲁的李崇淮、周新民，威斯康星的朱景尧等留美归国经济学家。[2] 1948年去曼谷任联合国亚洲及远东经济委员会顾问及研究员。1949年回国，再次回到武大任教，任经济系主任。1951年秋到1952年夏张培刚在北京中共中央马列学院学习了一年。[3] 1953年调至华中工学院（现华中科技大学），先后任建院筹备委员会委员兼基建办公室主任、社会科学部主任、经济学院院长，经济发展研究中心主任等职。[4]

此外，还有人文社科领域的留美学人归国后未能如愿从事自己的专业。如詹锳，1948年赴美留学，在南加州大学学习比较文学，后转学心理学，1950年获硕士学位。1950年进入纽约哥伦比亚大学师范学院攻读心理

---

[1] 邬沧萍、谢楠：《建言立说堪为大家 解惑授业无愧人师——访中国人民大学荣誉一级教授邬沧萍先生》，载《甘肃社会科学》，2012年第1期，第48页。

[2] 胡坚：《张培刚传》，北京：生活·读书·新知三联书店2013年版，第101页。

[3] 学习人文社会科学的留美学人在回国后，通常都会被安排进入中共中央马列学院进行学习，主要目的是学习党的指导思想马克思列宁主义，了解新中国和党的政策。

[4] "张培刚"词条，见王德禄、刘志光、程宏主编：《1950年代归国留美学生学者人名录》，北京市长城企业战略研究所提供，未刊稿。

学博士，1953年获得博士学位。出国前他是山东师范学院中文系的教授，他自称"在当时，一个青年中文系教授出国留学是不可想象的"。1953年他在纽约市高等教育局做助理研究员时，该局局长劝说他申请美国的永久居留，从而获得美国国籍，他拒绝了。因美国方面将心理学看成自然科学，因此他申请回国时与其他学习自然科学的留美学人一样，受到了美国移民局的多方阻挠，经过长达一年之久的反复申请和据理力争，他在哥伦比亚大学师范学院取得心理学博士学位后，还没有领到证书，于1953年回国。① 回国后，他打算利用在美国学到的工业心理学、教育心理学以及计算机软件等，发展国内的心理学并为国家做贡献。但直到半年后，才被分配到天津师范学院（后为河北大学）担任心理学副教授。1961年，詹锳由河北大学教育系调到中文系从事古典文学的教学和研究，又回到了他出国前从事的文学领域。改革开放后，詹锳为河北大学培养了第一届古代文学硕士研究生。1983年至1984年赴美，担任威斯康星大学东亚语文系研究员，并在哈佛大学、耶鲁大学、印第安纳大学、圣地亚哥大学讲学。为中美学术交流做出贡献。

---

① 高增德、丁东：《世纪学人自述》（第五卷），北京：北京十月文艺出版社2000年版，第224页。

结　语

近代以来，在中国走向世界的过程中，有数次向西方派遣留学生的潮流，其中赴美国留学是一个延续至今的重要趋势。有学者总结近现代中国百年十次留学历史，认为50年代的归国留美学人是"第六次留学潮"，他们"为中国科技大厦筑基"[①]；另一方面，这一代归国留美学人的经历和命运也在很大程度上意味着晚清以来中国留学西方的传统被切断。[②] 因此，研究归国留美学人及他们的求学、归国等活动，对党的科技政策、留学生政策和国家科技战略都具有重要意义，也为当代留学生思考个人与国家、科技与政治等命题提供参照。

回溯到20世纪50年代，留美学人群体牵扯到冷战格局中的各方利益，涉及中国和美国的国家发展和科技战略。在冷战格局的大背景下，各国对科学技术人才的争夺是空前的。以美国为首的资本主义阵营和以苏联为首的社会主义阵营之间的军备竞赛，很大程度上是科学技术实力，尤其是高精尖的国防科学技术实力的竞争，归根结底也就是科技人才的竞争。在冷战格局、国内政权交替和中美关系变迁等错综复杂的历史因素影响下，当时在美国的留美中国学人，尤其是学习自然科学的学生和学者，成为中美

[①] 姚蜀平：《回首百年路遥——伴随中国现代化的十次留学潮》，上海：上海教育出版社2017年版，第155—174页。

[②] 李喜所主编，田涛、刘晓琴撰著：《中国留学通史》（新中国卷），广州：广东教育出版社2010年版，第1页。

20世纪50年代归国留美学人：困境、组织与贡献

两国间争夺的对象。争取到这批留美学人，就意味着增强了自身的科技人才储备，同时避免了人才"资敌"可能带来的威胁。正是在这样的时代大背景之下，新中国成立前后的留美学人群体面临着这个时代特有的留学生去留问题。

新中国成立前后，留美科协和CSCA在介绍新中国情况和动员留美学人归国中都作出了卓越的贡献，有不少留美学人在两个组织的影响下回到了新中国。但从总体上来看，在这一时期最终归国的留美学人却不占多数①，这与当时的国际和国内局势有着密切的关系。

因而，新中国成立前后在留美学人中活跃的留美学生组织就必然带有某种政治性。一方面，新中国政府借助留美学生组织达到动员和争取留美学人归国的目的；另一方面，美国政府将留美科协和CSCA视为危险组织，试图阻止留美学人回到新中国。

留美学生组织在40年代中后期的活动如火如荼，组织之间的相互交流也促进了留美学人群体之间的活跃交流。"几年之中，由于北美基督教中国学生会的活动具有多样、广泛和自我教育、内容丰富等特点，也为留美中国科学工作者协会的发展创造了条件。许多学习自然科学的同学也都参加了CSCA的爱国活动。该会东部和中西部地区的工作负责人，也参加了留美科协的创立和各地分会的活动。两大团体实际上起着相互援助和促进的作用，显示了留美学生爱国团结的力量。"② 但在复杂的国际局势下，两大组织最终逃不过被迫解散的命运。

留美学生组织的命运直接反映了新中国成立前后留美学人的处境。20世纪50年代归国留美学人普遍的曲折经历可以说分为三个阶段：其一，50年代归国留美学人群体在童年和青少年时期普遍经历过国家的连年战乱，他们中的大多数人在上大学期间，又经历了因抗日战争导致的高校内迁，

---

① 当时在美留美学人的总数在5000人以上，但最终归国的人数只有1500余人。

② 一鸣：《新中国成立前后的留美学生》，载《武汉文史资料》，2016年第8期，第38页。

而伴随着高校内迁,他们在动荡不安的国内局势和个人境遇中完成或中断了学业。战乱的经历必然对他们的内心造成了重大的影响,激发了他们普遍的爱国救亡之情。其二,由于冷战格局和国内政权交替所带来的局势的变动,使留美学人经历了人生的又一次曲折。也就是在中美的人才争夺中,美方对留美学人归国的阻挠给他们带来的种种困扰和波折。在这一时期,留美学人所经历的不仅仅是美国方面无礼的阻挠行径,而且其个人在内心中也面临着归国与否的抉择。其三,留美学人归国后普遍面临着政治运动的冲击,由于其特殊的留学背景,使他们在政治运动中不可避免地成为斗争的对象。

50年代归国留美学人是一个值得钦佩的群体,他们应该得到公正客观的评价和对待。

首先,50年代归国留美学人的爱国精神必须得到肯定。正是爱国精神才支撑他们克服了现实与心理上的障碍和困难,不顾一切地回到新中国。在此并不是说未归国的留美学人不爱国,也并不是说所有归国的留美学人都必定具有爱国精神。这里要肯定的是50年代归国留美学人群体中普遍的爱国精神。在艰难的环境和条件下下定决心并做到了回国,这一点对当今留学热潮中的留学生归国问题具有一定的教育意义。

其次,50年代归国留美学人对新中国的贡献必须得到公正客观的评价。在改革开放前的一段时期,由于国内政治环境的因素,导致归国留美学人普遍无法正常从事本领域的教学科研工作。但即便如此,他们仍在政治运动的空隙中争取工作的机会和时间,他们深知国内各学科发展的落后局面,深知争取时间进行发展的重要意义,因此在能够发挥作用的时候努力工作。改革开放以后,他们虽然已普遍步入中老年,但仍然积极努力地为改革开放的推进做贡献,包括在促进国内各学科的教学和科研的发展,促进中国与世界的交往等方面发挥着不可替代的作用。

研究新中国成立前后的留美学生组织和50年代归国留美学人群体,目的不仅仅是回顾历史,回顾被那个时代的动荡紧紧裹挟的留学生和留学生组织的经历和命运,更是通过回望留学生个体和每一个留学生组织的历史角色，去体验时代背景下的冲突、矛盾、进步和倒退，体验不同文化间既和睦又冲突的多元面相。留学生、留学生组织不仅承载着国家、民族交往和文化融合的足迹，也是人类文明演进和知识传播的阶梯。

后 记

在此特别感谢给予我指导和帮助的各位师长：感谢我的博士生导师北京大学马克思主义学院教授刘志光，感谢哈佛大学费正清研究中心协作研究员姚蜀平，感谢1950年代归国留美学人研究团队北京市长城企业战略研究所所长王德禄、研究员程宏等，感谢哈佛大学历史系副教授、费正清中国研究中心研究员Arunabh Ghosh（郭旭光），费正清中国研究中心图书馆（Fung Library）馆员Nancy Hearst，感谢加州州立理工大学普莫娜分校历史系教授王作跃，感谢接受采访的50年代归国留美学人：邬沧萍、方正知、章守华、陈翰奎、陶鼎来等。同时一并感谢所有在我求学与工作期间提供支持的老师和朋友。

参考文献

一、经典著作

《邓小平文选》（第二卷），北京：人民出版社 1994 年版。
《邓小平文选》（第三卷），北京：人民出版社 1993 年版。
《毛泽东选集》（第五卷），北京：人民出版社 1977 年版。
《毛泽东文集》（第七卷），北京：人民出版社 1999 年版。
《周恩来统一战线文选》，北京：人民出版社 1984 年版。
《周恩来外交文选》，北京：中央文献出版社 1990 年版。
《周恩来选集》（上、下卷），北京：人民出版社 1984 年版。

二、档案与资料汇编

陈元晖主编，陈学恂、田正平编：《中国近代教育史资料汇编：留学教育》，上海：上海教育出版社 2007 年版。

何东昌主编：《中华人民共和国重要教育文献》（1949—1975），海口：海南出版社 1998 年版。

《建国以来重要文献选编》（第九册），北京：中央文献出版社 1994 年版。

金铁宽：《中华人民共和国教育大事记》，济南：山东教育出版社 1995

年版。

李滔主编：《中华留学教育史录：1949年以后》，北京：高等教育出版社2000年版。

《留美学生名册》，中华人民共和国高等教育部制，1956年3月。

刘英杰：《新中国教育大事典1949—1990》，杭州：浙江教育出版社1993年版。

廖盖隆、庄浦明：《中华人民共和国编年史》（1949—2009），北京：人民出版社2010年版。

林清芬编：《抗战时期我国留学教育史料：各省考选留学生》（1—6册），国史馆1994—1999年版。

刘海藩：《中华人民共和国国史全鉴》，北京：中央文献出版社2005年版。

欧美同学会：《欧美同学会会员名录》，北京：科学技术文献出版社2002年版。

彭明主编：《中国现代史资料选辑》（多卷本），北京：中国人民大学出版社1987年版。

清华大学校史研究室编：《清华大学史料选编》（第一卷），北京：清华大学出版社1991年版。

上海市国际关系学会编：《战后国际关系史料（第一辑)》，上海：国际关系学会1983年版。

世界知识出版社编：《中美关系资料汇编》，北京：世界知识出版社1957—1960年版。

舒新城：《中国近代教育史资料》，北京：人民教育出版社1981年版。

唐杰主编：《校友文稿资料选编·第二十二辑》，北京：清华大学出版社2017年版。

万仁元、方庆秋编：《中华民国史史料长编》，南京：南京大学出版社1993年版。

王焕琛：《留学教育——中国留学教育史料》，台北：台湾编译馆1980年版。

《学部札各省提学使考选学生及考选游美学生办法文（附章程）》，载《教育杂志》第2卷，1909年第4期。

中国第二历史档案馆编：《中华民国史档案资料汇编》（第五辑第二编·教育（一）），南京：江苏古籍出版社1997年版。

中国教育年鉴编辑部编：《中国教育年鉴》，北京：人民教育出版社1984年版。

中国史学会主编：《中国近代史资料丛刊·洋务运动》第2册，上海：上海人民出版社1961年版。

中华人民共和国教育部：《三十年全国教育统计资料1949—1978》，中华人民共和国教育部，1979年。

中华人民共和国外交部档案馆编：《中华人民共和国外交档案选编：第一集 1954年日内瓦会议》，北京：世界知识出版社2006年版。

中央档案馆、中共中央文献研究室编：《中共中央文件选集（一九四九年十月——一九六六年五月）》（第24册），北京：人民出版社2013年版。

中央教育科学研究所编：《中华人民共和国教育大事记（1949—1982）》，北京：教育科学出版社1984年版。

1950年代回国留美学者史料采集组：《1950年代归国留美学生学者人名录》，北京市长城企业战略研究所提供，未刊稿。

Archives of the C. S. C. A. , 1948.

Directory of Chinese University Graduates & Students in America—1945.

Hanson, *The Cultural-cooperation Program* 1938 – 1943. U. S. Department of State, 1944.

Yi-Chi Mei, *A Survey of Chinese Students in American Universities and Colleges in the Past One Hundred Years*, New York：Office of the Committee：China Institute in America, 1954.

The China HandbookEditirial Board, *China Handbook*, 1950. New York：Rockport Press, 1950.

U. S. Department of State, *Department of State Bulletin*, 1949 – 1954.

U. S. Department of State, *Foreign Relations of United States*, 1952–1954, Volume XIV: *China and Japan*.

三、口述资料

留美学人陈翰奎口述，上海华东医院，2015年10月16日。

留美学人方正知口述，北京科技大学（原北京钢铁学院），2015年9月30日。

留美学人关懿娴口述，电话采访，2015年11月。

留美学人邬沧萍口述，北京市长城企业战略研究所，2018年3月14日。

留美学人章守华口述，北京科技大学（原北京钢铁学院），2015年9月30日。

四、报刊

《留美科协通讯》（1949—1950）

《美中科协通讯》（1949）

《美洲华侨日报》（1948—1950）

《明州科协通讯》（1949—1950）

《纽约时报》（1950）

《人民日报》（1949—1979）

Chinese Students' Opinion《中国学生意见》（1945—1949）

The Chinese Christian Student《留美青年》（1931—1947）

五、著作

安宁、周棉：《留学生与中外文化交流》，南京：南京大学出版社2000年版。

[澳]哈罗德·约翰·廷伯利：《侵华日军暴行录》，马庆平等译，北京：新华出版社1986年版。

陈新华：《留美生与中国社会学》，天津：南开大学出版社2009年版。

丁晓禾：《中国百年留学全纪录》，珠海：珠海出版社1998年版。

[法]阿芒·马拉特：《世界传播与文化霸权》，陈卫星译，北京：中央编译出版社2005年版。

傅国涌：《1949年：中国知识分子的私人记录》，武汉：长江文艺出版社2005年版。

光明日报新闻研究所编：《知识分子四十年掠影：1949—1989》，北京：光明日报出版社1989年版。

何学良、李疏松、[美]何思谦：《海国学志：留美华人科学家》，上海：世纪出版集团，上海人民出版社2007年版。

湖南历史学会编：《知识分子与中国历史的发展》，长沙：湖南人民出版社1985年版。

黄新宪：《中国留学教育的历史反思》，成都：四川教育出版社1991年版。

贾春增：《知识分子与社会变革》，上海：华文出版社2004年版。

江平：《沉浮与枯荣：八十自述》，北京：法律出版社2010年版。

孔繁岭：《南京政府时期的留学教育》，台北：花木兰文化出版社2013年版。

孔华润：《美国对中国的反应》，张静尔等译，上海：复旦大学出版社1997年版。

李尉：《周恩来和知识分子》，北京：人民出版社1985年版。

李喜所：《近代中国的留学生》，北京：人民出版社1987年版。

李喜所：《中国留学史论稿》，北京：中华书局2007年版。

李喜所、刘集林：《近代中国的留美教育》，天津：天津古籍出版社2000年版。

李喜所、田涛、刘晓琴：《中国留学通史》（新中国卷），广州：广东教育出版社2010年版。

李喜所、元清：《中国留学通史》（民国卷），广州：广东教育出版社2010年版。

李又宁：《华族留美史：150年的学习与成就》，纽约：纽约天外出版社1999年版。

廉正保：《建国初期的外交部》，北京：世界知识出版社2005年版。

梁冠霆：《留美青年的信仰追寻——北美中国基督教学生运动研究》（1909—1951），上海：上海人民出版社2010年版。

刘戟锋：《两弹一星工程与大科学》，济南：山东教育出版社2004年版。

林利民：《遏制中国：朝鲜战争与中美关系》，北京：时事出版社2000年版。

林子勋：《中国留学教育史》（1847—1975年），上海：上海师范大学教育学院资料室1976年版。

留学生丛书编委会：《中国留学史萃》，北京：中国友谊出版公司1992年版。

刘志光、姚蜀平、王德禄、陈丹、程宏：《剑桥中国近现代留学史研究论文集》，波士顿：美亚出版社2018年版。

马骥雄：《战后美国教育研究》，南昌：江西教育出版社1991年版。

毛礼锐、沈灌群：《中国教育通史》，济南：山东教育出版社2005年版。

[美] 约翰·刘易斯·加迪斯：《长和平：冷战史考察》，潘亚玲译，上海：上海人民出版社2010年版。

[美] 约翰逊·W. 刘易斯、薛理泰编：《大漠深处——中国原子弹秘闻录》，北京：国防科大出版社1990年版。

[美] 约瑟夫·奈：《硬实力与软实力》，门洪华译，北京：北京大学出版社2005年版。

[美] 史黛西·比勒：《中国留美学生史》，刘艳译，北京：生活·读书·新知三联书店2010年版。

孟国祥：《大劫难：日本侵华对中国文化的破坏》，北京：中国社会科学出版社 2005 年版。

苗丹国：《出国留学六十年——当代中国的出国留学政策与引导在外留学人员回国政策的形成、变革与发展》，北京：中央文献出版社 2010 年版。

牛军：《冷战与中国外交政策》，北京：九州出版社 2013 年版。

裴毅然：《中国知识分子的选择与探索》，郑州：河南人民出版社 2004 年版。

彭亚新主编：《中共中央南方局的文化工作》，北京：中共党史出版社 2009 年版。

钱临照、谷羽：《中国科学院》，北京：当代中国出版社 1994 年版。

邱石编：《共和国重大事件决策实录》（第二卷），北京：经济日报出版社 1998 年版。

任建涛：《建国之惑：留学精英与现代政治的误解》，北京：中国政法大学出版社 2012 年版。

容闳：《西学东渐记》，长沙：湖南人民出版社 1981 年版。

山东省政协文史委员会编：《留学生活》，济南：山东人民出版社 1992 年版。

单刚、王英辉：《岁月无痕——中国留苏群体纪实》，北京：中央编译出版社 2007 年版。

沈克琦、赵凯华主编：《北大物理九十年》，北京：北京大学物理学院 2009 年版。

史全生：《台湾经济发展的历史与现状》，南京：东南大学出版社 1992 年版。

陶文钊：《中美关系史 1911—1950》，北京：中国社会科学出版社 2007 年版。

王缉思、牛军：《缔造霸权——冷战时期的美国战略与决策》，上海：上海人民出版社 2013 年版。

王奇生：《中国留学生的历史轨迹：1872—1949》，武汉：湖北教育出版社 1992 年版。

武衡：《科技战线五十年》，北京：科学技术文献出版社1992年版。

武衡、杨浚：《当代中国的科学技术事业》，北京：当代中国出版社1992年版。

谢益显：《中国外交史1949—1979》，郑州：河南人民出版社1988年版。

谢咏：《西南联大与中国现代知识分子》，长沙：湖南文艺出版社1998年版。

杨凤城：《中国共产党的知识分子理论与政策研究》，北京：中共党史出版社2005年版。

杨源明：《谈党对知识分子的政策》，杭州：浙江人民出版社1958年版。

姚蜀平：《伴随中国现代化历程的十次留学潮》，波士顿：美亚出版社2015年版。

姚蜀平：《回首百年路遥：伴随中国现代化的十次留学潮》，上海：上海教育出版社2017年版。

颖之：《近代中国留学简史》，上海：上海教育出版社1980年版。

于风政：《改造》，郑州：河南人民出版社2001年版。

于杰：《海外赤子：建国初期留学生回国热潮兴起》，长春：吉林出版集团有限责任公司2010年版。

余子侠主编、冉春著：《留学教育管理的嬗变》，济南：山东教育出版社2010年版。

岳庆平主编：《中南海三代领导集体与共和国科教实录》，北京：中国经济出版社1998年版。

章开沅、余子侠：《中国人留学史》，北京：社会科学文献出版社2013年版。

张济顺：《中国知识分子的美国观》（1943—1953），上海：复旦大学出版社1999年版。

张倩仪：《大留学潮》，北京：北京联合出版社2016年版。

张庆松：《美国百年排华内幕》，上海：上海人民出版社1998年版。

赵德昌：《知识分子问题研究》，太原：山西人民出版社1989年版。

钟碧慧主编：《中国振兴之路改革开放纪事 第1册（1978.11—1988.2）》，北京：中共中央党校出版社1999年版。

中共中央党史研究室：《中国共产党的九十年》，北京：中共党史出版社2016年版。

中国科学院计算技术研究所：《中国科学院计算技术研究所30年（1956—1986）》，北京：中国科学院计算技术研究所1986年版。

周尚文、李鹏、郝宇青：《新中国时期"留苏潮"实录与思考》，上海：华东师范大学出版社2012年版。

周岩：《百年梦幻：中国近代知识分子的心灵历程》，北京：国际文化出版公司1988年版。

朱文显：《知识分子问题：从马克思到邓小平》，成都：四川人民出版社1999年版。

朱训主编：《希望寄托在你们身上——念嘱托忆奋斗》，北京：中国计量出版社2007年版。

Chinese Students in the United States, 1948–55—*A Study in Government Policy*, New York: 1 East 67th Street-At Fifth Avenue, 1956.

Iris Chang, *The Chinese in America—A Narrative Histor*, New York: Viking, 2003.

Paul K. T. Sih, Leonard B. Allen, *The Chinese in America*, New York: St. John University, 1976.

Qian Ning, *Chinese Students Encounter America*, Seatle: University of Washington Press, 2002.

TeresaBrawner Bevis, Christopher J. Lucas, *International Students in American Colleges and Universities: A History*, New York: Palgrave Macmillan, 2007.

Wilma Fairbank, *America's Cultural Experiment in China*, 1942–1949, Washington, D. C.: Department of State Publication, 1976.

StaceyBieler, *Patriots or Traitors A History of American-Educated Chinese Students*, New York: An East Gate Book, 2009.

六、传记、回忆录、年谱

宓正明：《汤定元传》，北京：科技出版社2011年版。

常沙娜：《黄沙与蓝天：常沙娜人生回忆》，北京：清华大学出版社2013年版。

褚小立：《新青胜蓝惟所盼：陆婉珍传》，上海：上海交通大学出版社2013年版。

段治文、钟学敏：《核物理先驱：赵忠尧传》，杭州：浙江人民出版社2007年版。

高增德、丁东：《世纪学人自述》（第三卷），北京：北京十月文艺出版社2000年版。

顾小英、朱明远：《我们的父亲朱光亚》，北京：人民出版社2009年版。

郭建荣：《一清如水：徐光宪传》，北京：中国科学技术出版社2013年版。

贺青：《屠守锷院士传记》，北京：中国宇航出版社2015年版。

何兹全：《爱国一书生》，上海：华东师范大学出版社1997年版。

胡坚：《张培刚传》，北京：生活·读书·新知三联书店2013年版。

黄辛：《持之以恒 推陈出新——科学家严东生》，北京：科学出版社2010年版。

金冲及主编：《周恩来传》（1898—1976），北京：中央文献出版社2008年版。

李迅：《共和国的脊梁："两弹一星"功勋谱》，哈尔滨：黑龙江教育出版社2000年版。

李艳平、康静、尹晓东：《硅芯筑梦：王守武传》，北京：中国科学技术出版社2015年版。

刘九如、唐静：《行有则 知无涯——罗沛霖传》，上海：上海交通大学出版社，北京：中国科学技术出版社2013年版。

龙巧玲：《大国院士》，北京：人民出版社 2016 年版。

毛天祥、王柏懿：《李敏华传》，北京：中国科学技术出版社 2015 年版。

《聂荣臻回忆录》，北京：解放军出版社 1984 年版。

彭司勋：《从土家族走出的药物化学家：彭司勋口述自传》，长沙：湖南教育出版社 2013 年版。

全国政协暨北京、上海、天津、福建政协文史资料委员会编：《建国初期留学生归国纪事》，北京：中国文史出版社 1999 年版。

王传超：《大音希声：应崇福传》，北京：中国科学技术出版社 2013 年版。

王德禄等：《1950 年代归国留美科学家访谈录》，长沙：湖南教育出版社 2013 年版。

沈善炯述、熊卫民整理：《沈善炯自述》，长沙：湖南教育出版社 2009 年版。

石磊：《钱学森的航天岁月》，北京：中国宇航出版社 2011 年版。

谭邦治：《任新民院士传记》，北京：中国宇航出版社 2014 年版。

涂光炽口述、涂光群访问整理、成忠礼编定整理：《涂光炽回忆与回忆涂光炽》，长沙：湖南教育出版社 2010 年版。

谢家麟：《谢家麟自传》，北京：科学出版社 2012 年版。

杨纪珂：《杨纪珂自述》，长沙：湖南教育出版社 2011 年版。

杨岩：《人生如炬：闵恩泽传》，北京：中国科学技术出版社 2013 年版。

姚公、邓光东、汪叔子主编：《中国百年留学精英传》，南昌：百花洲文艺出版社 1997 年版。

张纯如：《钱学森传》，北京：中信出版社 2011 年版。

张现民主编：《钱学森年谱》（上、下），北京：中央文献出版社 2005 年版。

中共中央文献研究室编：《周恩来年谱》（1898—1949），北京：中央文献出版社 1998 年版。

中国科学院学部联合办公室编：《中国科学院院士自述》，上海：上海教育出版社1996年版。

《中国科苑英华录（新中国之部）》，北京：科学普及出版社1988年版。

周均伦主编：《聂荣臻年谱》，北京：人民出版社1999年版。

朱康福著，朱小鸽整理：《朱康福自述》，长沙：湖南教育出版社2010年版。

朱晴：《王希季院士传记》，北京：中国宇航出版社2014年版。

Iris Chang. *Thread of the Silkworm*. New York：Basic books，1996.

NickWaldrop. *Educating the Enemy*：*Chinese Students and the Sino-American Cold War*，1948–1955. Ames, Iowa：Iowa State University，2016.

七、论文

程宏、刘志光：《"克利夫兰总统号"第60次航程的归国学子》，载《百年潮》，2015年第3期。

程宏、王德禄：《寻访陆孝颐》，载《炎黄春秋》，2015年第5期。

程宏、王德禄：《寻访与钱学森同船回国的陆孝颐》，载《科学文化评论》，2014年第6期。

程宏、姚蜀平、王作跃、刘志光：《1949年前后留美学生组织及其期刊》，载《神州学人》，2015年第11期。

段异兵：《留美科协回国会员名考》，载《中国科技史料》，2000年第1期。

方天瞳：《努力吸引海外华人知识分子为国服务》，载《重庆大学学报（社科版）》，1997年第1期。

傅琳：《留美科协成立始末》，载《北京党史研究》，1998年第2期。

高国卫：《建国初期留美学生刘永铭的艰难归国》，载《党史纵横》，2013年第8期。

龚育之：《回忆中宣部科学处》，载《中国科技史杂志》，2007年第

3 期。

胡维佳：《"十二年科技规划"的制定、作用及其启示》，载《政策与管理研究》，2006 年第 3 期。

孔繁岭：《抗战时期的中国留学教育》，载《抗日战争研究》，2005 年第 3 期。

孔凡岭：《战后初期留美学生大部滞留的原因及影响》，载《齐鲁学刊》，1996 年第 6 期。

兰林、牛晓玲：《建国初期留美学生归国潮》，载《兰台世界》，2000 年第 3 期。

李灵革、赵文远：《建国初期争取海外留学生归国工作的回顾》，载《天中学刊》，2003 年第 6 期。

李佩珊：《1949 年以后归国留学生在中国科学、技术发展中的地位和作用》，载《自然辩证法通讯》，1989 年第 4 期。

李涛、周全：《对建国初期吸引海外留学生归国工作的回顾——兼论其对我国文教事业的影响》，载《党史文苑》，2004 年第 4 期。

梁茂信：《全球化视野下亚洲科技人才移民美国的历史透视》，载《史学月刊》，2015 年第 3 期。

《留美中国科学工作者协会章程》，载《中国科技史料》，2000 年第 21 卷，第 1 期。

《留美中国科学工作者协会会员名录》，载《中国科技史料》，2000 年第 1 期。

刘珊珊：《新中国初期的留美归国学人》，载《神州学人》，2005 年第 10 期。

刘振坤：《在科学院辉煌的背后——张劲夫回忆 1956—1966 的中国科学院》，载《百年潮》，1999 年第 6 期。

刘志光、王磊：《"东方巨响 大漠天苍朗"——访"两弹一星"功勋奖章获得者陈能宽院士》，载《中共党史研究》，2009 年第 10 期。

陆有铨口述，于述胜访谈：《傅统先教授的学术人生》，载《教育学报》，2010 年第 5 期。

罗沛霖口述，王德禄整理：《罗沛霖：党派我去留学，我要对得起党》，载《中共党史研究》，2011年第1期。

孟国祥：《中国抗战损失研究的回顾与思考》，载《抗日战争研究》，2006年第4期。

钱保功：《"留美科协"发起经过》，载《中国科技史料》，1988年第9卷第1期。

容尚谦、李喜所：《中国近代早期留美学生小传》，载《南开史学》，1984年第1期。

王德禄：《寻找爱因斯坦给中国留美学生的回信》，载《中国科技史杂志》，2014年第3期。

王德禄、程宏：《"威尔逊总统"号不寻常的第17次航程》，载《百年潮》，2014年第9期。

王德禄、刘志光：《1950年代归国留美科学家的归程及命运》，载《科学文化评论》，2012年第1期。

王建柱：《克利夫兰总统号：中国留学科学家的归国历程》，载《世纪桥》，2010年第24期。

王建柱：《郭永怀——永不陨落的"两弹"之星》，载《人才开发》，2007年5月。

王士谷：《〈美洲华侨日报〉的创建和发展》，载《新闻与传播研究》，1991年第3期。

王雪萍：《建国初期中国政府打开对日美外交僵局初探——以旅日美华侨留学生回国问题谈判为例》，载《近现代国际关系史研究（第六辑）》，2014年第1期。

《我国留美学生归国途中竟遭美国政府无理扣押》，载《科学通报》，1951年第11期。

邬沧萍、谢楠：《建言立说堪为大家　解惑授业无愧人师——访中国人民大学荣誉一级教授邬沧萍先生》，载《甘肃社会科学》，2012年第1期。

《日本侵华损害估计》，载《文史学报》，1978年第6期。

孙洪庆、陈崇斌：《新中国物理学发展的早期规划——〈物理学十二年远景规划草案（初稿）〉浅析》，载《中国科技史杂志》，2010年第3期。

孙洪庆、胡化凯：《"十二年规划"与建国初期的磁学发展》，载《自然辩证法通讯》，2011年第4期。

涂光楠：《加入欧美同学会五十年》，载《留学生》，1987年第2期。

《拓宽报国之路——国内鼓励留学人员为国服务部分举措总揽》，载《神州学人》，1998年第10期。

席富群：《建国初期中国共产党的知识分子政策述论》，载《史学月刊》，1998年第5期。

谢黎萍、张励、黄坚、杜捷：《二十世纪五六十年代上海留学人员归国工作研究》，载《上海党史与党建》，2008年2月号。

熊卫民、张志会：《加州理工学院的中国留学生——郑哲敏院士访谈录》，载《科学文化评论》，2012年第6期。

徐飞、卜晓勇：《中国科学院院士特征状况的计量分析》，载《自然辩证法研究》，2006年第3期。

许珑：《奔向光明的时刻——记建国前后的留学生回国潮》，载《神州学人》，1998年第10期。

姚蜀平：《黄坤夫妇印象记——院史札记之二》，载《科学文化评论》，2017年第3期。

姚蜀平：《留学教育对中国科学发展的影响——兼评留学政策》，载《自然辩证法通讯》，1988年第6期。

姚蜀平：《中国留学生与现代化》，载《明报月刊》，1993年9月号。

叶青、朱晶、黄艳红访问整理：《科学研究方向的转变与选择——徐光宪院士访谈录》，载《科学文化评论》，2012年第3期。

阎勘：《建国初期中共鼓励大批留学生回国工作》，载《神州学人》，2001年第7期。

张励：《建国以来上海吸引留学归国人员工作的历史回顾及其现实意义》，载《上海党史与党建》，2007年第1期。

张现民：《1950年钱学森回国行李被扣始末》，载《西安交通大学学报（社会科学版）》，2015年第6期。

张现民：《钱学森回国与二十世纪五十年代中美侨民归国谈判》，载《上海行政学院学报》，2017年第3期。

张秀明：《改革开放以来留学生的回归及处境——根据归国留学生问卷调查的分析》，载《华侨华人历史研究》，1999年第2期。

郑晓晖：《中国留美教育历史回顾》，载《清华大学学报（哲学社会科学版）》，2001年第2期。

中国社会科学院历史研究所明史研究室：《王毓铨先生的生平与学术成就》，载《明史研究第8辑》，黄山书社2003年。

Madeline Y. Hsu, "The Disappearance of America's Cold War Chinese Refugees, 1948 – 1966", *Journal of American Ethnic History*, Vol. 31, No. 4, Summer 2012, pp. 12 – 33.

Michael H. Hunt, "The American Remission of the Boxer Indemnity A Reappraisal", *The Journal of Asian Studies* (pre – 1986), May 1972, pp. 539.

Rose Hum Lee, "The Stranded Chinese in the United States", *The Phylon Quarterly*, Vol. 19, No. 2, 2nd Qtr., 1958, pp. 180 – 194.

SigridSchmalzer, "Speaking about China, Learning from China: Amateur China Experts in 1970s America", *Journal of American-East Asian Relations*. Vol. 16, No. 4, Winter 2009, pp. 313 – 352.

Yelong Han, "An Untold Story: American Policy toward Chinese Students in the United States, 1949 – 1955," *The Journal of American-East Asian Relations* 2, no. 1 (Spring 1993), pp. 77 – 99.

ZhangYufa, "Returned Chinese Students from America and the Chinese Leadership (1846 – 1949)", *Chinese Studies in History*, vol. 35, no. 3, Spring 2002, pp. 52 – 86.

Hu Shi, "Yung Wing: One Hundred Years After His Graduation", *Chinese Studies in History*, Vol. 35, No. 3, 2002, pp. 87 – 95.

八、网络资料

1. 中国工程院网站学部院士信息
2. 中国科学院网站学部院士信息

图书在版编目（CIP）数据

20 世纪 50 年代归国留美学人：困境、组织与贡献／陈丹著. —北京：中央编译出版社，2022.9
ISBN 978-7-5117-4232-2

Ⅰ. ①2… Ⅱ. ①陈… Ⅲ. ①留学教育 – 教育史 – 中国 – 近代 Ⅳ. ①G649.295

中国版本图书馆 CIP 数据核字（2022）第 142325 号

20 世纪 50 年代归国留美学人：困境、组织与贡献

责任编辑	李媛媛　彭永强
责任印制	刘　慧
出版发行	中央编译出版社
地　　址	北京市海淀区北四环西路 69 号（100080）
电　　话	（010）55627391（总编室）　　（010）55627308（编辑室） （010）55627320（发行部）　　（010）55627377（新技术部）
经　　销	全国新华书店
印　　刷	北京印刷集团有限责任公司印刷一厂
开　　本	710 毫米 ×1000 毫米　1/16
字　　数	234 千字
印　　张	15.75
版　　次	2022 年 9 月第 1 版
印　　次	2022 年 9 月第 1 次印刷
定　　价	75.00 元

新浪微博：@中央编译出版社　　　微　信：中央编译出版社（ID: cctphome）
淘宝店铺：中央编译出版社直销店（http://shop108367160.taobao.com）　（010）55627331

本社常年法律顾问：北京市吴栾赵阎律师事务所律师　　闫军　梁勤
凡有印装质量问题，本社负责调换，电话：（010）55626985